Philosophie für Helden
Teil I: Erkenntnis

Buchreihe
Philosophie für Helden

Teil I: Erkenntnis

Teil II: Kontinuum

Teil III: Handlung

Teil IV: Epos

PHILOSOPHIE FÜR HELDEN
TEIL I: ERKENNTNIS

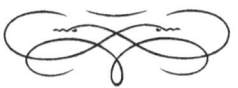

Erschienen im Clemens Lode Verlag e.K., Düsseldorf

© 2018 *Clemens Lode Verlag e.K.*, Düsseldorf
ALLE RECHTE VORBEHALTEN.
https://www.lode.de

Vervielfältigung, auch auszugsweise, nur mit schriftlicher Genehmigung des Verlages. Für mehr Informationen kontaktieren Sie uns über **kontakt@lode.de**.

2018, erste Auflage

ISBN 978-3-945586-01-3

Lektorat: *Conna Craig* (Englisch), Carolin Tönnis (Deutsch)
Umschlagdesign: *Jessica Keatting Graphic Design*
Bildquellen: *shutterstock, istockphoto*
Icons: http://www.freepik.com von http://www.flaticon.com,
Lizenz CC 3.0 BY (http://creativecommons.org/licenses/by/3.0/)

Gedruckt auf säurefreiem, chlorfrei gebleichtem Papier.

Abonnieren Sie unseren Newsletter! Schreiben Sie uns an **newsletter@lode.de** oder besuchen Sie unsere Webseite https://www.lode.de.

PHILOSOPHIE
POPULÄRE WISSENSCHAFT
PSYCHOLOGIE

Widmung

> Wir befinden uns in der besonderen Situation, ein Leben zu leben, das von vielen Helden beeinflusst wurde. Sie besaßen viele besondere Talente, die sie mit uns freizügig teilten. Aber keines dieser Talente war herausragender als deren Fähigkeit, zur richtigen Zeit entscheiden zu können, was zu tun ist, und deren unermüdlicher Mut, es umzusetzen und sich für die Wahrheit einzusetzen – egal welchen Preis sie persönlich dafür zahlen mussten. Lasst uns alle danach streben, es ihnen gleichzutun und anderen als Beispiel zu dienen – als andauernder Tribut an die weisen Männer und Frauen der Menschheitsgeschichte, die uns lehrten, wie wir als Helden leben können. Lasst den Helden in eurer Seele nicht mit dem Gedanken untergehen, dass ihr nicht das Leben lebt, welches ihr verdient habt, aber nie erreichen konntet. Prüft den Pfad auf dem ihr euch befindet, die Welt, die ihr anstrebt, kann erreicht werden. Sie ist real, sie ist möglich, sie ist euer.

– Inspiriert von *Justice League, Hereafter* (DC) und *Atlas Shrugged* (Ayn Rand)

Einführung

神の一手 – "Kami no Itte", was soviel heißt wie "Gottes Zug" oder "göttlicher Zug", soll einen völlig neuen Blick auf den Spielverlauf eines "Go"-Spiels geben. Im Unterricht wird auf einen solchen möglichen Spielzug verwiesen, um die Schüler auch auf weniger offensichtliche Züge aufmerksam zu machen und deren Blick für Alternativen zu schärfen. Ebenso sollte man in der Philosophie die eigentlich auf der Hand liegenden Antworten erst einmal beiseite legen, um einen objektiven Blick für Alternativen offen zu halten. Aber Philosophie ist viel mehr als eine Gedankenspielerei und dient nicht nur zum Training des Geistes. Philosophie ist das Fundament eines jeden Menschen, der in der Welt agieren möchte, der das *bestmögliche Leben* leben und sein Potential verwirklichen möchte. Unsere Philosophie schwingt in jeder unserer Entscheidungen mit.

Dieses Buch zeigt einige dieser 神の一手 – *Kami no Itte*-der Philosophie und der Wissenschaften auf, und fasst diese zu einem neuen Blick auf unsere innere und äußere Welt zusammen. Die Buchreihe *Philosophie für Helden* bietet das intellektuelle und moralische Rüstzeug, in einer chaotischen Welt aufrecht und eigenverantwortlich bestehen und als leuchtendes Vorbild für andere gelten zu können.

Inhaltsverzeichnis

Widmung	v
Einführung	vii
Nachricht des Verlegers	xi
1 Meine Philosophie	**1**
1.1 Heldentum	3
1.1.1 Der konventionelle Held	4
1.1.2 Helden und Konflikte	10
1.2 Der Schlüssel zur Weisheit	12
1.3 Warum Philosophie wichtig ist	18
1.4 Grundlagen der Philosophie	26
1.5 Ontologie	29
1.5.1 Der Trugschluss des gestohlenen Begriffs	30
1.5.2 Das Axiom der Existenz	34
1.5.3 Das Axiom der Identität	36
1.5.4 Das Axiom des Bewusstseins	38
1.6 Erkenntnistheorie	40
1.6.1 Wahrnehmung	42
1.6.1.1 Die Grenzen der Wahrnehmung	50
1.6.1.2 Die Reichweite der Wahrnehmung	52

	1.6.2	Begriffe	56
		1.6.2.1 Begriffsbildung	60
		1.6.2.2 Aufstellung einer Definition	62
		1.6.2.3 Begriffshierarchien	65
		1.6.2.4 Nebenläufige Begriffe	68
		1.6.2.5 Grenzfälle	70
		1.6.2.6 Begriffe im Computer	72
	1.6.3	Induktion und Deduktion	77
	1.6.4	Rationalismus	79
	1.6.5	Induktion und Empirismus	81
		1.6.5.1 Eine Welt ohne Induktion	83
		1.6.5.2 Das Problem der Induktion	84
		1.6.5.3 Die Wahrheit	89

2 Sprache   95

2.1	Eigenschaften von Sprache		98
	2.1.1	Herkunft der Schrift	102
	2.1.2	Vollständigkeit und Widerspruchsfreiheit	108
		2.1.2.1 Unvollständige Sprachen	110
		2.1.2.2 Widersprüchliche Sprachen	114
	2.1.3	Sprachoptimierung	116
	2.1.4	Lernen von Sprache	121
2.2	Sprache und Mathematik		126
	2.2.1	Mengen	127
		2.2.1.1 Menge aller Mengen	130
		2.2.1.2 Abzählbare Mengen	131
	2.2.2	Verhältnisse	136
	2.2.3	Irrationale Zahlen	138
	2.2.4	Mathematik und Empirismus	144
	2.2.5	Die Null	145

	2.2.6	Mathematik und Realität	148
2.3	Der Wert von Sprache		150
	2.3.1	Die Voraussetzung für Wissen	150
	2.3.2	Die Theorie des Verstandes	152
	2.3.3	Sprache als Kommunikation	155
		2.3.3.1 Begriffsunterschiede	158
		2.3.3.2 Kulturelle Unterschiede	159
		2.3.3.3 Übersetzbarkeit	162
		2.3.3.4 Andere Formen von Intelligenz	166
		2.3.3.5 Die Arecibo-Botschaft	172
		2.3.3.6 Vertrauen	176
		2.3.3.7 Sprache in der Gesellschaft	178

Die Buchreihe *Philosophie für Helden*   **183**

Die Entstehung dieser Buchreihe   **187**

  1   Schöpfung 189
  2   Aporie 191
  3   Wie man ein Lehrer wird 194

Der Autor   **197**

Reflektion   **201**

Kami no Itte   **203**

Glossar   **207**

Zitatquellen   **215**

Literatur   **217**

Eine Wichtige Nachricht zum Schluss   **225**

Nachricht des Verlegers

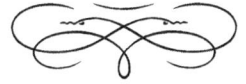

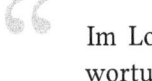 Im Lode Verlag sehen wir es als unsere Verantwortung, eine bessere Welt dadurch zu schaffen, indem wir moralische Führungskräfte ausbilden. Der Lode Verlag wurde gegründet um Bücher über Philosophie, Wissenschaft und Psychologie höchster Qualität zu schaffen und herauszugeben. *Philosophie für Helden* ist das Erstlingswerk des Verlags.

—Lode Verlag, *Firmenphilosophie*

Es gibt so viele Facetten die zum Start eines Verlages gehören – vom Konzept über das Design, die Recherche, das Marketing, die Qualitätssicherung, die Behandlung der rechtlichen und internationalen Aspekte der Veröffentlichung – dass es nicht einfach ist, meine Rolle zu beschreiben. Wenn ich es auf ein einzelnes Wort herunterbrechen müsste, dann wäre das überraschenderweise die Rolle des Träumers. Ich träume von einer besseren Welt, einer Welt in der die Philosophie der Helden – derjenigen, die den ersten Schritt machen und Initiative zeigen – akzeptiert und wertgeschätzt wird. Dieser Traum ist die Grundlage des Lode Verlags.

Mit der Gründung dieser Unternehmung wird mein Traum auf eine bessere Welt und die Frage, wie der Lode Verlag dazu beitragen kann, zum Standard nach dem die Entscheidungen des Unternehmens bewertet werden kann. Ich schaue über alltägliche Hindernisse hinweg und mein Blick fällt darauf, wie das Unternehmen in fünf, 10 oder gar 20 Jahren aussehen soll. Die Idee, ein Unternehmen um einen Traum herum zu gründen, besteht darin, Energie in die Recherche, das Studium und die Verbreitung eben dieser moralischen Werte und Ideale zu leiten – Werte und Ideale die uns lehren, Helden zu werden. Daher freue ich mich darauf, Sie über die erreichten Meilensteine des Verlags auf dem Laufenden zu halten.

Das Buch wurde mit großer Sorgfalt lektoriert. Wir sind an Ihren Kommentaren, Ideen, Vorschlägen und allen erfolgreichen Beispielen, wie Sie die Ideen dieses Buches nutzen konnten interessiert. Für allgemeines Feedback senden Sie eine E-Mail an feedback@lode.de und erwähnen einfach den Titel des Buches im Betreff Ihrer Nachricht. Falls Sie irgendein Problem mit dem Buch haben können Sie uns auch jederzeit unter https://www.lode.de/contact erreichen. Wir werden uns dann umgehend um eine Lösung kümmern. Ich lade Sie auch herzlich in unser Netzwerk ein; besuchen Sie einfach https://www.lode.de.

Obwohl wir großen Aufwand betreiben, die Inhalte auf Korrektheit zu prüfen, passieren manchmal Fehler. Falls Sie einen solchen Fehler in einem unserer Bücher finden, wären wir sehr dankbar, wenn Sie uns darüber benachrichtigen. Dadurch helfen Sie uns, zukünftige Auflagen zu verbessern und vielleicht Frustrationen bei anderen Lesern zu vermeiden. Falls Sie Errata finden, machen Sie uns darauf aufmerksam, indem Sie https://www.lode.de/errata besuchen, Ihr Buch auswählen und die Details Ihrer Errata eingeben. Sobald wir Ihre Errata auf Richtigkeit geprüft haben, werden wir diese unter dem "Errata Abschnitt" auf unserer Website hinzufügen. Natürlich werden Sie auf Wunsch namentlich genannt.

Nun, da Sie wissen, um was es hier geht, danke ich *Ihnen*, dass Sie die Tradition des Bücherlesens aufrechterhalten und somit das Projekt indirekt durch Ihr Interesse an diesem Thema unterstützen. Sie und Ihre Mitleser haben einen Markt für dieses Buch geschaffen. Ich hoffe, wir können Ihre Erwartungen erfüllen und freuen uns über jede Resonanz von Ihrer Seite, egal ob positiv oder kritisch! Nur durch diese kann das Projekt wachsen.

- Was hat Ihnen besonders an dem Buch gefallen?
- Was könnten wir noch verbessern?
- Über welche Themen würden Sie gerne mehr lesen?
- Erzählen Sie uns Ihre Geschichte! Wie sind Sie auf dieses Buch gestoßen?

Vielen Dank und Gruß,

Clemens Lode
Geschäftsführer Lode Verlag
Düsseldorf, 1. Februar 2018

Einleitung

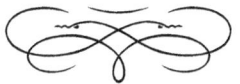

 Das Einhorn lebte in einem Fliederwald, und es lebte ganz allein. Es war sehr alt, ohne etwas davon zu wissen, und es hatte nicht mehr die flüchtige Farbe von Meerschaum, sondern eher die von Schnee in einer mondhellen Nacht. Seine Augen aber waren frisch und klar, und noch immer bewegte es sich wie ein Schatten über dem Meer.

—Peter S. Beagle, *Das letzte Einhorn*

Die Entscheidung, diese Buchreihe zu schreiben, entsprang aus der Idee, meine Ansichten und die Ergebnisse meiner Nachforschungen zu einer Reihe von zentralen Fragen des Lebens geordnet zu Papier zu bringen. Ich sehe den Prozess der Recherche, des Niederschreibens und des Editierens des Texts als sehr spirituell, mit viel Selbstreflektion einerseits und einer "inneren Reinigung" auf der anderen Seite. Es hilft mir eine Art intellektuellen Abschluss zu erlangen und ermöglicht mir, mich anderen Themen zuzuwenden. Diese Buchreihe hat eine Zukunft zu der ich mich nun aufmache. Sie hat aber auch eine Vergangenheit. Wenn Sie die Geschichte dieses Buches erfahren möchten, blättern Sie zu Kapitel *Die Entstehung dieser Buchreihe* am Ende des Buches.

Wir alle sind Helden in Ausbildung. Wie kann das sein? *Weil wir über unser Handeln reflektieren können.* Wir haben das Potenzial, Helden in jedem Bereich und in jeder Aktion unseres Lebens zu werden. Ein Held zu sein ist mehr als eine Heldentat zu vollbringen. Man verwandelt sich nicht auf wundersame Weise in einen "Helden" als ein Ergebnis der Umstände. Die Rettung in letzter Sekunde, das Aufbegehren in Zeiten einer Krise oder sogar das Führen anderer aus einer brenzlichen Situation, ein Held zu sein ist mehr als diese mutigen Taten. Es bedarf einer tiefen Einsicht – die Art philosophischer Reise, welche die weisesten Köpfe der Menschheitsgeschichte unternommen haben.

Im ersten Buch der vierteiligen Reihe, *Philosophie für Helden: Erkenntnis*, untersuchen wir den Begriff des Helden und die Grundlagen der Erkenntnis:

- Wie können wir die Welt verstehen lernen?
- Wie definiert die Gesellschaft einen "Helden"?
- Wie helfen uns grundsätzliche Fähigkeiten wie Sprache und Mathematik unseren Verstand und unsere Fähigkeit zum logischen Denken zu trainieren?

Ein Held zu werden bedarf mehr als Mut. Es bedarf, aus der Masse hervorzutreten, sich auszusprechen und etwas zu unternehmen. Für all das ist die Erlangung einer tiefen Einsicht in die Philosophie der erste und wichtigste Schritt. *Philosophie für Helden* verbindet die Weisheit vergangener Zeiten mit der modernen Welt. Wenn es Ihr Ziel ist, ein Held zu werden, dann kann *Philosophie für Helden* Ihnen dabei helfen.

Die hier diskutierten Themen sind sehr umfangreich. Am besten kann man die gesamte Buchreihe als ein System von ineinander verwobenen Ideen begreifen, von denen man manche erst versteht, wenn alle mit ihnen zusammenhängende Elemente verstanden wurden. Ich bitte Sie also um Geduld – selbst wenn Ihnen der eine oder andere Ausdruck oder die eine oder andere Aussage aufstößt, so sollten diese doch im Kontext aller anderen Gedanken betrachtet werden. Für sich alleine genommen, auf die Leinwand heutiger dominierender Weltsichten gemalt, erscheinen einige der diskutierten Ideen möglicherweise weit hergeholt. In *Philosophie für Helden* geht es aber nicht darum, die gegenwärtigen Sichten der Welt zu reparieren, sondern auf einer ganz neuen Leinwand zu beginnen und die Welt aus einem anderen Blickwinkel zu begreifen.

Diesen neuen Blickwinkel versuche ich dadurch zu erhalten, indem ich Brücken zu anderen Philosophien und der Wissenschaft schlage. Auch wenn ich zwar an vielen Stellen andere Werke zitiere, soll *Philosophie für Helden* meine eigene Sicht der Dinge darstellen. Insbesondere an den Stellen, wo ich meine Aussagen nicht belegt habe, sind dies meine eigenen Überlegungen und sollen lediglich als Anregung gelten, selbst über das jeweilige Thema nachzudenken. Die Kompaktheit bei der gleichzeitigen Vielzahl von Fragestellungen, die diese Buchreihe streifen, setzt eine solche Vorgehensweise voraus.

Eine weitere Herausforderung ist es herauszufinden, welche Annahmen ich mit Ihnen, dem Leser, zu Beginn teile. Wir haben uns noch nicht auf eine gemeinsame Sprache geeinigt, also werde ich mein Bestes versuchen, Begriffe klar zu definieren und möglichst kompakt und verständlich zu erklären. Deshalb werde ich auch viele eigentlich schon bekannte Begriffe und Situationen von Grund auf erklären. Für eine klare Sicht auf die Welt ist es wichtig, auch die uns eigentlich offensichtlichen Dinge auf den Tisch zu legen und genau zu untersuchen.

Nehmen Sie sich etwas zu trinken, setzen Sie sich an einen schönen Ort, machen Sie es sich bequem. Sie haben die Kraft, sich frei entscheiden zu können. Sie können Ihr Leben und die Welt verändern!

In diesem Zustand erhöhter innerer Aufmerksamkeit können Sie sich nun einige Fragen stellen: Warum lebe ich? Wie stelle ich mich selbst vor? Wie würde ich gerne sein? Wenn Ihr zukünftiges Ich auf Sie zurückblicken könnte, welche hervorragenden Qualitäten und Eigenschaften würde es erkennen? Auf den Punkt gebracht, was ist *Ihre* Leidenschaft im Leben? Welchen Zustand oder welche Ziele streben Sie an?

Sie müssen die Antworten dafür noch nicht kennen. Obwohl sich unsere Umwelt und unsere Werte von Jahr zu Jahr verändern können, gibt es tief im Inneren eine einzigartige Identität, mit der wir uns wohlfühlen und die wir ausleben möchten. Wenn wir unsere Stärken erkennen und an unseren Schwächen arbeiten, können wir unsere Ziele vielleicht nicht sofort erreichen. Mit jedem Tag können wir aber mit dem wundervollen Gedanken aufwachen, unserem Ideal ein Stückchen näher gekommen zu sein. Das Ideal ist eine Welt, in der wir mit uns selbst und unserer Umgebung im Einklang stehen, sei es in Form einer hektischen oder einer ruhigen Umgebung, mit vielen oder wenigen Kontakten, mit Erfolg im Beruf oder Ruhe im Heim, mit Anerkennung oder innerer Ausgeglichenheit. Sie können Ihr eigenes Ideal entdecken; und eines der besten Wege um dorthin zu gelangen ist, mit gutem Beispiel voranzugehen.

Ich würde mich freuen, wenn Sie aus dieser Buchreihe ein oder zwei interessante Gedanken mitnehmen und weiterentwickeln oder sich inspirieren lassen könnten. Gerne würde ich das Buch in die Hände eines jüngeren Ichs, einem Menschen, der sich erst am Anfang seines Weges befindet, die Welt zu erforschen, geben. Wenn ich auch nur eine kleine Zahl Menschen erreiche, die sich einige der Kerngedanken zu Herzen nehmen und sich aufmachen, selbst etwas Großes im Leben zu erreichen – was immer das auch ist – dann werde ich mich der Früchte der Arbeit an diesem Buch später erfreuen können. Ich mache das Buch der Allgemeinheit zugänglich, wie ich eine Handvoll Samen in die Erde stecke, und hoffe, dass sie eines Tages aufgehen und erblühen.

Sie halten das Buch aufgeschlagen vor sich und haben nun ein Bild von dem, was Sie erwarten wird. Lassen Sie uns nun zu unserer Reise aufbrechen, ein solches leuchtendes Vorbild für andere zu werden und unserer idealen Welt ein Stück näher zu kommen.

Der Weg dorthin ist die *Philosophie für Helden*.

Clemens Lode
Autor *Philosophie für Helden: Erkenntnis*
Düsseldorf, 1. Februar 2018

Kapitel 1

Meine Philosophie

> Wer jung ist, soll nicht zögern zu philosophieren, und wer alt ist, soll nicht müde werden im Philosophieren. Denn für keinen ist es zu früh und für keinen zu spät, sich um die Gesundheit der Seele zu kümmern. Wer behauptet, es sei noch nicht Zeit zu philosophieren oder die Zeit sei schon vorübergegangen, der gleicht einem, der behauptet, die Zeit für die Glückseligkeit sei noch nicht oder nicht mehr da.

—Epikur, *Philosophie der Freude: Briefe. Hauptlehrsaetze. Spruchsammlung. Fragmente*

1.1 Heldentum

Meine Reise in die Philosophie begann mit dem folgenden Zitat:

> Meine Philosophie ist im Grunde die Idee des Menschen als Helden, mit seiner eigenen Glücklichkeit als seinem moralischen Lebensinhalt, mit produktiver Leistung als seine nobelste Tätigkeit und mit seinem Verstand als seinem einzigen Absolutum.
>
> —Ayn Rand, *Atlas Shrugged*

> Biographie – **Ayn Rand**
>
> **Ayn Rand** wurde 1905 im Kaiserreich Russland geboren und studierte Geschichte und Philosophie. Inspiriert durch Bilder und Filme und abgestoßen vom Kommunismus in der Sowjetunion entschied sie sich, in die Vereinigten Staaten auszuwandern: Sie dachte, dass sie nur dort frei schreiben konnte. Bekannt wurde sie durch ihre beiden Romane *The Fountainhead* (1943) und *Atlas Shrugged* (1957). Sie verteidigte den *Verstand* als einziges Mittel zur Aneignung von Wissen über die Welt, war eine Vertreterin des rationalen Egoismus, sah die Initiierung von Gewalt – sei es in Form eines Staates (Diktatur) oder dessen Fehlen (Anarchie) – zur Erreichung von Zielen als unmoralisch. Schließlich propagierte sie den Laissez-faire-Kapitalismus mit individuellen Rechten an seiner Basis als Ideal. Ihr unermüdlicher Einsatz für den Individualismus und für eine Welt der Helden ist das, was auch sie zur Heldin macht.

Der Begriff "Held" ist problematisch, weil es sowohl mit den besten als auch mit den niederträchtigsten Intentionen benutzt wird. Jemanden einen Helden zu nennen heißt, der Person großen Einfluss zu geben und in eine Position zu heben, in der sie nicht in Frage gestellt werden kann. Zum Beispiel tendieren Diktaturen dazu, diesen mächtigen Begriff für sich einzuverleiben und Personen einen gottgleichen Status zu verleihen. Man kann sich gegen Gesetze und Regulierung aussprechen, aber wer möchte sich gegen die Person aussprechen, von der erwartet wird, dass man sie liebt und vergöttert: den Helden des Volkes? Aus diesen Gründen müssen wir genau untersuchen, was wir unter einem "Helden" wirklich verstehen.

1.1.1 Der konventionelle Held

> Die Menschen brauchen Helden, die sie aus ihren Nöten befreien oder sie diese vergessen lassen. Doch kein Mensch kann je so groß sein, wie das Verlangen nach ihm ist, und so bildet sich, um ein Korn Wahrheit herum, eine Legende, wie bei einer Perle.
>
> —Peter S. Beagle, *Das letzte Einhorn*

Konventionelle Helden werden oft in Krisenzeiten oder einzelnen kritischen Situationen sichtbar. Sie sind meist lediglich zufällig am Ort des Geschehens, wenn die Kraft eines Menschen gefragt ist. Ihre Heldentat wird dann an dem Bösen oder der Herausforderung gemessen, dem und der sie gegenüberstanden, und ihrem eigenen erbrachten Opfer. Die heldenhafte Aktion verändert aber nicht den Menschen der sie ausführt, und die Anerkennung durch die Gesellschaft nimmt irgendwann ein Ende. Hat sich die Lage wieder beruhigt, kehrt der Held wieder in seinen Alltag zurück – desillusioniert, da er diesen nicht alleine dadurch bewältigen kann, indem er sich für andere aufopfert. Es ist, als ob sich die Autoren mit einem konventionellen Bild des Helden darüber genau im Klaren sind, dass ihre Helden nicht mit der idealisierten Vorstellung, welche die Menschen auf sie projizieren, mithalten können. Sie wachsen nicht über ihren einzigartigen Akt der Selbstaufopferung hinaus, weshalb viele Geschichten mit der Heldentat bzw. mit dem Tod des Helden enden.

> **Wussten Sie schon?**
>
> In der Buchreihe *Herr der Ringe* von J. R. R. Tolkien durchläuft der Held Frodo eine lange Reise um das Böse endgültig zu zerstören. Mit übernatürlichen Erklärungen wird dann angenommen, dass das Böse nicht widerkehrt sobald ein magischer Ring zerstört wird. In der Geschichte, nachdem die Heldentat erfüllt ist, besteht die Auflösung darin, dass er in ein anderes Land fortsegelt und den Rest seiner Tage dort verbringt. Diese Idee der endgültigen Auflösung eines Problems ist die traditionelle Art einen Helden darzustellen. Aber in der Realität würde die eigentliche Aufgabe erst starten: Man müsste sich fragen, warum sich die Leute überhaupt dem Bösen zugewandt haben. Wie könnten wir sie lehren, ähnliche zukünftige Katastrophen zu vermeiden?
>
> ⟶ Erfahren Sie mehr in *Philosophie für Helden: Epos*

Ein Held wird nicht durch eine Katastrophe *gemacht*. Während eine herausragende Leistung im Einzelfall natürlich auf einen tatsächlich außergewöhnlichen Charakter hinweisen *kann*, ist es *nicht* notwendigerweise echtes Heldentum, nur zufällig beizustehen, um ein Feuer zu löschen oder ein Kind zu retten, auch wenn es natürlich trotzdem Dank und Anerkennung verdient. Ein solcher durch Zufall geborener "Held" wird aber ebenso schnell wieder vergessen, wie er aufgestiegen ist. Die Erhebung seiner Person zu einem "Helden" ist lediglich ein Ausdruck der Wertschätzung für seine Heldentat, nicht für seine Charaktereigenschaften. Es gibt aber zu viele als "Helden" gefeierte Menschen, die von zu vielen Menschen dann fälschlicherweise auch als *moralische* Autorität angesehen werden.

Heldentaten sind die Folge – nicht die Ursache – einer solchen Autorität. Anstatt also zu diskutieren, wie man Heldentaten nachahmen und für welche Sache man sich opfern sollte, geht es in dieser Buchreihe darum, wie man die tatsächliche moralische Autorität erlangt, die Position eines Helden ausfüllen zu können – mit oder ohne "Heldentaten". Solche publikumswirksamen Taten könnten Folge davon sein, dass man die richtigen Entscheidungen zur richtigen Zeit trifft. Aber diese Taten oder diese Anerkennung sollten nicht die alleinige Motivation sein, sich moralisch zu rüsten. Wir sollten auf eine Welt hinarbeiten, welche nicht die Aufopferung einzelner voraussetzt.

Das steht im großen Gegensatz zu den meisten Kinofilmen, in denen die Fachleute und Organisationen einer Gesellschaft als unfähig dargestellt werden und nur ein herausragender Held die Welt retten kann. Als "Helden" sollte es uns wichtig sein, unsere Grenzen zu kennen und uns auf unsere Stärken zu konzentrieren, anstatt zu versuchen, die ganze Welt auf den eigenen Schultern zu tragen. Wir müssen uns nicht für alles verantwortlich fühlen und uns dann darüber beklagen, dass wir es nicht alleine schaffen. Es gibt Experten, die in ihrem Feld viel effektiver helfen können als wir. Ist uns das tatsächliche Resultat wichtiger als die Anerkennung, haben wir eine sehr einfache Möglichkeit, die Welt zu verbessern ohne uns selbst aufzuopfern – wir können uns mittels Spenden für eine Sache einsetzen, die das Leben anderer verbessert.

> **Frage**
>
> Was sind falsche Helden und was macht ein wahrer Held mit diesen?

Viele wollen soziale Anerkennung für ihre Arbeit, für ihren Einsatz, und letztlich für ihre Entscheidungen, bei denen sie ihre kurzfristigen Bedürfnisse langfristigen Zielen geopfert haben. Der Titel des Helden ist dabei die höchste Auszeichnung; sie deutet auf eine moralische Autorität hin, zu welcher andere aufschauen und welcher andere folgen können, um auch ihr eigenes Leben zu verbessern. Aber die soziale Anerkennung als *primäre* Motivation zu benutzen scheitert daran, dass man dann von der moralischen Autorität der Gesellschaft abhängig wäre – also gerade jener, welche man (zumindest in Krisenzeiten) mit den eigenen Heldentaten brechen möchte. Ein Held stellt sich somit – von Naturkatastrophen einmal abgesehen – gegen den Trend und gegen die allgemeine Meinung. Ein wahrer Held stellt sich gegen falsche Helden.

> **Idee**
>
> Ein wahrer Held stellt sich gegen falsche Helden.

> **Beispiel**
>
> *Die Weiße Rose* war eine deutsche Studentengruppierung im zweiten Weltkrieg in Nazideutschland. Ihre Mitglieder verteilten Flugblätter mit staatskritischem Inhalt und riskierten dabei ihr Leben – und wurden letzten Endes auch wegen dieser Flugblätter zum Tode verurteilt. Sie haben es nicht getan, weil es populär oder naheliegend gewesen war; sie handelten gegen die Meinung jedes anderen in ihrer Umgebung, setzten sich für die richtige Sache ein – ungeachtet der persönlichen Konsequenzen. Sie haben ihr Leben nicht aufgeopfert, sie waren davon überzeugt, dass sie etwas bewirken konnten und sie wollten erfolgreich sein. Zu diesem Zeitpunkt *nichts* zu tun wäre angesichts der zunehmenden Selbstzerstörung Deutschlands viel eher eine Selbstaufopferung gewesen – und auch für die völlig falsche Sache.

Heldentum heißt nicht einfach, sich aufzuopfern. Heldentum heißt, den Weitblick zu besitzen, sich für die eigenen Werte einzusetzen.

Heldentum heißt nicht, lediglich einen gegenwärtigen Konflikt zu meistern; es heißt, sich völlig und konsequent einer Sache zu verpflichten und das gesamte eigene Leben danach auszurichten. Während Hindernisse im Leben alltäglich sind und wir sie dazu nutzen können um mit ihnen zu wachsen, benötigen echte Helden keine *Notfall*situationen. Helden sind *vorbereitet, vorausschauend* und für ihre Widersacher abschreckend. Sie handeln proaktiv.

Sie können jedoch auch einschüchternd für ihre Verehrer sein. Aus diesem Grund müssen wir uns daran erinnern, dass Heldentaten vom Kontext abhängen. Ein einfaches Lächeln kann in der richtigen Situation eine Heldentat sein.

> Aber selbst wenn wir unsere Helden nicht verehren, so können sie uns doch einschüchtern. Es bedarf eines gewissen Maßes an Überzeugung und Mut, um zu sagen, "Ich kann etwas tun. Ich kann etwas ändern und etwas bewirken." Aber wenn Sie als Autor denken: "Was sind meine Worte im Vergleich zu meinem Helden, Shakespeare?", dann ist etwas für diejenigen verloren, die Ihre Hilfe und Ihre Stimme benötigen. Überzogene Bescheidenheit ist keine Tugend, wenn sie uns davon abhält, zu handeln.
>
> —Elie Wiesel

1.1 Heldentum

> **Biographie – Hans und Sophie Scholl**
>
> Hans und Sophie Scholl wurden 1918 bzw. 1921 in Ingersheim bzw. Forchtenberg (Deutschland) geboren. Sie traten anfangs noch begeistert der Hitlerjugend bei, erkannten aber bald, dass sie sich gegen den Nationalsozialismus stellen mussten, um Schlimmeres zu verhindern. Wesentlicher Einfluss waren ihre liberale und religiöse Erziehung, Nachrichten von Freunden von der Front, philosophische Schriften, religiöse Predigten und ihr Mentor Kurt Huber an der Universität München. Sie begannen damit, zahlreiche Flugblätter zu verteilen und zu versenden, um die deutsche Bevölkerung über die prekäre Lage aufzuklären. Sie wurden schließlich am 18. Februar 1943 gefasst, vier Tage später vom berüchtigten Volksgerichtshof zum Tode verurteilt und noch am selben Tage hingerichtet. Hans und Sophie Scholl gelten seit der Nachkriegszeit und auch heute noch als bedeutende Symbolfiguren eines an humanistischen Werten orientierten Widerstands innerhalb Deutschlands gegen das totalitäre NS-Regime.

Wenn wir unser Leben einfach für etwas opfern würden, was ist dann mit all den Menschen, denen man hätte helfen können, wenn man überlebt hätte? Was ist mit dem Vorbild, das man anderen in konfliktfreien Zeiten bieten könnte? Ist der "gute Gedanke" wichtiger als das tatsächliche Ergebnis? Was ist letztlich der Maßstab eines Helden? Kann zum Beispiel ein erfolgreicher Geschäftsmann ein Held sein oder ist es nur der, der sich unentgeltlich für andere einsetzt? Geht es beim Heldentum um die soziale Anerkennung, d. h. um eine absolute Bewertung der Leistungen für die Gesellschaft, oder ist Heldentum eine individuelle, objektive Beschreibung eines Menschen, relativ zu seinen *Möglichkeiten* und *Entscheidungen* und unabhängig von seiner absoluten Leistungsfähigkeit? Können nur Konflikte echte Helden hervorbringen?

1.1.2 Helden und Konflikte

> Große Helden brauchen großes Leid und Last, da sonst die Hälfte Ihrer Größe unbemerkt bleibt. Es ist alles Teil des Märchens.
>
> —Peter S. Beagle, *Das letzte Einhorn*

Es ist richtig, dass ohne Konflikte echte Helden meist unbemerkt bleiben. Sie sind mitten unter uns. Wie Atlas aus der griechischen Mythologie tragen sie die Gesellschaft auf Ihrem Rücken – meist unerkannt und zufrieden darüber, da sie oft nur Missgunst und Neid gegenüberstehen. Im Roman *Das letzte Einhorn* wird das Einhorn von einem örtlichen Karneval gefangen. Dort musste man ihm ein falsches, magisches Horn aufsetzen damit die Besucher es nicht für ein gewöhnliches Pferd hielten. Während das einen traurigen Zustand der Welt beschreibt, gibt es uns auch Hoffnung. Wir sollten die Welt nicht nur so wahrnehmen, wie sie sich uns zeigt. Sie mögen schwierig zu finden sein, aber es gibt dort draußen wahre Helden. Oder wie Peter S. Beagle es elegant beschrieb:

> Wenn die Menschen nicht mehr erkennen, was sie erblicken, dann kann es ja auch noch andere Einhörner auf der Welt geben – unerkannt und froh darüber.
>
> —Peter S. Beagle, *Das letzte Einhorn*

> **Frage**
>
> Warum ist der passive Beobachter das Gegenteil eines Helden?

1.1 HELDENTUM

Helden benötigen nicht das Böse, um zu triumphieren; ihr Ziel ist einzig und allein eine bessere Welt in der sie leben wollen. Ein Held wird nicht aus einer Krise oder aus einem singulären, heldenhaften Akt geboren. Eine Krise lenkt lediglich die Aufmerksamkeit auf einige Menschen. Wenn nur Heldentaten in einer Krise Menschen zu Helden machen könnten, dann würde jeder Held letztlich auf seine eigene Zerstörung hinarbeiten: eine ideale Welt ohne Krisen würde keine solche Helden mehr brauchen. Aber Heldentum nimmt in einer besser werdenden Welt nicht ab. Ein Held arbeitet nicht für eine Welt, in der seine heldenhaften Eigenschaften immer weniger Wert sind – er setzt sich für eine Welt ein, in welcher er und andere sich selbst zunehmend besser entfalten können. Das Gegenteil eines Helden ist dementsprechend nicht sein Widersacher, sondern der sich nicht beteiligende Zuschauer.

> **Idee**
>
> Das Gegenteil eines Helden ist nicht sein Widersacher, sondern der sich nicht beteiligende Zuschauer.

Oft ist ein Held jemand, der aus der Masse heraussticht, sich gegen Hindernisse auflehnt, jemand der nicht den gesellschaftlichen Normen folgt, sondern auf Basis universeller, lebensbejahender Werte handelt. Es reicht aber nicht, sich einfach nur gegen Normen zu stellen oder gewissen Lehrsätzen wie "Liebe deinen Nächsten" zu folgen. Man muss den *Grund* kennen, warum ein bestimmter Lehrsatz "gut" und in welchem *Kontext* er anwendbar ist. Man muss wissen, *warum* man mit einer bestimmten gesellschaftlichen Norm brechen oder warum man ihr folgen sollte. Um die Welt erkennen und bewerten zu können, ist ein Fundament nötig – eine Philosophie, die *Philosophie für Helden*.

1.2 Der Schlüssel zur Weisheit

Der Weise hinterfragt die Weisheit anderer, weil er seine eigene hinterfragt, der Narr, weil sie anders ist als seine eigene.

—Leo Stein

Meinen persönlichen Schlüssel zur Weisheit sehe ich in der sogenannten "Sokratischen Methode". Im Vordergrund steht für mich das Gespräch, sei es in Form eines innerlichen Monologs oder einer Diskussion mit anderen. Wesentlicher Punkt ist, dass es (mindestens) zwei Seiten geben muss, wodurch man besser über die eigene wie auch die der gegenüberstehenden Position reflektieren kann. Das ist wichtig, wenn man über "allgemein akzeptierte Wahrheiten" nachdenkt, die – spricht man sie kritisch an – dann doch plötzlich sehr emotional diskutiert werden. Zu versuchen, eine fremde Position dadurch zu verstehen, indem man versucht, sie zu verteidigen, führt meist auch zu einem besseren Verständnis der eigenen. Man sollte über den Tellerrand sehen und kein Thema als "zu heilig" ansehen und es deshalb ausschließen. Oft versteht man die Position und die Ideen des ursprünglichen Autors erst durch dessen Kritiker. Sie helfen, klarzustellen, welche Position der Autor *nicht* einnimmt und definieren dadurch die Position *die* er einnimmt besser.

Der Physiker Richard Feynman war der Auffassung, dass man immer wieder die Welt aus einer neuen Perspektive betrachten sollte. Wie konnte es beispielsweise sein, fragt er, dass die Menschen im Mittelalter an Hexen glaubten? Was sind unsere modernen "Hexen"? Welche Ansichten vertreten wir heute, ohne sie zu prüfen? Jeden Morgen putzen Millionen von Leuten auf der Welt ihre Zähne; woher wissen sie aber, dass sich das positiv auf ihre Zahngesundheit auswirkt? Oder ist es nicht offensichtlich, dass Zähneputzen gut ist?

Die Menschen wissen es von ihrem Zahnarzt, aber woher weiß dieser es? Hat er Beweise dafür? Nein, er hat es in der Schule gelernt. Aber wer hat den Lehrplan gestaltet? Punkt ist hier weniger, dass er den Nutzen des Zähneputzens anzweifeln wollte. Feynman wollte aufzeigen, dass man selbst offensichtliche Dinge hinterfragen kann und sollte, und dass dadurch echter Fortschritt erreicht wird: man durchbricht die sich gegenseitig stützende – aber möglicherweise trotzdem fehlerhafte – Ansicht der Mehrheit. In gleicher Weise sollte man sich vor der eigenen festgefahrenen Meinung in Acht nehmen. Ist man in einer Diskussion mit einem Argument konfrontiert, auf das einem kein Gegenargument mehr einfällt, sollte man die Diskussion beenden, das Argument identifizieren und niederschreiben, um es später näher zu untersuchen. Das Niederschreiben ist besonders wichtig, denn auch hier erlangt man den nötigen persönlichen Abstand.

Es nutzt wenig, auf verlorenem Posten weiter zu diskutieren. Es gibt keinen Weg "um ein Argument herum", denn es reicht ja schon ein einziges richtiges Argument, um eine Aussage, sogar eine ganze Position, zu Fall zu bringen. Zwar ist es weise, eine Diskussion auf "Gewinn" zu spielen, man sollte sich dabei aber nicht selbst betrügen. Kommt man später zu dem Schluss, dass man falsch lag, sollte man dies zugeben und die eigene Position korrigieren. Interessanterweise wird ein solches Vorgehen oft als "Verlust" angesehen, so als ob es nur darum ginge, wer Recht hätte. Dies sollte man ignorieren und sich über den Erkenntnisgewinn freuen.

> Wenn ich mit einem vernünftigen Menschen nicht einverstanden bin, lasse ich die Realität letzte Entscheidungsinstanz sein; wenn ich recht habe, wird er lernen, wenn ich falsch liege, werde ich lernen – einer von uns wird das Argument gewinnen, aber wir werden beide profitieren.

—Ayn Rand, *For the New Intellectual*

Recherchiert man in Büchern über ein Thema, sollte man daran denken, dass man zu diesem Thema vielleicht einmal eine Diskussion führen oder ein Artikel schreiben wird. Auf diese Weise hat man bereits während des Lesens eine innere Reflexion und folgt der Sokratischen Methode, einem inneren Dialog, welcher zu einem idealen Lerneffekt verhelfen kann.

Ich vergleiche philosophische Diskussionen auch gerne mit einem Schachspiel. Wir starten mit unterschiedlichen Positionen, haben eine Reihe von Argumenten aufgestellt und besitzen eigene Schwachstellen, erkennen aber auch mögliche Schwachstellen auf der Gegenseite. Das Ziel ist es, das Kernargument der Gegenseite – den "König" – zu finden und zu widerlegen. In der Eröffnung geben wir Zug um Zug unsere Argumente bekannt und wir ordnen nach unserem Lehrbuch – nach unseren Vorurteilen – die Ansichten und Argumente unseres Gegners ein. Die meisten Diskussionen enden leider an diesem Punkt, beide Seiten vermuten oft fälschlicherweise, die jeweils andere Seite schon zu kennen.

Erst wenn wir aber vom Lehrbuch – von dem erwarteten Argument des anderen – *abweichen* kommt Bewegung ins Spiel, und mit "Angriffen" – dem Nachfragen nach klaren Definitionen und Kategorien – werden die ersten Argumente geschlagen. Der Verlust von Figuren ist gleichzusetzen mit dem Herabsteigen in eine tiefere philosophische Ebene bzw. in eine Untersuchung der Begriffe.

Sofern nicht eine der beiden Seiten die Figuren vom Brett wirft und ausfällig wird, sofern sich die Diskussion nicht lediglich um Fragen über direkt nachprüfbare Beobachtungen dreht, sofern sich beide Seiten nicht auf ein Unentschieden einigen und ihre Meinungsverschiedenheit lediglich oberflächlich behandeln, dann wird jede Diskussion – jedes Spiel – früher oder später bei den grundsätzlichen philosophischen Fragen über die Realität oder bei der Frage der Kategorisierung verschiedener Begriffe – dem "Endspiel" – landen. Bei eben jenen Fragen, deren Antworten Auswirkungen auf alle daraus folgenden philosophischen Positionen haben und in denen beide Parteien meistens die wesentlichen Unterschiede aufweisen.

Ich muss hier jedoch hinzufügen, dass die meisten Diskussionen tatsächlich *umgekehrte* Schachspiele sind. Beide Seiten starten mit ihren *Schlussfolgerungen* und enden mit der Eröffnung, den anfänglichen grundsätzlichen Ansichten, mit der beide ursprünglich in das Thema eingestiegen sind und auf Basis deren sie ihre Argumente entwickelt haben. Zusätzlich ist zu sagen, dass die hier beschriebene Art des Denkens und Diskutierens keineswegs von jedem geteilt wird. Meistens laufen Diskussionen sehr linear ab, von Argument zu Argument auf der gleichen Ebene – und nicht auf mehreren Ebenen zunehmender Abstraktion.

Ein besserer Ansatz ist es, mit seinem Gegenüber dort anzufangen wo er sich gerade befindet und dann langsam Brücken von seiner Position zu der eigenen zu bauen. Wollen wir die Diskussion "gewinnen" oder wollen wir in der anderen Person eine Änderung bewirken? Wir müssen mehr *zuhören* und auf die darunterliegende Bedeutung achten. Ausgesprochene Worte sind meistens Rationalisierung für zugrundeliegende Gefühle anstatt Ausdruck wohl durchdachter philosophischer Positionen. Zudem identifizieren sich viele Menschen mit ihrer eigenen Position; wenn wir diese angreifen, dann wird es deshalb oft nicht als Angriff auf die philosophische Position des Gegenübers, sondern eben als Angriff auf dessen Identität falsch interpretiert. Alles, was wir von einem Angriff haben, ist, dass sich der andere *noch stärker* auf seine eigene Position zurückzieht. Wir müssen stattdessen annehmen, dass das, was er uns erzählt, die logische Schlussfolgerung aus dessen Erfahrungen, Gefühlen und Informationen ist. Wir müssen annehmen, dass uns die andere Person die Wahrheit oder zumindest die Wahrheit über die eigene Person mitzuteilen versucht.

Das Prinzip betrifft aber auch uns selbst im normalen Alltag. Wir schrecken davor zurück, unsere täglichen Abläufe zu hinterfragen, da wir Angst davor haben, dass uns die Ergebnisse unserer Nachforschungen ein schlechtes Gewissen geben und letztlich wirklich dazu führen, dass wir unsere Gewohnheiten ändern müssen. Aber nicht nur schrecken wir vor dem Aufwand unserer zukünftigen Veränderung zurück, wir müssten uns mit einer neuen Erkenntnis auch unserer Vergangenheit stellen und uns eingestehen, Fehler gemacht zu haben. Durch genügend Zeit und Willenskraft kann man sich diesem psychologischen Hindernis entgegenstellen. Lebt und arbeitet man in einer Gruppe mit unterschiedlichen Auffassungen, ist es aber viel leichter, neue kreative Wege zu finden und von einem möglicherweise selbstzerstörerischen Weg abzukommen.

Außer durch ein direktes Gespräch kann diese Art des "Spiegels" auch dadurch erlangt werden, indem man die eigenen Gedanken aufschreibt – präsentieren sich doch einmal zu Papier gebrachte Buchstaben klar und unveränderlich. Man muss sich gut überlegen, wie man formuliert und wie andere die eigenen Ideen dann auffassen, interpretieren oder gar widerlegen könnten. Es ist eine Art von Selbstreflektion, wenn wir unsere niedergeschriebenen Gedanken eine Weile lang in der Schublade "reifen" lassen. Man tritt dann mit dem idealen Kandidaten in einen Dialog: einem älteren, hoffentlich weiseren Selbst.

> Indem er den Himmel malte, konnte Van Gogh ihn erst wirklich erkennen und mehr bewundern, als wenn er ihn einfach nur angesehen hätte. In ähnlicher Weise werden Sie nie wissen, wie Ihr Mann aussieht, es sei denn, Sie malen ihn. Und Sie werden ihn nie verstehen, es sei denn, Sie versuchen seine Geschichte zu schreiben.
>
> —Brenda Ueland, *If You Want to Write*

> **Wussten Sie schon?**
>
> Der Titel der Reihe heißt *Philosophie der Helden*; wir müssen aber – nach dieser kurzen Übersicht in das Thema – bei den abstrakten Grundlagen beginnen. Nehmen Sie insbesondere das folgende Kapitel als eines, auf das wir im Verlauf der Buchreihe immer wieder wegen seiner dort hinterlegten Definitionen und Ideen zurückkommen werden. Während uns das Thema des Helden immer begleiten wird, werden wir es insbesondere im letzten Buch der Reihe erneut aufgreifen und die Erkenntnisse aller anderen Kapitel zusammenfassen und ausarbeiten.
>
> ⟶ Erfahren Sie mehr in *Philosophie für Helden: Epos*

1.3 Warum Philosophie wichtig ist

> In ein paar Jahren muss ich ein bestimmtes Werk vollenden. Ich muss mich nicht beeilen; das nützt nichts – aber ich muss daran in voller Ruhe und Gelassenheit arbeiten, so regelmäßig und konzentriert wie möglich, so knapp und präzise wie möglich.
>
> —Van Gogh

Frage

Warum kann man den Wunsch, im Rampenlicht des Fernsehens zu stehen, als einen *Cargo-Kult* bezeichnen?

Ohne Kenntnisse der Philosophie und Wissenschaft (der Zukunft, d. h. wohin uns unsere Ansichten und Technologien führen werden) und der (eigenen und fremden) Geschichte (der Vergangenheit, d. h. wie es zu den heutigen Verhältnissen gekommen ist), lebt man in einem ewigen Heute. Ein Heute, das lediglich existiert – ohne Verbindung zu einem Gestern, welches das Heute erklären, oder zu einem Morgen, welches sich aus einem Heute entwickeln könnte. Was Menschen bleibt, die von solchen Standards, mit denen sie ihre Situation bewerten könnten, beraubt sind, ist nur ein Blick zu ihrem unmittelbaren kulturellen Umfeld, der Gesellschaft, oder in ein Fernrohr in eine andere Welt – den Medien und deren Verehrung von Berühmtheiten. Während die Kultur uns eher in der eigenen sozialen Position festhalten möchte, zeigen Fernsehbilder das Leben von (scheinbar) erfolgreichen Menschen. Sie zeigen aber nicht, wie sie dorthin gekommen sind.[1]

---

[1] vgl. Dalrymple, *Life at the Bottom: The Worldview that makes the Underclass*, S. 70.

Als solche werden sie als übernatürliche Personen angesehen. Ohne das Wissen darüber, wie man die Welt verstehen kann, wie man sich in kleinen Schritten eine Existenz, ein Leben und Erfolg aufbauen kann, erscheint dieses Medium deshalb als etwas Magisches. Es scheint, als müsste man nur sein Gesicht auf den Fernsehbildschirm bringen und der Erfolg würde einem zufliegen. Ähnlich wie Heldentaten jemanden nicht unbedingt zu einem Helden machen, wird jemand, der als Held verehrt wird, nicht automatisch zu einem besseren Menschen.

Es ist eine ähnliche Vorstellung wie die sogenannten "Cargo-Kulte" der Ureinwohner der Inseln nordöstlich Australiens. Sie bauten primitive Landebahnen und Kontrolltürme, in der Erwartung, dass die beobachteten Flugzeuge der alliierten Streitkräfte während und nach dem zweiten Weltkrieg dann auch bei ihnen landen und die wertvollen Waren abladen würden. Deren Ausführung war detailgetreu, dennoch landeten keine Flugzeuge, da sie etwas Entscheidendes übersehen haben: Transportflugzeuge landen nicht einfach nur weil es eine Landebahn gibt. Sie werden speziell dafür bestellt, beladen und zum jeweiligen Flughafen beordert – wobei alle involvierten Parteien Mitglieder des internationalen Netzwerks gegenseitigen Vertrauens, Schutzes und Handels der Alliierten sind.

> **Beispiel**
>
> Ein weiteres Beispiel für einen Cargo-Kult ist China unter Mao Zedong. Der Staat ordnete den *Fünfjahresplan von 1958* an, den *Großen Sprung nach vorn*), bei dem große Teile der Bevölkerung in die Stahlproduktion einbezogen wurden. Man wollte mit den westlichen Industrienationen gleichziehen und dachte, dass man nur genügend Stahl produzieren müsste, um dies zu erreichen. China produzierte zwar daraufhin massenweise Stahl, dieser war aber qualitativ minderwertig, und konnte auf dem Weltmarkt kaum verkauft werden; der Fokus weg von der Landwirtschaft und hin zur Industrie verursachte die größte Hungerkatastrophe der Menschheit.

Das Verhalten vor der Kamera, der Bau von Landebahnen, die Stahlproduktion oder die Aneignung bestehenden Wissens sind sicher wichtige Elemente um im jeweiligen Bereich Erfolg zu haben. Sie *alleine* führen aber nicht zu Erfolg, Wohlstand oder Kreativität. Wenn wir mehr möchten als andere nachzuahmen oder den Status Quo zu erhalten, sondern Neues schaffen und die Welt dadurch verändern wollen, indem wir für andere ein Beispiel vorleben, müssen wir die zugrundeliegenden Zusammenhänge nachvollziehen. Verstehen wir die Grundlagen können wir auch neue, unbekannte Situationen begreifen. Wir wollen uns also nicht nur mit dem Vergangenen und Bekannten beschäftigen, sondern uns auch für die Zukunft vorbereiten. Dies erfordert Kenntnis der Philosophie und der Wissenschaften.

> **CARGO-KULT** · *Cargo-Kult* bezieht sich auf ein Verhalten, bei dem jemand bestimmte Aspekte einer anderen (erfolgreichen) Person versucht zu imitieren und dabei den gleichen Erfolg erwartet. Zum Beispiel sind Prominente häufig im Fernsehen, aber nur dadurch, dass man es selbst in das Fernsehen schafft, wird man selbst nicht unbedingt zu einem Prominenten.

Dieses Buch, wie auch Philosophie im Allgemeinen, lehrt die Herangehensweise, Probleme und Herausforderungen zu meistern und uns in die Lage zu versetzen, ein selbstbestimmtes Leben führen zu können. Ähnlich wie sich in der Natur Sinneszellen entwickelt haben um auf äußere Einflüsse reagieren zu können (anstatt vorprogrammiert zu sein), entsprechend soll die Philosophie dem Menschen *Methoden des Denkens* beibringen, mithilfe derer er selbst Antworten auf die Fragen seines Lebens finden kann. Zwar haben sich mit diesen Themen bereits verschiedenste Ratgeber beschäftigt, diese bieten jedoch meist nur eine Reihe von Erfahrungsberichten und Leitsätzen. Was fehlt, ist ein umfassendes Fundament, mit dem wir die für unsere eigene Situation besten Entscheidungen treffen können. Ein Fundament, welches unseren Enthusiasmus, unsere Werte und unsere innere Welt mit Rationalität, Wissenschaft und Fakten zusammenführt. Wie bei den Fernsehbildern auch, reicht es ab einem gewissen Punkt aber nicht mehr, Vorbild zu sein. Um den Abstand zwischen uns selbst und zu anderen nicht zu groß werden zu lassen, müssen wir unsere Mitmenschen an die Hand nehmen und gemeinsam neue Gipfel erklimmen. Wir müssen lernen, zu lehren, was wir intuitiv als richtig wissen und fühlen.

> Das Buch strebt an, als Einladung oder Einführung zur Philosophie für jedermann zu dienen, besonders die geistig jung Gebliebenen, die etwas über diese ehrwürdige, in Griechenland begonnene, intellektuelle Tradition lernen möchten. Insbesondere spreche ich aber diejenigen an, die Philosophie nicht nur als ehrwürdige Tradition, sondern als eine Form des Denkens ansehen, die immer noch gültig und bei ihren alltäglichen Problemen anwendbar ist. Das Ziel ist es nicht, zu wissen, wie Sokrates vor über 25 Jahrhunderten einen Weg gefunden hat, mit dem Leben in Athen besser zurechtzukommen, sondern einen Weg zu finden, um die Gegenwart besser zu verstehen und das Leben genießen zu können …
>
> —Fernando Savater, *The Questions of Life*

Welche Fragen stellen sich uns aber? Nicht alle Menschen können lesen, geschweige denn lesen sie alle regelmäßig Bücher. Ist deshalb Philosophie nicht lediglich eine Gedankenspielerei der Gebildeten und Reichen? Welche Rolle spielt so etwas wie Philosophie im Leben eines "einfachen" Menschen?

Der Punkt hier ist, dass *jeder* Mensch eine Philosophie mit sich trägt, nach der er entweder bewusst oder unbewusst handelt. Diese Philosophie hat er, wenn nicht aus eigenen Überlegungen, dann von der Familie, der Gruppe oder der Kultur des Landes. Und deren Ansichten wiederum werden von den Ideen genährt, die aus der akademischen Schicht hinunter in populärwissenschaftliche Bücher, Schulen, Zeitungen und das Fernsehen tröpfeln. Anders als bei Produktionsmethoden (und, zu einem kleineren Teil, bei angewandten Wissenschaften), welche der andauernden Prüfung durch die Kräfte des Markts unterliegen, verbreiten sich diese Ideen größtenteils *ungehindert* so lange sie nicht in Frage gestellt werden.

Solche philosophischen Argumente sind das Ergebnis tausender Stunden Denkarbeit vieler Gelehrter. Kann jemand, der sich nicht einmal mit Philosophie beschäftigt hat, eine eigene philosophische Position bilden oder gar gegen die Meinungen aus den Universitäten ankommen? Solche Leute übernehmen wahrscheinlich die philosophische Position ihrer Umgebung und bilden sich lediglich ein, von "denen da oben" unabhängig zu sein und dass Ideen anderer keinerlei Wirkung auf sie hätten. Aber Änderungen in den Ansichten der breiten Bevölkerung rühren praktisch immer von Änderungen im akademischen (oder religiösen) Bereich her. Wer nicht selbst denkt, für den wird gedacht. Wenn es eine große Anzahl an Leuten gibt, die sich nicht für Philosophie interessieren, dann hat eine kleine Anzahl an Philosophen großen Einfluss auf die gesamte Bevölkerung. Man akzeptiert die Ideen, die sich "durchgesetzt" haben – d. h. unangefochten blieben. Umso mehr ist es die Aufgabe eines jeden, der an Philosophie interessiert ist, gegenwärtige Strömungen zu hinterfragen und sich aktiv in die Diskussion, insbesondere mit den momentanen Richtungsgebern, einzumischen und die eigene Stimme zu erheben.

> [...] Die Gedanken der Ökonomen und Staatsphilosophen, sowohl wenn sie im Recht, als auch wenn sie im Unrecht sind, [sind] einflussreicher, als gemeinhin angenommen wird. Die Welt wird in der Tat durch nicht viel anderes regiert. Praktiker, die sich ganz frei von intellektuellen Einflüssen glauben, sind gewöhnlich Sklaven irgendeines verblichenen Ökonomen. Verrückte in hoher Stellung, die Stimmen in der Luft hören, zapfen ihren wilden Irrsinn aus dem, was irgendein akademischer Schreiberling ein paar Jahre vorher verfasste. Ich bin überzeugt, dass die Macht erworbener Rechte im Vergleich zum allmählichen Durchdringen von Ideen stark übertrieben wird.

—John Maynard Keynes, *Allgemeine Theorie der Beschäftigung, des Zinses und des Geldes*

Ein ähnliche Aussage machte Ayn Rand:

> Die unangefochtenen Absurditäten von heute sind die akzeptierten Slogans von morgen. Sie werden Stück für Stück akzeptiert, durch andauerndem Druck von einer Seite und andauerndem Rückzug auf der anderen Seite – bis sie eines Tages plötzlich als die erklärte Ideologie des Landes verkündet werden.

—Ayn Rand, *The Return of the Primitive: The Anti-Industrial Revolution*

Warum aber müssen wir uns mit all diesen, insbesondere *abstrakten* Fragen, die wir von Philosophen hören, beschäftigen? Sind für unser Leben denn nicht alleinig politische, wirtschaftliche oder wissenschaftliche Fragen relevant? Dazu ist erst einmal zu sagen, dass Wissen hierarchisch aufgebaut ist. Die Antworten auf politische, wirtschaftliche und auch wissenschaftliche Fragen findet man mithilfe von Antworten auf tieferliegende Fragen nach der Natur des Menschen, nach der Logik, und sogar nach der Realität selbst und wie wir sie wahrnehmen können. Den meisten Menschen fehlt hier lediglich das Selbstbewusstsein oder der Mut, solche Fragen zu untersuchen; sie fragen sich, warum denn gerade *sie* sich mit den philosophischen Lehren auseinandersetzen sollen, mit denen sich anscheinend Tausende andere schon beschäftigt und diese angeblich bestätigt haben. Viele sind der Meinung, dass sie und die Philosophen ihrer eigenen Arbeit nachgehen und so alle Beteiligte von einer Arbeitsteilung in der Gesellschaft profitieren könnten. Wie zuvor erläutert, ist Philosophie aber keiner so direkten Prüfung unterworfen wie wissenschaftliche Studien. Trotz einer Philosophie, die mit der Realität im Konflikt steht, würden wir die Auswirkungen womöglich entweder nicht mitbekommen (in Form verpasster Chancen) oder erst, wenn es zu spät ist, wie etwa in der Form eines menschenverachtenden Regierungssystems das gerade eben auf jener fehlerhaften Philosophie aufgebaut wurde; oder wir würden gar nicht wissen, was es bedeutet, wenn eine Philosophie im Konflikt mit der Realität steht.

Es liegt entsprechend an jedem selbst, sich für oder gegen die eigene Beschäftigung mit Philosophie zu entscheiden. Sich Führerfiguren anzuschließen und deren Erfolg als Barometer für die Wahrhaftigkeit deren Philosophien herzunehmen, *erscheint* zwar als vielversprechende Alternative. Aber hier gibt es die Schwierigkeit, die konkreten Taten einer anderen Person zu einem allgemeinen Leitfaden für das eigene Leben zu abstrahieren bzw. umgekehrt, die Lehren dieser Person mit dessen Erfolg in Verbindung zu bringen – dafür bräuchten wir ja gerade wieder die Grundlagen der Philosophie, die wir zuvor ignoriert hatten. Eine Person, die an Reichtum und Macht gelangt ist, könnte es mittels Lügen oder viel Glück geschafft haben. Genau wie mangelnder Erfolg nicht unbedingt bedeutet, dass die Person einer fehlerhaften Philosophie folgt, führt die Befolgung einer konsistenten Philosophie nicht unbedingt zum Erfolg.

Wie wir es also drehen und wenden, wir brauchen eigene philosophische Grundlagen, um zu prüfen, wie wir uns entscheiden sollen. Mit dem Verständnis dieser Grundlagen ist einem zwar dann weder der Erfolg garantiert noch ist man dann plötzlich in der Lage, Berge zu versetzen. Aber an jedem neuen Tag, bei jeder neuen Entscheidung, haben wir mit der richtigen Philosophie einen Kompass, mit dem wir unsere Richtung zu jedem Zeitpunkt prüfen können. Bewegen wir uns in die richtige Richtung, sind unsere Schritte noch so klein, dann können wir in der Gewissheit leben, unseren Zielen immer näher zu kommen. Anders als alltägliches, konkretes, vergängliches Wissen, wirkt eine Philosophie – selbst wenn sie klein und unbedeutend erscheint – bei jeder unserer Entscheidungen mit. Ein Fehler im Fundament in der eigenen Philosophie wäre, als ob man bei Beginn einer Reise eine falsche Richtung eingeschlagen hätte und sich am Ende an einem völlig anderen Ort als erwartet wiederfindet. Es ist nicht wichtig, wie schnell man vorankommt, sondern dass man Fortschritte in die richtige Richtung macht.

1.4 Grundlagen der Philosophie

Für manche Leser mögen einige Punkte, die hier vorgestellt werden, trivial erscheinen. Zum Beispiel ist es offensichtlich, was "etwas" ist und dass es existiert. Aber das ist ja gerade der Punkt und Fokus dieses Kapitels: Wir wollen eine klare und saubere Definition worüber wir sprechen. Wir bauen eine neue gemeinsame Sprache auf die alle Leser teilen, egal wie deren Lebensgeschichte bislang ausgesehen hat. Dazu wollen wir zuerst einmal die Philosophie in ihre Bestandteile aufteilen:

- **Ontologie**: *Wo und was bin ich?*
- **Erkenntnistheorie**: *Woher weiß ich das?*
- **Ethik**: *Was soll ich tun?*
- **Ästhetik**: *Wie kann ich mein Ideal konkretisieren und was könnte aus mir werden?*
- **Politik**: *Was darf ich tun?*[2]

Als Erstes werden wir uns mit den Grundlagen beschäftigen, die wir für alle weiteren Kapitel benötigen: der Ontologie (Axiome) und der Erkenntnistheorie (Sinneswahrnehmung, Kognition, Begriffe und Wissen). Als zentrales Element der Philosophie dient die Realität; wir betrachten deshalb zunächst unsere Grundannahmen und unser Wissen über die Welt. Was wissen wir und wie können wir dieses Wissen über die Welt ordnen?

---

[2]Das Feld der Politik werde ich in dieser Buchreihe nur am Rande anschneiden.

1.4 Grundlagen der Philosophie

> **Wussten Sie schon?**
>
> Ontologie und Erkenntnistheorie stellen das Fundament unserer Ethik und sogar unserer Ästhetik dar. Nur wenn wir wissen was *ist* und *wie* wir davon wissen können, können wir anfangen uns darüber Gedanken zu machen, welche Werte für uns wirklich wichtig sind (Ethik) und wie man diese Werte als Erinnerung oder Motivation in der realen Welt darstellen kann.
>
> ⟶ Erfahren Sie mehr in *Philosophie für Helden: Handlung*

Hier, wie auch im weiteren Verlauf dieser Buchreihe, werden wir dazu unsere Diskussion immer wieder unterbrechen, um unsere Begriffe zu definieren. Idee ist es, eine gemeinsame Basis der Kommunikation zu schaffen. Worte sind nichtssagend, wenn wir keine Übereinkunft darüber getroffen haben, was sie bedeuten. Entsprechend ist es wichtig anzumerken, dass hier die für diese Begriffe benutzten Bezeichner und Definitionen lediglich Vorschläge sind und einer klaren Abgrenzung zu anderen Begriffen dienen. Letztlich mögen Sie vielleicht nicht mit meinen Definitionen einverstanden sein. Aber die Idee ist nicht, dass ich Sie davon überzeuge, sie in dieser Weise zu nutzen. Stattdessen biete ich sie an um ein präziseres Verständnis des Texts zu ermöglichen. Für dieselben Begriffe könnten ebenso ganz andere *Wörter* stehen, wie dies ja beispielsweise in unterschiedlichen Sprachen oder Ideologien der Fall ist. Zusätzlich könnte man sich auch andere Begriffsdefinitionen und -hierarchien vorstellen, die zwar ebenso in sich stimmig sind, aber mehr Gewicht auf andere Aspekte der Realität legen.

> **Entität** · Eine *Entität* ist ein "Ding", etwas, das eine Identität mit Eigenschaften besitzt (z. B. eine Pflanze produziert Sauerstoff, ein Stein besitzt eine harte Oberfläche etc.).

> **Identität** · Eine *Identität* ist die Gesamtheit aller Eigenschaften einer Entität (z. B. Gewicht: 80kg, Größe: 1,80m, hat ein Bewusstsein etc.).

> **EIGENSCHAFT** · Eine *Eigenschaft* bezieht sich auf die Art der Wirkung einer Entität (oder eines Prozesses) auf andere Entitäten (oder auf andere Prozesse) in einer bestimmten Situation (z. B. Masse, Position, Länge, Name, Geschwindigkeit etc.).

> **BELEGUNG EINER EIGENSCHAFT** · Die *Belegung einer Eigenschaft* bezieht sich auf die Stärke einer bestimmten Eigenschaft einer Entität.

> **WIRKUNG** · Eine *Wirkung* ist die durch die Eigenschaften ausgelösten Änderungen der Belegung der Eigenschaften einer Entität (z. B. ändert das Erhitzen von Wasser dessen Temperatur).

Wussten Sie schon?

Worum es bei vielen Diskussionen in der Öffentlichkeit *eigentlich* geht, ist keineswegs die Präzisierung des jeweiligen Begriffs, also die Frage nach der "richtigen" Definition, sondern die Kaperung eines *Namens* dessen zugehöriger Begriff in der Gesellschaft bereits positiv belegt ist. Wie auf einem Marktplatz versucht man die eigenen schlechten Ideen unter einem fremden, möglichst gut angesehenen Markennamen zu verkaufen – man denke nur an die vielen Gruppierungen die sich "demokratisch" nennen.

⟶ Erfahren Sie mehr in *Philosophie für Helden: Epos*

1.5 Ontologie

Ich bin, also werde ich denken.

—Ayn Rand, *Atlas Shrugged*

In den Naturwissenschaften werden Dinge und Vorgänge aller Art in Einzelteile zerlegt und dann separat vermessen und kategorisiert. Diese Kategorisierung geschieht unabhängig vom individuellen Beobachter. Der Wissenschaftler versucht von außen auf die Welt zu blicken. Er versucht dabei keinen Einfluss auf die Situation zu nehmen oder diesen zumindest zu minimieren, und dabei ein beobachterunabhängiges Modell der Realität zu schaffen.

> **Wussten Sie schon?**
>
> Wissenschaft ist wie ein Spiel. Nicht, weil es ihr an Ernsthaftigkeit fehlt, sondern weil man sich, wenn man teilnehmen möchte, an strenge Regeln halten muss. Es gibt viele andere "Spiele" mit eigenen Regeln und auch die Regeln der Wissenschaft werden immer wieder neu diskutiert. Mit ihrer Vorgabe, die eigene Arbeit zu dokumentieren und andere Werke korrekt zu zitieren, stellt die wissenschaftliche Methode jedoch den bisher erfolgreichsten "Regelsatz" dar, um Wissen über die Realität zu erlangen.
>
> ⟶ Erfahren Sie mehr in *Philosophie für Helden: Kontinuum*

1.5.1 Der Trugschluss des gestohlenen Begriffs

>
> Wenn Philosophen der Moderne erklären, dass Axiome beliebig aufgestellt werden können und dann selbst komplexe, abgeleitete Konzepte als angebliche Axiome ihrer angeblichen Argumentation aufstellen, dann kann man beobachten, wie ihre Axiome sowohl die Axiome "Existenz", "Bewusstsein" und "Identität" implizieren als auch von ihnen abhängen – genau die Axiome, von denen sie behaupten, sie würden sie negieren, aber genau welche sie in ihre Argumente in Form von unbestätigten, gestohlenen Konzepten schmuggeln.
>
> —Ayn Rand, *Introduction to Objectivist Epistemology*

> **Frage**
>
> Warum scheitert die Wissenschaft an grundsätzlichen philosophischen Fragen?

Wie weit uns das wissenschaftliche Vorgehen bisher gebracht hat erleben wir bei unserem täglichen Umgang mit Technologie. Gleichzeitig sehen wir aber auch dessen Grenzen zum Beispiel bei Fragen der Interpretation des *freien Willens*. Das Problem hierbei ist, dass obwohl die Wissenschaft auf die einzelnen Teile unserer Kognition deuten kann, unser resultierendes Bewusstsein ein nicht teilbarer *Prozess* mit enger Verflechtung zwischen Beobachter und zu untersuchendem Objekt darstellt. Der Wille kann nicht in seine Einzelteile geteilt und separat untersucht werden. Wir können uns selbst nicht "von außen" betrachten. Selbstwahrnehmung ist definitionsgemäß subjektiv.

PROZESS · Ein *Prozess* beschreibt den Ablauf von einer Ursache zu einer Wirkung (wirft man z. B. ein Eiswürfel in ein Glas Wasser, läuft ein Prozess des Abkühlens ab, das Getränk wird kalt).

FREIER WILLE · Der *freie Wille* bezieht sich auf die Fähigkeit, über unsere Kognition reflektieren zu können, also nicht von äußeren Einflüssen determiniert zu sein. Je mehr wir darüber wissen und je mehr wir uns darüber bewusst sind, was uns beeinflusst, desto freier ist unser Wille.

Beispiel

Wenn wir ein Gerät entwickeln könnten, das unsere nächste Entscheidung vorhersagte, würde es versagen, wenn wir es selbst auf uns anwenden: das Wissen um unsere nächste Entscheidung würde unsere nächste Entscheidung beeinflussen. Wenn wir wissen, was wir als nächstes machen würden, könnten wir über unsere zukünftige Entscheidung nochmals reflektieren. Abhängig von der individuellen Mentalität könnte sich dann jemand dagegen entscheiden, als Beweis seines freien Willens. Oder er könnte dem "Ratschlag" folgen und genau das machen, was die Maschine ihm mitgeteilt hat. Das letztere Phänomen ist besonders sichtbar bei politischen Umfragen bei denen Leute dazu tendieren, der Mehrheit zu folgen (der sogenannte "Mitläufereffekt"). Entsprechend, auf individueller Ebene, könnte gerade der Vorgang des Analysiertwerdens (oder der Beantwortung von Fragen) zu einem Verhalten der Konformität führen. Menschen tendieren dazu, einer Autorität (dem Gerät oder dem Wissenschaftler der es bedient) zu folgen. Oder sie wollen in ihrem Inneren konsistent sein und entsprechend ihrer Antworten, die sie zuvor gegeben haben, handeln.

Möglicherweise finden sich tatsächlich wissenschaftliche Experimente. Aber wie sollten deren Ergebnisse bewertet werden, wenn doch die betreuenden Wissenschaftler sich bei der Durchführung des Experiments gerade der Elemente bedient haben, die sie untersuchten – dem freien Willen? Da derartige Fragen aber essentiell zum Verständnis der Welt sind, benötigen wir ein *philosophisches* Fundament, auf das dann wiederum die Wissenschaft zurückgreifen kann – wir müssen erst einmal definieren, was wir unter "Wissen" überhaupt verstehen und wie wir es erlangen können.

> **Idee**
>
> Wissenschaft basiert auf einem philosophischen Fundament, also einem Zweig der Philosophie. Wissenschaft kann keine grundlegenden philosophischen Fragen beantworten, ohne ihre eigenen wissenschaftlichen Prinzipien zu verletzen.

> **Frage**
>
> Warum sollten wir Philosophie nicht als unbeteiligter Beobachter von uns selbst oder der Welt studieren?

Die meisten anderen Philosophierichtungen betrachten Aussagen wie "etwas existiert" unabhängig von der Welt, und werden deshalb konsequenterweise in Frage gestellt. Mit seiner berühmten Aussage "Ich denke, also bin ich" stellte der Philosoph und Wissenschaftler René Descartes das Bewusstsein als eine Art Grundwahrheit auf (ohne auch die Wahrnehmung der Realität oder ihre Existenz vorauszusetzen) und folgerte *daraus*, dass wir existieren. Während das unser obiges Problem mit der Wissenschaft löst, entstehen daraus neue Fragen.[3] Ist unser *Denken*, im ersten Schritt, unabhängig von unserer Existenz?

---

[3] Das Vorgehen von Descartes wird als *Rationalismus* bezeichnet. Es ist die Idee, dass wir alles alleine durch Nachdenken erfahren könnten, siehe auch Kapitel 1.6.4, "Rationalismus".

1.5 ONTOLOGIE

Den der Vorstellung zugrundeliegende Fehler eines unabhängig von der Realität existierenden Bewusstseins, welches die Welt "von außen" betrachtet, hat Ayn Rand als *Trugschluss des gestohlenen Begriffs* bezeichnet. Er besagt, dass eine Argumentation gegen eine Idee einen Widerspruch darstellt, wenn man genau dieser Idee bereits durch eine eigene Handlung zugestimmt hat.[4] Im Falle unseres Beispiels nach der Frage der Existenz läge der Fehler schlicht darin, dass man Existenz nicht in Frage stellen kann, ohne das eigene Dasein vorauszusetzen – man selbst muss für eine Infragestellung ja existieren. Hier versuchen wir also im ersten Schritt nicht, von außen auf uns selbst zu blicken und erst dann unsere eigene Existenz zu folgern, sondern wir sehen uns als einen mit ihr interagierenden Teil der Realität. "Außerhalb von Raum und Zeit" schwebende, aus sich selbst geborene Vermutungen spielen keine Rolle.

> **Idee**
>
> Kern der Philosophie ist es, sich als Teil der Realität zu verstehen, anstatt sich als passiver Beobachter von ihr abzukapseln.

> **TRUGSCHLUSS DES GESTOHLENEN BEGRIFFS** · Der *Trugschluss des gestohlenen Begriffs* sagt aus, dass für die Widerlegung einer Aussage diese Aussage nicht selbst (impliziter oder expliziter) Teil der Widerlegung sein darf. Man kann beispielsweise nicht gegen das eigene Dasein argumentieren, denn das Argumentieren setzt das eigene Dasein ja gerade voraus.[5]

Dieser Ansatz ist einer der Eckpfeiler von Rands Herangehensweise an philosophische Argumente. Wir müssen Aussagen oder Fragen erst prüfen – insbesondere auf den Trugschluss des gestohlenen Begriffs – und deren Annahmen in Frage stellen, bevor wir sie bewerten oder beantworten können. Hervorzuheben ist, dass es sich bei dieser Art der Wahrheitsfindung weder um ein rein ratio-

---

[4]Explizit oder implizit, es macht keinen Unterschied ob wir die Idee direkt ausgesprochen haben.

nalistisches, noch um ein rein empirisches Verfahren handelt. Für die Aneignung von Wissen ist sowohl eine Sinneswahrnehmung als auch eine logische Integration vonnöten. Offensichtlich müssen wir Sinneswahrnehmungen erst machen, bevor wir sie integrieren können. Und mit der ausschließlichen Anwendung von Logik fehlt uns das Fundament der Axiome,[6] mit Hilfe dessen wir logische Schlüsse überhaupt erst ziehen könnten.

1.5.2 Das Axiom der Existenz

> **AXIOM** · Ein *Axiom* ist eine selbstevidente Wahrheit (z. B. "Etwas existiert").

Eine "selbstevidente" Wahrheit ist eine Aussage, welche sich selbst durch ihre eigene Existenz begründet. Beispielsweise ist "Dieser Satz existiert" eine *selbstevidente Aussage*. Würde er nicht niedergeschrieben oder ausgesprochen werden (d. h. würde er nicht existieren), dann würde er auch keine Aussage machen und könnte also auch nicht falsch sein. *Wird* er dagegen niedergeschrieben und gelesen oder ausgesprochen (d. h. existiert er), ist er korrekt und somit selbstevident.

> **SELBSTEVIDENTE AUSSAGE** · Eine *selbstevidente Aussage* ist eine Aussage, welche ihre Begründung in sich trägt (z. B. bedingt das Aufstellen des Axioms der Existenz ebendiese Existenz).

> **AXIOM DER EXISTENZ** · Das *Axiom der Existenz* sagt aus, dass etwas *existiert*. Ohne Existenz gäbe es keine Entitäten. Insbesondere gäbe es keine Interaktionen zwischen Entitäten, keine Wahrnehmung und somit auch kein Wissen, und eine Argumentation gegen dieses Axiom wäre nicht möglich.

---

[6]vgl. Peikoff, *Objectivism: The Philosophy of Ayn Rand / Leonard Peikoff*, S. 4–12.

1.5 ONTOLOGIE

Wir haben weiter oben ausgeführt, dass wir nicht unser Dasein daraus begründen können, dass wir über es nachdenken. Gleichzeitig *denken* wir, wenn wir uns über unser Dasein Gedanken machen. Was steht also zuerst, Bewusstsein oder Dasein? Auf welche Wahrheit können wir uns in der Philosophie verlassen? Nun könnte man beliebig viele derartiger, selbstevidenter Wahrheiten niederschreiben. Worauf es aber ankommt, ist nicht der konkrete Wortlaut, sondern die Bedeutung. Es geht ja nicht nur um den Satz "Dieser Satz existiert", sondern auch darum, ihn zu lesen und zu verstehen. Wir werden uns also des Satzes (seiner Existenz) und dessen Bedeutung (seiner Identität) bewusst. Die Antwort ist also, dass *keines* dieser drei Elemente (Existenz, Identität und Bewusstsein) "zuerst" steht, sondern alle gleichzeitig wahr sind. Diese Erkenntnis wird uns im weiteren Verlauf des Kapitels noch begleiten; wir werden feststellen, dass es eigentlich nur eine einzige selbstevidente Wahrheit gibt und sich die Frage nach der Reihenfolge der Wahrheiten also nicht stellt.

Natürlich ist niemand dazu *gezwungen*, eine selbstevidente Wahrheit anzunehmen. Wer aber die Grundlagen des Wissens verneint, sich auf ein Podest stellt und laut verkündet, dass wir uns in einem chaotischen Universum befinden würden, in dem man nicht imstande wäre, dessen Eigenschaften zu identifizieren, der akzeptiert genau die Annahmen über die Welt, gegen die er zu argumentieren versucht: die *Existenz* der Realität (insbesondere das eigene Dasein) und das eigene *Bewusstsein*, mit dessen Hilfe er sich über die *Identität* der realen Welt gewahr werden kann. Als einzig konsequente Alternative zur Akzeptanz der Axiome und der Objektivität der Realität bliebe deshalb nur das Schweigen; wer keine Aussagen macht und nicht handelt, der kann sich in seiner "Aussage" auch in keinen Widerspruch verwickeln.

1.5.3 Das Axiom der Identität

Wenn etwas *existiert*, dann existiert *etwas*. Entitäten haben also eine bestimmte Identität. Dies führt uns direkt zu einem neuen Axiom:

> **AXIOM DER IDENTITÄT** · Das *Axiom der Identität* sagt aus, dass *etwas* existiert. Ohne dieses Axiom könnten "Entitäten" "womöglich" existieren, aber sie hätten keine Identität, würden somit ebenso keine Eigenschaften besitzen. In einer solchen Realität wäre entsprechend auch keine Wahrnehmung und kein Wissen möglich, insbesondere könnte man nicht gegen das Axiom der Identität argumentieren: ohne Identität wären Aussagen generell unmöglich, da auch sie keine Identität – keine Aussage – besäßen. Im Objektivismus wird dieses Axiom auch als "*A* ist *A*" bezeichnet: Jede Entität hat *bestimmte* Eigenschaften und keine anderen.

Frage

Was versteht man unter der Identität einer Entität?

Widersprüche in der Realität können wegen des *Axioms der Identität* also nicht existieren. Alles, was existiert, hat bestimmte (und eben nicht unbestimmte) Eigenschaften; man kann zwischen einer Entität *A* und anderen Entitäten *Nicht-A* unterscheiden. Auch Kausalität folgt daraus, jede Entität verhält sich entsprechend ihrer Eigenschaften. Jede Entität besitzt deshalb eine Anzahl an widerspruchsfreien Eigenschaften, bei denen gleichartige Eigenschaften nicht unterschiedlich belegt sein dürfen. Zum Beispiel kann eine Entität nicht gleichzeitig zwei unterschiedliche Massen oder Geschwindigkeiten annehmen, und eine Entität kann nicht gleichzeitig sichtbar und unsichtbar sein.

1.5 ONTOLOGIE

> **Idee**
>
> Entitäten haben jeweils genau eine (spezifische und abgegrenzte) Identität.

> **Frage**
>
> Kann alles, was ich mir vorstellen kann, existieren? Können dann auch Widersprüche in der Realität existieren?

Gegen diesen Grundsatz werden in Diskussionen allerdings immer wieder eine Reihe von Argumenten angeführt, insbesondere, dass wir uns mit unserem Verstand doch Widersprüche *vorstellen* könnten, zum Beispiel wie man auf den Mond springt, oder, dass "1 = 2" gilt. Gibt es hier also ein Problem? Falls Widersprüche in unserem Kopf "existieren" könnten, könnten sie dann nicht auch Teil der Realität sein und müssten wir dann nicht unsere Ansprüche an die Logik zurückstecken?

Was man sich bei diesen Beispielen vorstellt ist aber nicht wirklich widersprüchlich. Auf den Mond zu springen mag – entsprechende Technologie vorausgesetzt – durchaus möglich sein. Man kann sich selbst mit in besonderer Weise funktionierenden Muskeln oder in einer Welt ohne Gravitation vorstellen. Was man sich insbesondere *nicht* vorstellen kann sind direkte Widersprüche, die das Axiom der Identität verletzen. Man versuche sich nur einmal ein pinkes, unsichtbares Einhorn vorzustellen. In einer "nicht-objektiven Realität" würden Entitäten keine Identität besitzen, d. h. etwas könnte auch etwas anderes sein. Eine Entität könnte sonst gleichzeitig vollständig schwarz und weiß, gleichzeitig sichtbar und unsichtbar, gleichzeitig hier und dort sein.

Der wesentliche Fehler in einer solchen Argumentation ist also die Verwechslung eines *Objekts A* mit dem *Trugbild von A*, welche letztlich zwei verschiedene Entitäten darstellen. Natürlich kann man die Gleichung "1 = 2" niederschreiben, also ein Bild davon machen. Aber was diese Gleichung ausdrückt, wie zum Beispiel "zwei Äpfel sind ein Apfel", ist *nicht* realisierbar.

1.5.4 Das Axiom des Bewusstseins

Wir haben nun durch *Betrachtung* der Realität und mithilfe *unseres Verstandes* die zwei Axiome der Existenz und der Identität *entdecken* können. Wir sind aber keine der oben erwähnten Wissenschaftler, die (angeblich) Wahrheiten über die Welt herausfinden könnten, ohne selbst *Teil* eben jener Welt zu sein. Wir sind uns der Axiome selbst bewusst geworden. Die Voraussetzung für das Verständnis der Welt ist somit unser eigenes *Bewusstsein*:

> **BEWUSSTSEIN** · Mit unserem *Bewusstsein* können wir uns über etwas bewusst werden, es ist also der *Prozess* der aus der Fähigkeit einer Entität entsteht, sich selbst und andere Entitäten und deren Eigenschaften wahrnehmen und über sie reflektieren zu können (Kognition).

> **AXIOM DES BEWUSSTSEINS** · Das *Axiom des Bewusstseins* sagt aus, dass wir uns unseres Daseins (der Tatsache, dass wir existieren), unserer Identität und der äußeren Welt bewusst werden können.

Eine Verneinung dieses Axioms würde implizieren, dass wir uns – durch den Akt des Verneinens – zumindest eines Teils der Realität bewusst wären. Aber Bewusstsein zu haben und es gleichzeitig zu verneinen wäre ein Widerspruch. Man kann also nicht konsistent dagegen argumentieren, dass man ein Bewusstsein hat.

Wussten Sie schon?

Die Erkenntnistheorie ist tatsächlich nur ein Teil des größeren Gebiets der *Metaphysik*. Neben der Erkenntnistheorie beschäftigt sich die Metaphysik mit Fragen wie:

- "Was ist der Ursprung des Universums?"
- "Warum existiert überhaupt etwas?"
- "Warum ist das Universum nicht völlig leer?"
- "Könnte das Universum anders sein?"
- "Was ist der freie Wille?"

⟶ Erfahren Sie mehr in *Philosophie für Helden: Kontinuum*

1.6 Erkenntnistheorie

> Die Ontologie und die Erkenntnistheorie gelten gleichzeitig. Die Frage danach, was existiert, und die Frage danach, wie wir Wissen darüber erlangen können, bilden eine gemeinsame Grundlage. Das ist auch der Grund, weshalb das allererste Axiom "Existenz existiert und die Tatsache, dass wir dies begreifen, impliziert, dass wir die Fähigkeit haben, sich uns dessen bewusst zu sein" lautet. Anschließend gehen wir mehrmals vor und zurück, "Wir haben ein Bewusstsein", "*A* ist *A*", "Existenz existiert unabhängig des Bewusstseins", "Wir erlangen Wissen mithilfe unseres Verstandes" usw. [Ontologie und Erkenntnistheorie] sind vollständig ineinander verwoben.
>
> —Leonard Peikoff, *Understanding Objectivism*

Mit der Ontologie haben wir feststellen können, *dass* wir uns der Realität bewusst werden können. Mit der Erkenntnistheorie wollen wir nun besprechen *wie* wir uns der Realität bewusst werden können. Wichtig anzumerken bei der Diskussion ist, dass Axiome *Voraussetzung* für Wissen und nicht der Startpunkt eines deduktiven Prozesses sind. Sie sind nicht die Grundlage, von der aus wir Folgerungen wie in der Mathematik schließen. Wenn "Existenz existiert" alles wäre, was man wüsste, dann kann man es noch so lange anstarren, man würde keine Fortschritte machen. Diese Axiome sind die Grundlage von Wissen, d. h. sie *ermöglichen* uns die Realität zu untersuchen und reale Erfahrungen zu sammeln, die wir dann in Begriffe fassen, abstrahieren, integrieren usw.[7]

---

[7] vgl. Peikoff, *Understanding Objectivism*, S. 283.

1.6 ERKENNTNISTHEORIE

Frage

Warum sind Ontologie und Erkenntnistheorie ineinander verwoben?

Die Erkenntnistheorie ist neben der Ontologie ein tragendes Fundament der Philosophie und beschäftigt sich damit, wie Wissen erworben und überprüft werden kann. Wichtig hierbei anzumerken ist, dass das nicht heißt, dass die Ontologie als erstes in einer langen Kette von Ableitungen und Folgerungen steht nur weil wir mit den Axiomen (der Ontologie) begonnen haben. Wir müssen unsere hierarchische Liste der Elemente der Philosophie korrigieren und sie durch eine Struktur mit gegenseitigen Abhängigkeiten ersetzen (siehe Abbildung 1.1).

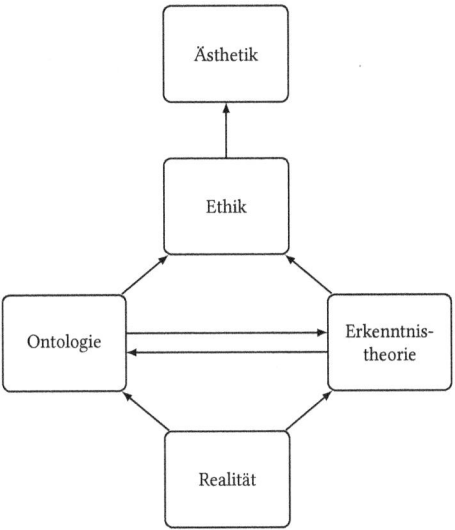

Abbildung 1.1: Ontologie und Erkenntnistheorie leiten nicht voneinander ab, sie bilden stattdessen *gemeinsam* die Grundlage für die Ethik.

> **Idee**
>
> Die Ontologie und die Erkenntnistheorie gelten gleichzeitig. Die Frage danach, was existiert, und danach, wie wir Wissen darüber erlangen können, bilden eine gemeinsame Grundlage der Philosophie.

Die Implikationen dieser Erkenntnis sind weitreichend. Sehen wir, *wie* wir etwas ergründen können (Erkenntnistheorie) als eine *Folgerung* aus den Axiomen, können wir nie ergründen, was unser Bewusstsein, unser Verstand und unser Wille ist. Diese Begriffe würden zu etwas Undefiniertem werden und wir wären nicht in der Lage, andere Entitäten mit Bewusstsein als solche zu erkennen. Nur bei anderen *Menschen* könnte man argumentieren, dass sie ja so ähnlich wie wir selbst sind und somit ebenso ein Bewusstsein besitzen müssten. Tierische, künstliche oder außerirdische Intelligenzen wären für uns immer Wesen ohne einem eigenen Bewusstsein.

1.6.1 Wahrnehmung

> Die Sinnesorgane des Menschen sind dessen einziger kognitiver Kontakt mit der Realität und damit seine einzige Quelle der Information. Ohne Sinnesdaten kann es deshalb keine Begriffe geben; ohne Begriffe kann es keine Sprache geben; ohne Sprache kann es kein Wissen und keine Wissenschaft geben.
>
> —Ayn Rand, *Philosophy: Who Needs It*

Unsere Wahrnehmung besteht aus der Filterung, Zusammensetzung und Verknüpfung mehrerer Sinneswahrnehmungen die in eine für unsere *Kognition* brauchbare Form umgewandelt wurden (sogenannte *Sinnesdaten*). Halten wir beispielsweise einen Apfel in der

Hand, sehen wir dessen Farbe, fühlen dessen Form und ertasten dessen Oberfläche. Und wenn wir ihn betrachten, stellen uns unsere Augen ein vorverarbeitetes Bild des Apfels zur Verfügung: mit Hilfe von Kontrastunterschieden des Apfels zum Hintergrund können die Umrisse erkannt werden. Diese Sinnesdaten zusammengefasst ergeben unsere *Sinneswahrnehmung* des Apfels. Sinnesdaten sind eine für den kognitiven Prozess umgewandelte Information über eine von einem *Sinnesorgan* (Auge, Nase, Ohr etc.) registrierte *Wirkung*. Ein Sinnesorgan ist im Allgemeinen jede Entität, welche mit einer Entität mit Kognition verbunden ist, und Wirkungen von Eigenschaften unterschiedlicher Stärke registrieren kann.

> **SINNESORGAN** · Ein *Sinnesorgan* ist eine Entität (z. B. ein Auge, eine Nase, ein Ohr etc.), welche mit einer Entität mit Kognition verbunden ist, und Wirkungen von Eigenschaften unterschiedlicher Stärke registrieren kann.

> **SINNESDATEN** · *Sinnesdaten* sind für die Kognition umgewandelte Informationen über eine von einem Sinnesorgan registrierte Wirkung.

> **SINNESWAHRNEHMUNG** · Unsere *Sinneswahrnehmung* entspricht der Filterung und Verknüpfung von Sinnesdaten. Dies geschieht automatisch durch unsere Sinnesorgane. Eine weitere Filterung und Verknüpfung dieser *Sinneswahrnehmungen* geschieht während des kognitiven Prozesses (unseres Bewusstseins).

> **QUALIA** · Die individuellen, bewussten Erlebnisse der Sinnesdaten werden *Qualia* genannt.

> **SELBSTBEZÜGLICHKEIT (REKURSION)** · Wenn eine Aussage oder ein Prozess *zu sich selbst Bezug nimmt*, nennt man sie oder ihn rekursiv. Beispiele wären "Lesen Sie diesen Satz, den Sie gerade lesen, noch einmal" (rekursive Aussage), "zwei gegenüberhängende Spiegel in denen sich die Bilder bis in das Unendliche widerspiegeln" (rekursiver Prozess), "Zellteilung bei der eine neue Zelle entsteht, die sich auch wiederum teilt" (ebenso ein rekursiver Prozess) etc.

KOGNITION · *Kognition* ist die Fähigkeit, Qualia zu verarbeiten bzw. zu korrigieren, Wissen zu schaffen bzw. anzuwenden, die eigenen Vorlieben anzupassen und über den Prozess der Kognition selbst zu reflektieren. Das Produkt des Prozesses ist Bewusstsein.

WAHRNEHMUNG · *Wahrnehmung* ist der gesamte Prozess der Sinneswahrnehmung kombiniert mit Kognition.

> **Frage**
>
> Welche fünf Probleme können unsere objektive Wahrnehmung beeinträchtigen?

Zum Verständnis der Zusammenhänge ist es hilfreich, den gesamten Prozess der *Kognition*, von den Sinnesdaten bis zu dem gewonnenen Wissen, zu betrachten. Im Wesentlichen können wir diesen in sieben Schritte einteilen (siehe Abbildung 1.2):

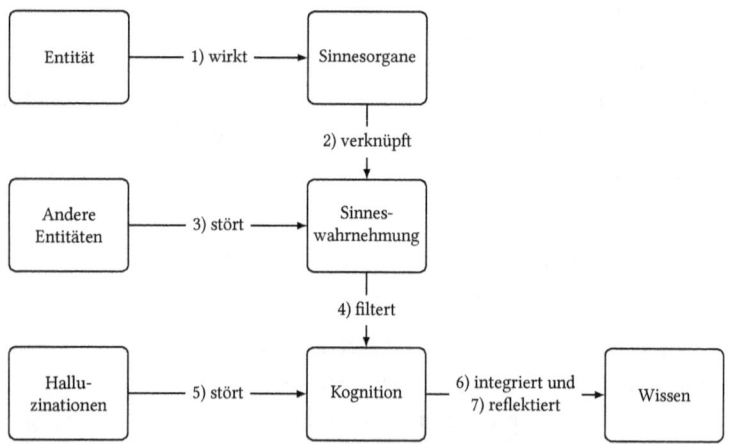

Abbildung 1.2: Ablauf der Kognition

1. Wirkung der wahrzunehmenden Entität auf den Beobachter. Andere Entitäten wirken auf uns unabhängig unserer Sinneswahrnehmung. Während wir zwar *sagen*, dass wir etwas *an*sehen, also *aktiv* unseren Blick *auf* etwas richten, erreicht uns die Wirkung der Entität (z. B. Lichtstrahlen) ohne unser Zutun oder Beeinflussung. Im Grunde ist dies auch eine Weiterführung von dem, was wir zuvor in Kapitel 1.5, "Ontologie." diskutiert haben. Zuerst existiert die Realität, dann können wir uns ihr bewusst werden. Bezüglich der Philosophie ist diese Ansicht der sogenannte "Rationalismus". Letztlich wird dabei unsere Fähigkeit, unsere Sinneswahrnehmung aktiv fokussieren und filtern zu können, mit dem passiven Registrieren von Wirkungen anderer Entitäten verwechselt. Nur weil wir die Fähigkeit haben, uns beispielsweise eine "rosarote Brille" aufzusetzen und nur Gutes in der Welt zu sehen, ändert das nichts an der Welt – nur an unserer Bewertung dieser.

2. Verarbeitung der Wirkung mit den eigenen Sinnen. Die Sinnesdaten werden zu einer gesamten Sinneswahrnehmung zusammengefügt. Jegliche Verarbeitung in unseren Sinnesorganen verläuft abhängig von den von Individuum zu Individuum unterschiedlichen Sinnesorganen. Das gleiche Bild oder der gleiche Ton wird von den Sinnesorganen verschiedener Menschen unterschiedlich verarbeitet (Rot-Grün-Blindheit wäre ein extremes Beispiel), und es werden entsprechend unterschiedliche Sinnesdaten an den kognitiven Prozess (das Bewusstsein) weitergegeben.

3. Störung durch andere Entitäten. Falls weitere Entitäten eine Wirkung auf unsere Sinnesorgane ausüben, könnte unsere Sinneswahrnehmung gestört werden. Diese nicht relevanten, zusätzlichen Informationen aus unserer Umwelt ("Rauschen") müssen wir herausfiltern.

4. Filterung. Unser Bewusstsein ist begrenzt, wir filtern die ankommenden Sinnesdaten und fokussieren uns auf einen bestimmten Teil. Wegen dieser notwendigerweise selektiven Wahrnehmung könnten wir bestimmte Sinnesdaten überbewerten oder übersehen. Diese *Qualia* sind definitionsgemäß subjektiv, denn das Bewusstsein jedes Menschen ist einzigartig.

5. Halluzinationen. Unser Gehirn könnte Sinneswahrnehmungen verzerren oder falsche erschaffen. Dann kann es sein, dass wir zum Beispiel Träume, oder durch Schlafmangel oder Rauschmittel induzierte Halluzinationen, als von außen kommende Sinnesdaten verwechseln. Wenn man an Schizophrenie leidet, könnte man sogar eigene *Gedanken* als von außen kommende Sinnesdaten fehlinterpretieren.

6. Verarbeitung der Sinnesdaten. Ist die Sinneswahrnehmung abgeschlossen, d. h. sind die Sinnesdaten in unserem Bewusstsein als Qualia (als subjektive Erfahrung) angekommen, integrieren und kategorisieren wir diese mittels Logik. Bei diesem Prozess könnten Fehler passieren, sei es aus Unachtsamkeit, aus Bequemlichkeit oder aufgrund einer fehlerhaften Philosophie. Beispielsweise unter der Annahme "Alle Menschen lesen *Philosophie für Helden* (und Max ist ein Mensch)" wäre die Folgerung "Max liest *Philosophie für Helden*" *logisch* richtig, aber die Annahme (leider) falsch. Dagegen wäre die Annahme "*Philosophie für Helden*-Leser sind Menschen (und Max ist ein Mensch)" inhaltlich richtig, eine Folgerung wie "Max liest *Philosophie für Helden*" aber logisch nicht unbedingt richtig: Nur weil er ein Mensch ist, heißt das nicht, dass er das Buch liest.

> **Wussten Sie schon?**
>
> Die Philosophie kennt eine lange Liste von solchen logischen Fehlschlüssen. Wenn wir sie lernen und üben, sie in unseren eigenen Reden zu vermeiden, werden wir nicht nur ehrlicher, wir werden auch deutlich wachsamer, wenn andere versuchen, uns durch sie zu manipulieren.
>
> ⟶ Erfahren Sie mehr in *Philosophie für Helden: Handlung*

7. Reflexion. Um unsere bewussten, subjektiven Erlebnisse (Qualia) interpretieren, Fehler korrigieren und auf die Realität Rückschlüsse ziehen zu können, müssen wir über den kognitiven Prozess reflektieren können. Die Reflexion ist dabei auch selbst Teil der Kognition, d. h. wir müssen auch *darüber reflektieren, wie wir reflektieren*. Gehen wir beispielsweise davon aus, dass sich unsere Umgebung gegen uns verschworen hat, stellen wir alles bis auf unsere eigene Paranoia in Frage. Wir müssten aber auch prüfen, ob wir mit unserer Annahme über unsere Umgebung richtigliegen. Ein Sonderfall von (fehlender) Reflexion ist es, wenn wir für ein Argument eine rekursive Aussage benutzen und damit zufrieden sind, dass wir diese nicht zu Ende denken (können). Man würde nie zu einem Ergebnis kommen, wenn man die Aussage "Ich kann keine Aussagen treffen" dadurch zu reparieren versucht, indem man sagt "Ich kann keine Aussagen mit Ausnahme der Aussage 'Ich kann keine Aussagen treffen' treffen". Man könnte dies unendlich oft wiederholen. Es ist, als ob man behaupten würde, dass "etwas wahr sei, weil ..., weil ..., weil ..." ohne je ein Argument zu nennen, warum es denn wahr sei.

> **Wussten Sie schon?**
>
> Psychologische Beeinflussung durch Marketing, politische Propaganda, Terror oder Kulte zielt bevorzugt auf unser Urteilsvermögen ab. Es ist deutlich leichter, zu beeinflussen, *wie* jemand Informationen der Welt interpretiert und verarbeitet, als Einfluss auf die Welt selbst auszuüben.
>
> ⟶ Erfahren Sie mehr in *Philosophie für Helden: Handlung*

Für den letzten Punkt, Reflexion, müssen wir die Überlegungen ausweiten. Wir haben nun besprochen, wie wir die Welt wahrnehmen können und wie eine individuelle, subjektive Erfahrung der Realität in unserem Bewusstsein entsteht (Qualia). Gleichzeitig haben wir aber auch aufgelistet, welche Probleme beim Prozess der Sinneswahrnehmung und Kognition auftreten können, d. h. wie unsere

Sicht auf die Welt verzerrt werden kann. Letztlich sieht es so aus, als hätten wir zwar *eine* Erfahrung der Welt, aber könnten (mit Ausnahme der Axiome, der Grundlage von Wissen) nicht sicher sein, dass das, was wir wahrnehmen, auch tatsächlich der realen Welt entspricht.

Was ist aber der qualitative Unterschied zu unserer Diskussion der Axiome? Wir wissen, dass *etwas* auf uns gewirkt hat, wir wissen nur nicht, wie, was und woher genau. Es ist also eine Art Detektivspiel, wir müssen der Spur der Wirkung Schritt für Schritt zu ihrer ursprünglichen Ursache folgen, d. h. wir müssen über unseren gesamten Prozess der Kognition reflektieren können. Wenn wir beispielsweise wissen, dass unser Gegenüber lügt, können wir die Informationen, die wir von ihm bekommen, so behandeln, dass die Lüge keine Macht mehr über uns hat. Oder wenn wir einen Löffel in einem Wasserglas betrachten dann sieht es so aus, als wäre er geknickt. Unsere Erfahrung bzw. unser Wissen über Lichtbrechung sagt uns jedoch, dass nicht der Löffel, sondern das Licht, das auf unsere Augen trifft, "geknickt" ist. Je mehr wir also wissen, was unsere Kognition stört, desto näher liegen unsere Erkenntnisse an der Realität.

Letztlich ist die Reflexion eine Schleife, weil neues Wissen wiederum unser existierendes Wissen über unsere Kognition in neuem Licht erscheinen lässt, was wiederum unsere Wahrnehmung der Welt beeinflussen könnte, was uns wiederum neue Einblicke in unsere Kognition bescheren könnte usw. Obgleich wir nicht mit dem Wissen über die Welt oder unsere Kognition geboren werden, müssen wir nicht wissen, wie unsere Kognition funktioniert damit sie funktioniert. Unser Verstand ist mit der *automatischen* Fähigkeit ausgestattet, zu lernen und grundlegende Logik anzuwenden, d. h. zwei verschiedene Sinneswahrnehmungen miteinander zu assoziieren und eine bewusste Erfahrung daraus zu erschaffen. Wenn wir einen bellenden Hund sehen, dann können wir schnell lernen, dass es wirklich der Hund ist, der bellt. Wir erreichen dies durch Kombination der visuellen mit den akustischen Sinnesdaten.

Natürlich könnten wir den Gedanken weiterspinnen und argumentieren, dass wir in der Beurteilung unserer kognitiven Fähigkeiten falsch lägen und wir nicht imstande wären, über sie zu reflektieren, da wir zuerst über unsere Fähigkeiten zu reflektieren reflektieren müssten usw. Das könnte zu einem blinden Fleck im Hinblick bestimmter Aspekte der Realität führen, insbesondere wenn wir zusätzlich nicht ausschließen, dass unser Verstand von außen manipuliert wird. Wir können nicht ohne Weiteres Gedankenexperimente widerlegen, in denen wir nichts als Gehirne in dem Labor eines verrückten Wissenschaftlers sind, oder allgemeiner gesagt, in denen das Universum sich gegen uns verschwört und uns gezielt falsche Informationen in unseren Verstand setzt.

> **Wussten Sie schon?**
>
> Die Idee, dass die Realität eine Illusion sei, ist eine populäre Ansicht die bis "Platons Höhlengleichnis" zurückreicht. Platon wollte damit zeigen, dass wir möglicherweise die Realität mit ihrem Schatten verwechseln, den sie wirft. Es ist auch ein zentrales Motiv von *Matrix*, einem Film der die Frage aufwirft, ob wir in einer Computersimulation leben. Der Punkt ist, dass wir diese Frage immer beantworten können – vorausgesetzt wir haben genug Zeit. In jedem Fall ist unmöglich, die innere Welt vom "Wackeln" der Äußeren abzuschirmen ohne Indizien zu hinterlassen.
>
> ⟶ Erfahren Sie mehr in *Philosophie für Helden: Kontinuum*

1.6.1.1 Die Grenzen der Wahrnehmung

> Der Mensch ist weder unfehlbar noch allwissend; wenn er es wäre, wäre ein Fachgebiet wie das der Erkenntnistheorie – der Theorie des Wissens – nicht nötig oder möglich: sein Wissen wäre automatisch, unstrittig und allumfassend.
>
> —Ayn Rand, *Introduction to Objectivist Epistemology*

Frage

Gibt es Wirkungen auf uns die uns verborgen bleiben?

Im Folgenden nehmen wir erst einmal an, dass wir in einem Universum leben, welches nicht aktiv versucht, uns hinter das Licht zu führen. Können wir unter dieser Voraussetzung die Realität objektiv wahrnehmen "wie sie ist", oder sind uns dabei prinzipielle Grenzen gesetzt? Objektive Wahrnehmung der Realität bezieht sich auf die Fähigkeit, *prinzipiell* beliebige Eigenschaften einer beliebigen Entität unabhängig vom Aufbau der eigenen individuellen Sinnesorgane wahrnehmen zu können. Dafür benötigen wir Kognition, d. h. die Fähigkeit, Sinneswahrnehmungen zu verarbeiten und zu korrigieren, und Wissen zu schaffen und anwenden zu können. Grundsätzlich können dagegen folgende Einwände erhoben werden:

- Unsere Sinnesorgane selbst sind unzureichend um bestimmte Aspekte der Realität wahrnehmen zu können.
- Bestimmte Entitäten entziehen sich grundsätzlich jeglicher Sinneswahrnehmung bzw. besitzen neben ihrer von uns wahrgenommenen Identität noch eine tiefere, nicht wahrnehmbare "Identität an sich".

Betrachten wir zuerst die Frage, ob unsere Sinne womöglich derart begrenzt sind, dass wir vielleicht einen Teil der Realität *grundsätzlich* nicht wahrnehmen können. Was ist beispielsweise mit Infrarot, Ultraviolett, Ultraschall, Elektromagnetismus, Infraschall oder dem Erdmagnetfeld? Für keines dieser Informationsquellen besitzen wir die nötigen Sinnesorgane. Dagegen ist beispielsweise für Delfine eine verschlossene schwarze Kiste kein Hindernis. Während zwar ihren Augen der Blick auf den Inhalt verwehrt ist, erweitert deren Gehirn die räumliche Vorstellung der Welt mittels ihres Sonars; in deren Vorstellung ist die Kiste tatsächlich "durchsichtig."[8]

Trotz unserer Beschränkungen können wir aber objektive Wahrnehmungen machen. Wie oben diskutiert besteht Wahrnehmung zum einen aus der Sinneswahrnehmung der eigentlichen Sinnesdaten, also die Interaktion eines Signals mit unseren Sinnesorganen, zum anderen aus der kognitiven Verarbeitung mit unserem Verstand. Wir sind also nicht nur auf direkte Wirkungen auf unsere Sinne beschränkt, wir können auch indirekte Wirkungen in unsere Überlegungen miteinbeziehen. Beispielsweise können wir Geräte bauen, die uns diese Signale mit einem unserer anderen Sinne erkennen lässt (eine Kamera mit Farbverschiebung, einen Kompass oder besondere Mikrofone, etc.), oder wir können mit eben jenen Tieren kommunizieren, die diese Sinnesorgane besitzen (z. B. mit Hunden wegen ihres Geruchssinns). Also kann man jede Entität wahrnehmen, da sie definitionsgemäß mit anderen Entitäten interagiert. Und da Wirkungen weitere Wirkungen zur Folge haben, hängt – genug Zeit vorausgesetzt – letztlich alles mit allem zusammen.

> **Idee**
>
> Wir können physikalische Grenzen unserer Sinne mittels unseres Verstandes und wissenschaftlicher Instrumente überwinden. Prinzipiell können wir jede Wirkung wahrnehmen.

---

[8]vgl. White, *In Defense of Dolphins: The New Moral Frontier*, S. 26.

1.6.1.2 Die Reichweite der Wahrnehmung

> Was unterscheidet nun einen unsichtbaren, körperlosen, schwebenden Drachen, der wärmeloses Feuer speit, von einem Drachen, der überhaupt nicht existiert? Falls es keine Möglichkeit gibt, meine Behauptung zu widerlegen, kein denkbares Experiment, das dagegen spräche, was besagt dann die Aussage, dass mein Drache existiert?

—Carl Sagan, *Der Drache in meiner Garage – oder Die Kunst der Wissenschaft, Unsinn zu entlarven*

Frage

Wie sollten wir auf willkürliche Aussagen reagieren?

Mal angenommen, dass es ein "etwas" "gäbe", was nicht mit den Entitäten "unserer" Realität interagiert, also durch keine Beobachtung erkennbar wäre, weder direkt noch indirekt (d. h. über die Reaktion mit anderen Entitäten, z. B. mit Maschinen). Inwiefern sollte man dieses "etwas" dann noch der Realität zuordnen? Wenn es mit nichts interagieren kann, dann könnte es keine Wirkung haben. Und ohne Wirkung hätte die Entität auch keine Eigenschaften. Sie könnte im formalen Sinn "existieren", hätte aber keine Identität.[9] Ein solches "etwas" hätte keine Verbindung zur Realität. Solches "etwas" können wir in derselben Kategorie wie unsichtbare, gewichtslose Drachen einordnen.

Bleibt noch das Argument, dass solche Entitäten ja womöglich doch irgendwelche Eigenschaften besäßen, wir sie lediglich noch nicht entdeckt hätten. Das Problem hierbei ist, dass es theoretisch unend-

---

[9]Um Missverständnisse zu vermeiden: "etwas" ohne Identität existiert nicht.

lich viele derartiger Entitäten geben könnte. Inwieweit wir solchen Entitäten einen *Wert* beimessen, ist eine Frage der *Ethik*. Eine lebensorientierte Philosophie *verneint* erst einmal die Existenz von allem, wofür es keinerlei Hinweise gibt, da wir nicht bei jeder unserer Entscheidungen all diese möglichen Entitäten in Betracht ziehen können. Aber die Tatsache, dass wir begrenzt sind, ist nicht der Grund weshalb wir in unseren Handlungen willkürliche Behauptungen über die Existenz nicht entdeckter Entitäten verneinen oder ignorieren. Wir ignorieren solche Behauptungen, weil sie keine richtig formulierten Behauptungen sind. Nur weil man etwas behauptet, heißt das weder, dass deshalb an der Behauptung etwas dran sein muss, noch dass wir sie aktiv ignorieren müssten. Wir denken nur über Behauptungen oder Argumente nach, die eine Verbindung zur Realität besitzen.

> **Wussten Sie schon?**
>
> Hier könnte man natürlich fragen: "Was ist mit Gott?" "Gott" ist aber kein trivialer Begriff. Für die Diskussion müssen wir zuvor noch eine ganze Reihe anderer Punkte klären.
>
> ⟶ Erfahren Sie mehr in *Philosophie für Helden: Epos*

Einen Schritt weiter ging Immanuel Kant in *Prolegomena*. Er sprach uns die Fähigkeit ab, ein "Ding an sich" erkennen zu können:

> [E]s sind uns Dinge als außer uns befindliche Gegenstände unserer Sinne gegeben, allein von dem, was sie an sich selbst sein mögen, wissen wir nichts, sondern kennen nur ihre Erscheinungen, d. h. die Vorstellungen, die sie in uns wirken, indem sie unsere Sinne affizieren.
>
> —Immanuel Kant, *Prolegomena*[10]

---

[10] Kant, *Prolegomena*, S. 48–49.

Das Problem des "Ding an sich" ist eine Erweiterung des Problems des "unsichtbaren Drachens." Kant verstand darunter alles, was prinzipiell an einer Entität nicht wahrnehmbar sei. Praktisch bedeutet das, dass jeder wahrnehmbaren Entität eine nicht wahrnehmbare Entität zugeordnet sei oder sein könnte. Neben zum Beispiel einem Apfel gäbe es auch einen "Apfel an sich" den wir nicht wahrnehmen könnten. Dieses "Ding an sich" hätte aber keine Eigenschaften mit Wirkungen und somit auch keine Identität, und würde deshalb definitionsgemäß auch nicht existieren.

Manchmal scheint es, dass wir im Mittelalter leben. Eine Zeit, in der man auf Karten alle Orte außerhalb des eigenen geographischen Horizonts mit "Hier sind Drachen" kennzeichnete. Heute existieren diese Karten immer noch, obwohl wir Satelliten und das Internet haben. Nur sind es die Karten des *Verstandes*, die diese Kennzeichen tragen. Man meint, dass man bereits alles in der Welt erforscht hätte und dass es für Entdecker und Abenteurer nichts mehr zu tun gäbe. Ich verweise diejenigen zu diesen Karten des *Verstandes*, welche immer noch, ja, mit "Drachen" – aber wichtiger, auch mit Chancen – gefüllt sind.

Das Universum ist wahrscheinlich gefüllt mit den Ein-Planeten-Gräbern von Kulturen, die die ökonomisch rationale Entscheidung fällten, dass es keinen guten Grund gäbe, in den Weltraum zu fliegen – und jede davon entdeckt, studiert und erinnert durch jene, die diese irrationale Entscheidung trafen.

—Randall Munroe, *Xkcd*

1.6 ERKENNTNISTHEORIE

> **Idee**
>
> Willkürliche Aussagen kann man ignorieren. Nur weil man die Aussage treffen kann, heißt das nicht, dass sie irgendeine Verbindung zur Realität hat, die man beachten müsste.

Es liegt an Abenteurern und Forschern, das Risiko einzugehen, diese unbekannten Welten zu entdecken und zu kartographieren; ihnen obliegt dann die Beweislast auf der einen, aber auch der Ruhm ihrer möglichen Entdeckung auf der anderen Seite. Für sie ist die Verfolgung von Wissen eine ethische Frage. Aber solange sie nicht wissen, *was* sich an ihrem Ziel befindet, wissen sie, dass es dort *etwas* gibt. Natürlich gibt es die Möglichkeit, eine Schatzinsel zu finden. Aber sie fahren nicht dorthin, um die unbelegte Aussage zu beweisen oder zu widerlegen. Selbst wenn alles, was sie vorfinden, das Meer ist, wäre ihre Entdeckung trotzdem etwas wert, nämlich die Karte auszufüllen und anderen zu zeigen, dass sie dort nicht selbst suchen müssen.

Objektive Wahrnehmung heißt also nicht, dass wir Sinnesorgane besitzen, die uns automatisch die "richtige" Information aus der Umwelt zukommen lassen. Wir sind jedoch in der Lage, objektive Informationen über die Realität aus der Umwelt zu extrahieren, sei es mit oder ohne Hilfsmittel, aber auf jeden Fall mithilfe unseres *Verstandes*. Objektive Wahrnehmung bezieht sich darauf, dass wir aus allem, was mit unserem Körper (genauer: unseren Sinnen) interagiert, Rückschlüsse auf die Ursache ziehen können. Wenn wir einen Lichtstrahl erfassen, können wir nicht automatisch wissen, woher dieser kommt. Wir benötigen eine Reihe weiterer Lichtstrahlen, um uns eine dreidimensionale Vorstellung unserer Umgebung machen zu können. Außerdem benötigen wir noch bewusstes Wissen über mögliche optische Täuschungen und mögliche Halluzinationen unseres Gehirns. Falls wir dieses ganze Wissen korrekt verarbeiten, bekommen wir ein objektives Bild der Realität. Hier soll auch nochmal betont werden, was wir bereits weiter oben festgestellt haben: Ohne objektive Wahrnehmung ist letztendlich die logische Diskussion der Wahrnehmung selbst gar nicht erst möglich. Zu behaupten, unsere Wahrnehmung sei subjektiv, wäre also wieder ein Argument des gestohlenen Begriffs. Wenn wir keine Möglichkeit hätten, die Welt wahrzunehmen, könnten wir auch kein Wissen, einschließlich des Wissens über die Axiome, in Erfahrung bringen.

1.6.2 Begriffe

> Wenn die Begriffe richtig sind, herrscht Ordnung, wenn die Begriffe versagen, herrscht Verwirrung. Dass die Begriffe versagen ist aber die Schuld der Schwätzer. Die Schwätzer nennen das Unmögliche möglich, das Nichtwirkliche wirklich, das Unrichtige richtig, das, was nicht falsch ist, falsch.

—Lü Buwei, *Das Weisheitsbuch der alten Chinesen. Frühling und Herbst des Lü Bu We*

Wir wissen nun, wie der Prozess unserer Wahrnehmung abläuft. Wir sind aber zum einen kein unendlicher Videorekorder, der alle Wahrnehmungen nacheinander aufzeichnet, zum anderen ist das Universum potentiell unbegrenzt (oder zumindest sehr groß). Jedoch besitzt unser Bewusstsein eine Identität und ist somit begrenzt. Wie können wir dann eine potentiell unendlich große Menge an Informationen mit unserem endlichen Verstand begreifbar machen?

Eine Lösung dieses Problems besteht in den sogenannten *Begriffen*. Begriffe sind Abstraktionen und erlauben uns eine Beschreibung der Realität und die Bildung kompakter Informationseinheiten verschiedenster Herkunft, die von unserem Kurzzeitgedächtnis verarbeitet werden können. Für unser weiteres Vorgehen betrachten wir als eine Art Nachschlagewerk zuerst eine Liste grundlegender Begriffe. Eine Übersicht und den Zusammenhang zu den weiter unten

1.6 ERKENNTNISTHEORIE

aufgelisteten Begriffen zeigen Abbildungen 1.3 und 1.4. Hier sehen wir insbesondere die untereinander herrschenden Abhängigkeiten, weshalb wir zuerst einmal alle Begriffe definieren und anschließend nacheinander diskutieren werden.

KATEGORIE · Eine *Kategorie* ist eine mentale Verknüpfung von Entitäten.

BEGRIFF · Ein *Begriff* ist eine Kategorie, welche über eine Definition beschrieben und über die Natur der Entität bestimmt ist.

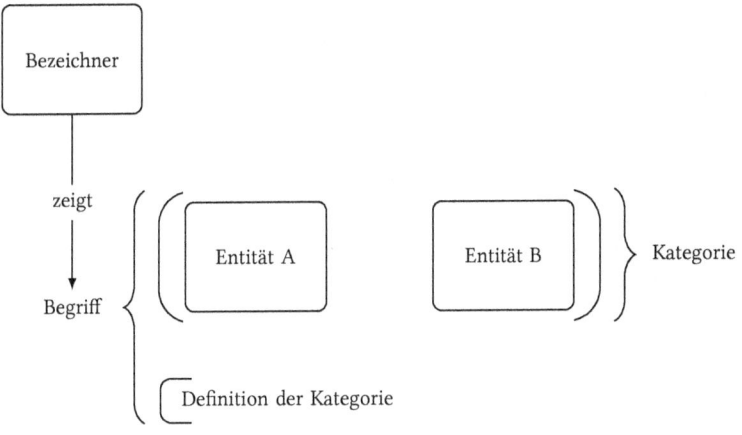

Abbildung 1.3: Übersicht der Definitionen (Systeme)

URSACHE · Eine *Ursache* bezieht sich auf eine Entität, welche eine Wirkung auf eine andere Entität hat bzw. hatte (z. B. ist der Eiswürfel im Glas die Ursache dafür, dass das Getränk kalt geworden oder geblieben ist).

KAUSALITÄT · *Kausalität* bezieht sich auf die Wirkung einer oder mehrerer Entitäten auf andere Entitäten in einer bestimmten Situation (z. B. ist ein Unfall kein Zufall, es gibt ein oder mehrere Ursachen, die den Unfall zur Folge hatten, man denke an Müdigkeit, einen technischen Fehler, schlechte Sicht etc.).

AGGREGAT · Ein *Aggregat* ist eine Anzahl von Entitäten, welche eine wechselseitige Wirkung aufeinander haben, sodass sie insgesamt als eigene Entität betrachtet werden können (z. B. eine Schale voll Wasser – alle Wassermoleküle interagieren miteinander).

STRUKTUR · Eine *Struktur* ist eine Beschreibung benötigter Eigenschaften, Abhängigkeiten und Anordnungen einer Anzahl von Entitäten (z. B. würfelförmig).

SYSTEM · Ein *System* ist ein Aggregat mit einer bestimmten Struktur (z. B. ein Eiswürfel, die Axiome etc.).

ZEIGER · Ein *Zeiger* (repräsentiert durch ein Wort, ein Bild, eine Geste etc.) "deutet" auf eine oder mehrere Entitäten. Er kann dann an deren Stelle benutzt werden. Wenn man zum Beispiel "dieser Apfel" sagt und dadurch spezifiziert ("deutet"), welcher konkrete Apfel gemeint ist, dann muss man den Apfel nicht mehr in die Hand nehmen um zu verdeutlichen, welchen Apfel genau man meint.

BEZEICHNER · Ein *Bezeichner* ist der Name eines Begriffs (als Wort oder feststehende Wortverbindung, wie z. B. "Hab und Gut" oder "im Handumdrehen"). Jeder Begriff hat einen Bezeichner als Zeiger, der auf ihn zeigt, aber nicht jeder Bezeichner zeigt auf einen Begriff (z. B. Konjunktionen wie "und").

DEFINITION · Eine *Definition* ist eine mögliche Abgrenzung einer Anzahl von Entitäten von einer Anzahl anderer Entitäten mittels Wahrnehmungen, *Begriffen* und Axiomen (z. B. Gras ist eine "Pflanze", d. h. ein "Lebewesen", welches "Photosynthese" nutzt) anhand von Eigenschaften und Prozessen der Entitäten (vgl. Rand, Binswanger und Peikoff, *Introduction to Objectivist Epistemology*, S. 71–74).

1.6 ERKENNTNISTHEORIE

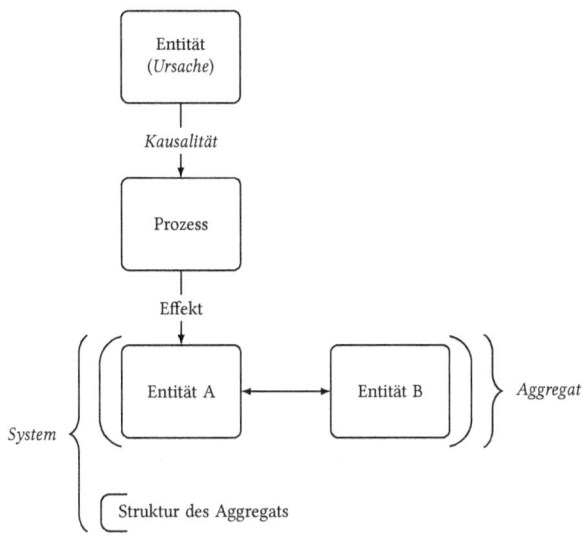

Abbildung 1.4: Übersicht der Definitionen (Begriffe)

INTEGRATION · *Integration* ist die Einordnung von wahrgenommenen Entitäten in einen oder mehrere Begriffe, sowie Einordung bestehender Begriffe in allgemeinere Begriffe bzw. in eine Begriffshierarchie (z. B. Einordnung einer wahrgenommenen Schallwelle als ein bestimmtes Wort, oder Einordnung des Begriffs "Mensch" unter dem allgemeineren Begriff "Lebewesen").

WIDERSPRUCH · Ein *Widerspruch* kann sich aus einer (möglicherweise fehlerhaften) Integration ergeben. Sichtbar wird das dadurch, dass der zugehörige Begriff eine Eigenschaft besitzt und gleichzeitig auch *nicht* besitzt (z. B. ein pinkes, unsichtbares Einhorn, kochendes Eis, ein leerer aber gleichzeitig voller Becher etc.).

LOGIK · *Logik* ist eine Methode zur widerspruchsfreien Integration von Wissen oder Wahrnehmungen.

WISSEN · *Wissen* bildet sich aus Sinnesdaten, logisch integrierter Wahrnehmungen, Begriffen oder Begriffshierarchien. Es kann auch aus logisch integrierten Folgerungen aus bestehendem Wissen gebildet werden.

> Biographie – **Aristoteles**
>
> **Aristoteles** lebte etwa von 384 bis 322 v. Chr. im antiken Griechenland und war Naturalist und Philosoph. Er gilt als Begründer der westlichen Philosophie und der Wissenschaften, und als Verfechter des Diesseits, der Realität. Als Schüler Platons war er mit vielen philosophischen Fragen konfrontiert, die er aber ganz anders beantwortete als sein Lehrer. Er verneinte Platons Ideenlehre, d. h. er war ein Verfechter der Vorstellung, dass die Realität nur aus wahrnehmbaren Entitäten bestünden, und Begriffe, Gedanken und Vorstellungen selbst keine Eigenschaften besitzen und nicht alleine für sich existieren würden. Entitäten, nach Aristoteles, würden sich nach ihrer Natur verhalten. Zudem wäre die Welt kein Schatten einer "höheren Dimension." Sie würde für sich alleine existieren – wahrnehmbar und begreifbar für den menschlichen Verstand.

1.6.2.1 Begriffsbildung

> Frage
>
> Warum ist es notwendig, dass Begriffe auf Beobachtungen, aber nicht auf konkreten Messungen basieren?

Wenn wir neue Wahrnehmungen machen müssen wir neue Begriffe und Definitionen bilden. Wie oben beschrieben handelt es sich bei einem Begriff um eine mentale Verknüpfung von Entitäten, welche über eine Definition beschrieben und über die gemeinsame Natur der Entitäten bestimmt ist. Man betrachtet also nicht nur die Belegungen der Eigenschaften einer einzelnen Entität mittels *Messungen*, sondern abstrahiert und verknüpft gemachte Sinneswahrnehmungen einer Reihe von Entitäten. Diese Abstraktion geschieht dadurch, dass man nur noch die *gemeinsamen* Eigenschaften der Entitäten auflistet und die Maße der Entitäten *weglässt*. Beobachten wir beispielsweise blaue, gelbe und rote kugelförmige Entitäten, schaffen wir nicht separate Begriffe für jede Farbe, sondern den Begriff "Kugel" mit der Eigenschaft "Farbe". Die Belegung der Eigenschaft – die Farben Blau, Gelb und Rot – tauchen dann in der Definition des Begriffs nicht mehr auf. Im Grunde entspricht dieses Vorgehen der weiter oben besprochenen Reflexion individueller Erlebnisse unseres Bewusstseins (Qualia).

Idee

Begriffe werden durch Weglassen der Maße gebildet.

Beispiel

Haben wir die Begriffe richtig gewählt, müssen wir sie selbst bei überraschenden neuen Entdeckungen nicht anpassen. Ein berühmtes Beispiel ist das der Schwäne. Nur weil man bisher ausschließlich weiße Schwäne gesehen hat, heißt das nicht zwangsläufig, dass die "Weißheit" wesentlicher Bestandteil der Definition eines Schwans ist. Farbe ist eine Eigenschaft, schwarze und weiße Federn stellen eine Messung dar. Findet man einen schwarzen Schwan, kann man den Begriff des Schwans wiederverwenden und benutzt für die Eigenschaft der Farbe eben schwarz statt weiß.

Frage

Wie können Begriffe unsere mentalen Fähigkeiten steigern?

Unser neues Wissen über Begriffe können wir auch umgekehrt anwenden. Angenommen wir haben unsere Begriffe korrekt definiert, dann wissen wir, dass zwei Kugeln unterschiedlicher Farbe in gleicher Weise eine schiefe Ebene herunterrollen. Rollen ist ein Verhalten, welches sich aus der Form der Kugel, nicht ihrer Farbe, ergibt. Anstatt also zwei separate Experimente durchzuführen und den Prozess des Rollens für jede Farbe zu beschreiben, können wir das Verhalten für eine Kugel beliebiger Farbe mit der Definition eines einzigen Begriffs vorhersagen.

> **Idee**
>
> Mithilfe von Begriffen können wir Aussagen über das Verhalten einer großen Anzahl von Entitäten machen, ohne sie jeweils individuell betrachten zu müssen. Auf diese Weise erhöhen wir unser mentales Leistungsvermögen um ein Vielfaches.

1.6.2.2 Aufstellung einer Definition

 "Zeige wie *schlecht* du eine Geschichte schreiben kannst. Zeige wie langweilig du sein kannst. Los! Das wäre ein Spaß und interessant. Ich gebe dir zehn Dollar, falls du etwas vollständig Langweiliges von Anfang bis Ende schreiben kannst!" Und natürlich kann das niemand.

—Brenda Ueland, *If You Want to Write*

> **Frage**
>
> Definitionen müssen nicht vollständig sein; welche Rolle spielen sie?

1.6 ERKENNTNISTHEORIE

Die Begriffe selbst umfassen immer *alle* Eigenschaften der Entitäten, völlig unabhängig, welche Definition man ihnen im Moment gibt. Dagegen müssen bei der Erstellung der Definition des Begriffs nicht notwendigerweise alle Eigenschaften angegeben werden. Wir müssen nicht allwissend sein, um gültige Definitionen aufzustellen; in den allermeisten Fällen sind sie unvollständig. Definitionen müssen aber zumindest den zugehörigen Begriff von anderen ähnlichen Begriffen abgrenzen. Grund für eine unvollständige Definition könnte ja sein, dass man schlicht noch nicht alle Eigenschaften des Begriffs entdeckt hat. Ohne der Gegenwart eines solchen anderen Begriffs, mit welchem sich die Definition unseres Begriffs schneidet, ist eine vollständige Definition deshalb nicht nötig.[11]

> **Idee**
>
> Definitionen müssen nicht vollständig sein, sie müssen lediglich Begriffe klar voneinander trennen können.

Abbildung 1.5 zeigt die Wahrnehmung dreier Kreise unterschiedlicher Größe weshalb wir den Begriff "Kreis" mit der Eigenschaft "Radius" definieren. Solange man nur graue Kreise gesehen hat wäre die eigene Definition von "Kreis" und "grauer Kreis" identisch. Machen wir später Wahrnehmungen von andersfarbigen Kreisen, dann können wir zusätzlich die Eigenschaft der Farbe hinzufügen. Mit unserer anfangs begrenzten Wahrnehmung war die ursprüngliche Definition in dem Sinne korrekt, als dass sie alle Wahrnehmungen korrekt umfasste. Mit weiteren Wahrnehmungen war es nötig, unsere Definition des bestehenden Begriffs zu erweitern und die Farbeigenschaft hinzuzufügen.

---

[11]vgl. Rand, Binswanger und Peikoff, *Introduction to Objectivist Epistemology*, S. 99.

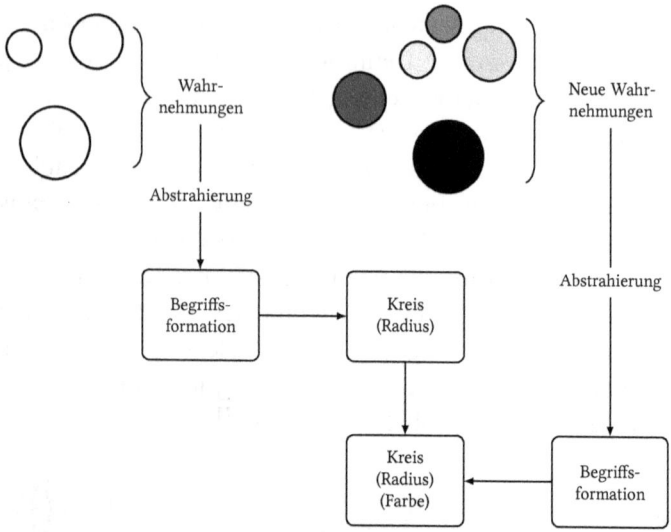

Abbildung 1.5: Beispiel für die Erweiterung der Definition durch Spezialisierung aufgrund neuer Wahrnehmungen

Nicht jeder Begriff eignet sich aber als Hilfe zum besseren Verständnis der Welt. Beispielsweise gibt es Begriffe mit widersprüchlichen Eigenschaften ("rundes Viereck"), Begriffe, welche Aufzählungen darstellen ("alle Pferde und Schweine"[12]) und Begriffe, welche direkt von Messergebnissen abhängen sollen ("blaue Pferde"[13]). Letztlich gilt, dass es, nur weil wir die Definition eines Begriffs niederschreiben können, noch kein gültiger Begriff sein muss.

Es soll hier aber betont werden, dass Begriffe nicht, wie Platon es vermutete, einer Entität "innewohnen". Einem Menschen wohnt also kein "Mensch-Begriff" inne. Begriffe selbst sind keine Entitäten oder Eigenschaften. Sie sind stattdessen *Zeiger* auf Kategorien. Es handelt sich bei ihnen um rein mentale Konstrukte, mit deren Hilfe

---

[12] Man sollte stattdessen die zugrundeliegenden gemeinsamen Eigenschaften herausfinden oder sie weiterhin als getrennte Begriffe behandeln.

[13] Wie das Adjektiv es schon verrät, wäre hier der Begriff "Pferd" und "blau" lediglich die Messung der Farbe des Pferdes.

man versucht, die Natur so weit zu abstrahieren und zu vereinfachen, damit wir sie produktiv anwenden können. Sie hängen also von unserer Situation, unseren Kenntnissen über die Welt und unseren Bedürfnissen ab. Inwieweit sie uns in unserem Leben helfen, hängt natürlich davon ab, wie widerspruchsfrei sie aufgebaut sind, ob wir unsere Wahrnehmungen korrekt integrieren und ob wir sinnvolle Entscheidungen bei der gegenseitigen Abgrenzung der Begriffe getroffen haben.

Das Lernen neuer Begriffe geschieht also am besten dadurch, dass man sich ihrer Grenzen bewusst wird. Dies wird auch als "Horizont erweitern" bezeichnet, also die Befassung mit immer wieder neuen Dinge. Selbst negative Grenzerfahrungen können uns helfen, das Positive stärker definieren und wahrnehmen zu können. Ohne Rückschläge kennen wir unsere eigenen Grenzen nicht, was letztlich unser Selbstvertrauen oder Wohlbefinden beeinträchtigt.

1.6.2.3 Begriffshierarchien

> **Frage**
>
> Wie hängen Begriffe und Widersprüche in unseren Aussagen zusammen?

Haben wir erst einmal einige Begriffe gefunden, dann können wir diese Begriffe als Basis für neue, speziellere Begriffe benutzen. Damit müssen wir dann nicht immer wieder jede Situation separat betrachten. Skizziert man diese Abhängigkeiten speziellerer Begriffe von allgemeineren Begriffen, entsteht eine Art Baumstruktur, eine *Begriffshierarchie*. Jede Verästelung stellt dabei einen allgemeinen Begriff dar und jeder davon abzweigende Ast führt zu einem spezielleren Begriff.

Der Baumstamm (die "Wurzel") bildet dann den allgemeinsten ("Entität") und ein Blatt einen speziellen Begriff (z. B. "broschiert") der jeweiligen Begriffshierarchie ab (siehe Abbildung 1.6). Ein weiter außen liegender Begriff erbt dabei die Eigenschaften des allgemeineren Begriffs. Beispielsweise ist "Tisch" eine Spezialisierung von "Möbel". Der übergeordnete Begriff umfasst (d. h. "vererbt") deshalb immer alle Entitäten des neuen, spezialisierten Begriffs, während der spezialisierte Begriff nur einen Teil der Entitäten des übergeordneten Begriffs umfasst. Diese strikte Abhängigkeit und Reihenfolge der Begriffe ist sehr wichtig und zwingende Voraussetzung für die Arbeit mit Begriffen.[14] Die Hierarchie erlaubt es uns, viele verschiedene Begriffe zu erlernen, ohne jeweils die Welt immer wieder von Grund auf neu verstehen und beschreiben zu müssen.

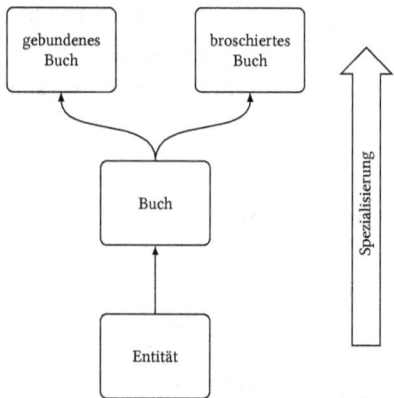

Abbildung 1.6: Spezialisierung eines allgemeinen Begriffs "Entität" und "Buch" zu "broschiertem Buch" und "gebundenem Buch"

> **BEGRIFFSHIERARCHIE** · Eine *Begriffshierarchie* ist eine baumartige Struktur, bestehend aus Begriffen, welche durch die Definitionen der durch die Begriffe vorgegebenen Verknüpfungen definiert ist (z. B. gehören "Stuhl" und "Tisch" zum Oberbegriff "Möbel"; der Begriff "Möbel" würde also die Wurzel des Baums darstellen und "Stuhl" und "Tisch" zwei davon fortlaufende Äste).

---

[14] vgl. Rand, Binswanger und Peikoff, *Introduction to Objectivist Epistemology*, S. 43,106.

1.6 ERKENNTNISTHEORIE

> **VERERBUNG (EINES BEGRIFFS)** · Wenn ein Begriff von einem anderen Begriff *erbt*, heißt das, dass er auf dessen Definition aufbaut. Erbt der Begriff "Tisch" vom Begriff "Materie", so würde ersterer auf der Eigenschaft "Masse" des letzteren aufbauen.

> **HIERARCHIEBAUM (VON BEGRIFFEN)** · Ein *Hierarchiebaum (von Begriffen)* bezieht sich auf eine gerichtete Anordnung von Begriffen nach ihrer Vererbung.

In der Philosophie wird diese Anordnung von Begriffen als *Genus proximum et differentia specifica* bezeichnet, welcher bis auf Aristoteles zurückgeht. Sie besteht aus einem *Genus*, d. h. einem darüberliegenden, allgemeineren Begriff und einem *Differentia*, einem Merkmal, mit dem man den Begriff von anderen Begriffen unterscheiden kann. Bei "ein weiblicher Mensch" wäre "weiblich" (bzw. Geschlecht) das *Differentia* (es teilt Menschen in Frauen und "nicht-Frauen" ein) und "Mensch" der *Genus* (siehe Abbildung 1.7).

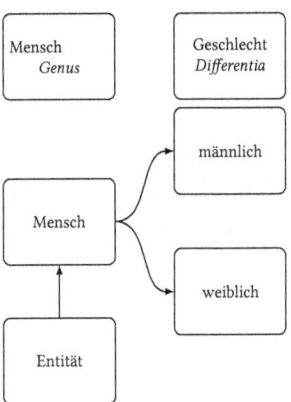

Abbildung 1.7: Unterschied zwischen *Genus* und *Differentia*

Abschließend ist noch anzumerken, dass wir mithilfe des theoretischen Wissens über Begriffe auch unsere eigene Begriffshierarchie in unserem eigenen Verstand prüfen können, indem wir sie systematisch Ebene für Ebene betrachten und auf Widersprüche hin untersuchen. Stoßen wir bei der Verwendung von Begriffen auf (scheinbare) Widersprüche, muss entweder eine Einordnung einer Entität zu dem falschen Begriff oder aber eine fehlerhafte Definition eines Begriffs vorliegen.

> **Idee**
>
> Widersprüche haben ihren Ursprung entweder in fehlerhafter Definition von Begriffen oder in fehlerhafter Zuordnung von Entitäten zu Begriffen.

1.6.2.4 Nebenläufige Begriffe

Manchmal kann es allerdings praktisch sein, diese streng baumartige Struktur aufzuweichen. Beispielsweise trifft sowohl der Begriff "Säugetier" als auch der Begriff "Zweibeiner" auf den Menschen zu, obwohl "Säugetier" und "Zweibeiner" fast unabhängige Begriffe sind und sich nur in einer ganz abstrakten Ebene im Hierarchiebaum treffen (bspw. stehen "Zweibeiner" und "Säugetier" für sich bewegende Entitäten). Man könnte nun entweder beide Begriffe doppelt definieren ("Zweibeinersäugetier", "Vierbeinersäugetier", "Säugetier", "Zweibeiner" und "Vierbeiner") oder man erlaubt *Kombinationen* von Begriffen ("zweibeiniges Säugetier", "vierbeiniges Säugetier" etc.). Die erste Alternative ist in der Abbildung 1.8 links, die zweite, den sogenannten *Nebenläufigen Begriff*, in der Abbildung rechts dargestellt.

> **NEBENLÄUFIGER BEGRIFF** · Wenn ein Begriff von mehr als einem anderen Begriff erbt, dann werden diese zusätzlichen Begriffe *nebenläufig* genannt. Beispielsweise kann man eine Entität des Typs "Mensch" sowohl unter dem Begriff "Säugetier" als auch unter dem Begriff "Zweibeiner" einordnen.

1.6 ERKENNTNISTHEORIE

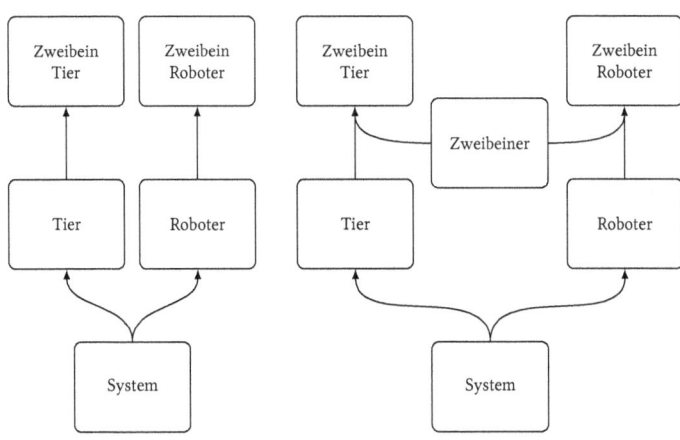

Abbildung 1.8: Beispiel für einen nebenläufigen Begriff

Die rechte Darstellung in Abbildung 1.8 erlaubt es uns, eine einmal erfasste Eigenschaft zu abstrahieren und für andere Begriffe wiederzuverwenden. Man kann erwarten, dass ein zweibeiniger Roboter beim Treppensteigen ähnliche Herausforderungen wie ein Mensch zu bewältigen haben wird. Genauso sind Haie und Delfine beides Meerestiere. Biologisch gesehen stellen beide allerdings nur entfernte Verwandte dar. Aufgrund ihrer ähnlichen Lebensumstände wird man aber vermutlich ähnliche Eigenschaften in Bereichen wie Körperform, Bewegung oder Haut antreffen. Ein nebenläufiger Begriff wie "Meereslebewesen" könnte uns somit helfen, die Meereswelt besser zu verstehen, da wir zum Beispiel Erkenntnisse über den stromlinienförmigen Körperbau auf viele andere Tiere anwenden können, ohne sie einzeln nochmals untersuchen zu müssen. Aufpassen muss man bei nebenläufigen Begriffen lediglich, dass es keine Überschneidungen von Eigenschaften gibt. Ein "affiges Pferd" mag womöglich einem Pferd typische Charaktereigenschaften eines Affen zuschreiben. Aufgrund der Vielzahl der sich überschneidenden Eigenschaften zwischen den Begriffen "'Pferd" und "Affe" ist dies nur anhand des Ausdrucks aber schwierig zu entscheiden.[15]

---
[15] vgl. Rand, Binswanger und Peikoff, *Introduction to Objectivist Epistemology*, S. 41–42.

1.6.2.5 Grenzfälle

Das Gegenteil der weiter oben erwähnten Grenzerfahrungen wären Grenzfälle. Diese treten nicht ein wenn man die Extreme eines Begriffs auszuloten versucht, sondern dann, wenn man sich nicht entscheiden kann, ob eine Entität zu dem einen oder anderen Begriff gehört. Dazu stellen wir uns eine Linie auf dem Boden vor. Wir werfen nun eine Handvoll von Würfel in die Nähe der Linie und schaffen zwei neue Begriffe: "linker Würfel" und "rechter Würfel". Als Definition legen wir fest, dass ein Würfel, der die Linie berührt, zu der Seite gehört, in die er weiter hineinragt. In dieser Situation kann es, selbst mit bester Messtechnik, zu unentscheidbaren Fällen kommen. Heißt das nun, dass unsere Methode der Begriffsbildung fehlerhaft ist und brauchen wir hier einen dritten Begriff für einen solchen Grenzfall? Gäbe es dann aber nicht auch wieder Bedarf für weitere Grenzfälle wodurch schließlich unser ganzes Gedankensystem der Begriffe auseinanderfällt?

> **Beispiel**
>
> In der Philosophie wird dieses Problem als "Sorites" bzw. "Paradoxie des Haufens" bezeichnet: "Wann ist ein Sandhaufen ein Sandhaufen?" oder "Wie lange bleibt ein Sandhaufen ein Sandhaufen, wenn man einzelne Sandkörner entfernt?"
> Mit ihm versucht man zu suggerieren, dass wir die Welt über Begriffe nicht *wirklich* wahrnehmen könnten und wir immer mit einer Unschärfe unseres Wissens leben müssten.

Tatsächlich gibt es aber eine Antwort auf dieses "Paradoxon". Sie wird uns klar, wenn wir einen Schritt zurück treten und uns an die Definition von Begriffen erinnern. Wie waren Begriffe definiert? Ein wesentlicher Teil war das *Weglassen* von Maßen. Wenn wir also mit der Situation konfrontiert sind, dass wir eine Entität einem Begriff nur mithilfe einer Messung zuordnen können, müssen wir unsere

1.6 ERKENNTNISTHEORIE

Begriffshierarchie überarbeiten. Wir müssen alle Begriffe, die von einer bestimmten Messung abhängig sind, in einen übergeordneten Begriff vereinen. Als nächstes verwerfen wir die Messung und ersetzen sie in der Definition dieses neuen, allgemeineren Begriffs durch eine Eigenschaft.

Generell ist hier die Idee, dass wir ökonomisch vorgehen sollten, um die Zahl der Begriffe so groß wie nötig, aber so klein wie möglich zu halten. Stoßen wir also auf Begriffe wie "kleiner Tisch" und "großer Tisch" und haben Schwierigkeiten, unseren "mittelgroßen Tisch" in einen der beiden Begriffe einzuordnen, schaffen wir einen allgemeineren Begriff "Tisch" und nehmen die Größe des Tisches als Eigenschaft in die Definition auf. Vereinfacht gesagt: Ein Tisch ist ein Tisch, ob er nun im Haus steht oder im Garten, ob er nun blau oder grün oder klein oder groß ist.[16]

Beim Beispiel der Würfel sind Messungen nötig, Begriffe der Art "linker Würfel" und "rechter Würfel" kann es also nicht geben. Stattdessen hat ein "Würfel" eine Eigenschaft "Position", dessen Wert wir messen bzw. in Relation setzen können. Im Beispiel des Sandhaufens liegt der Fehler an etwas anderer Stelle. Antwortet man auf die Frage nach dem Sandhaufen mit "Definiere Sandhaufen!", dann fängt das Herumtänzeln um diese Frage an, da man zum Zwecke des Arguments nicht zugeben möchte, dass Sandhaufen aus einer Anzahl von Sandkörnern bestehen und somit auch einzelne Sandkörner jeweils eine (ein-elementige) "Anzahl" darstellen. Das ist auch meist der Punkt in einer Diskussion, bei dem von der Gegenseite schließlich die Objektivität von Sprache angezweifelt wird.

Ursprung derart unscharfer Begriffe war Platon. Er argumentierte, dass es einen dritten Wahrheitsbegriff zwischen "wahr" und "falsch" geben müsse. Fragen wie: "Was ist der Unterschied zwischen einem Sandhaufen und keinem Sandhaufen?", "Ab wie vielen Sandkörnern

---

[16]vgl. Rand, Binswanger und Peikoff, *Introduction to Objectivist Epistemology*, S. 101–4.

wird ein Haufen von Sandkörnern zu einem Sandhaufen?" oder "Ist ein einzelnes Sandkorn ein Sandhaufen?" implizieren, dass es einen dritten logischen Zustand neben "wahr" und "falsch" gäbe, weshalb es auch als "Argument der Unschärfe" bezeichnet wird.

Diese Art der Argumentation wird häufig als Angriff auf die Begriffsbildung benutzt. Es wird zuerst fälschlicherweise ein Begriff mit einer Messung verknüpft (z. B. "Sandhaufen bestehen aus mindestens 3 Sandkörnern"), dann die Absurdität einer solchen Definition herausgestellt und abschließend behauptet, dass man deshalb generell keine Begriffe definieren könne. Dies führt letztlich aber dazu, dass man keine klaren Aussagen mehr über die Welt machen kann, insbesondere nicht über Wahrheitsbegriffe. Das ist ein Widerspruch, ein Argument des gestohlenen Begriffs. Wann immer man auf ein solches Argument trifft, sollte man den *darunterliegenden* Begriff und die dort eingebundenen Messungen diskutieren, anstatt sich über die *Grenzen* des unscharf definierten Begriffs zu streiten.

1.6.2.6 Begriffe im Computer

> Man sollte über folgende Frage nachdenken: "Können Maschinen denken?"
>
> —Alan Turing, *Computing Machinery and Intelligence*

> **Frage**
>
> Inwiefern ähneln sich Mensch und Computer bei der Erfassung eines Sachverhalts?

Mit einem tiefen, theoretischen Verständnis von Begriffen können wir nun leicht diese Wissensstruktur anderen Entitäten mit Bewusstsein weitergeben. Offensichtlich ist damit in erster Linie das Bewusstsein anderer *Menschen* gemeint; speziell bei der Kommunikation mit anderen Lebensformen sehen wir aber auch Fortschritte. Möglicherweise können wir nie beispielsweise mit Delfinen im menschlichen Sinne kommunizieren; unser Wissen über Begriffe kann aber zumindest einordnen, auf welchem Entwicklungsstand sich andere Tiere im Vergleich zum Menschen befinden. Seit letztem Jahrhundert gibt es neben dem Menschen und dem Tier noch ein ganz neues Anwendungsgebiet: den Computer.

Ein Computer ist so etwas wie ein fleißiger Arbeiter, der aus einem großen Karteikatalog Karteikarten entnehmen, lesen, beschreiben und vergleichen kann. Auch wenn man sehr viele Karteikarten benötigen würde, kann ein solcher Computer im Prinzip jedes Problem lösen, sei es ein globales Netzwerk koordinieren, den DNS Code der Menschen entschlüsseln oder ein modernes Auto entwerfen. Dieses grundlegende Modell eines Computers wird als "Turingmaschine" bezeichnet und wurde von Alan Turing 1936 entwickelt.

> ### Biographie – **Alan Turing**
>
> Alan Turing (1912 – 1954) war ein britischer Mathematiker und Kryptoanalytiker. Er gilt heute als einer der einflussreichsten Theoretiker der frühen Computerentwicklung und Informatik. Turing schuf einen großen Teil der theoretischen Grundlagen für die moderne Informations- und Computertechnologie. Er ist einer der vielen stillen Helden die zum Sieg gegen Nazideutschland im zweiten Weltkrieg beigetragen haben, indem sie dessen "Enigma Code", einem Verschlüsselungsprotokoll für militärische Nachrichten, knackten. Nach dem Krieg wurde er tragischerweise Opfer von Vorurteilen gegen Homosexualität.

Einige Leser erinnern sich wahrscheinlich noch an eine Zeit, in der die Suche nach einem Buch bedeutete, eine tatsächliche Bücherei zu besuchen und einen Karteischrank mit alphabetisch sortierten Karteikarten zu öffnen. Dabei gab es jeweils eine Karte je Buch. Auf jeder Karte war der Name des Buches, sowie dessen Autor, Kategorie und Ort in der Bücherei verzeichnet. Mit dieser Information war es einfach, das jeweilige Buch in den Regalen zu finden. Jede einzelne Karte kann man sich dabei als eine Art abstrahierte Entität vorstellen, die auf der Definition des Begriffs eines Buches in einer Bücherei basierte. Diese Art von Indexsystem beschreibt die Situation von in der Bücherei verfügbaren Büchern sehr genau.

Tatsächlich können wir ein solches Karteikartensystem erweitern, um eine *beliebige* Situation zu beschreiben. Wir benötigen lediglich zusätzliche Arten von Karteikarten und die Möglichkeit, dass Karteikarten auf andere Karten verweisen. Das entspricht genau dem, was wir zuvor im Zusammenhang mit der Begriffshierarchie, den Definitionen und den Entitäten besprochen haben. Der einzige Unterschied zu einem Computer ist nun, dass ein Computer diese Karteikarten digital und viel schneller verarbeitet. Ein moderner Computer kann also eine beliebige Situation, auf die er programmiert wurde, "verstehen" und konzeptuell in ähnlicher Weise wie wir "denken." Um die Begriffshierarchie im Computer zu beschreiben, benutzen wir sogenannte objektorientierte Programmiersprachen.[17] Mit ihrer Hilfe können wir beliebige Sachverhalte am Computer effizient darstellen. Mit "effizient" ist gemeint, dass wir in neuen Situationen auf bereits bestehende Programmteile (d. h. bestehende Begriffe) zurückgreifen können – ganz wie wir selbst auch uns bereits bekannte Begriffe für das Verständnis neuer Situationen verwenden.

---

[17]Hier sei angemerkt, dass es keine direkte Verbindung zwischen dem Objektivismus und dem Entstehen *objektorientierter Programmiersprachen* gab (vgl. Reed, *Object-oriented programming and Objectivist epistemology: Parallels and implications*).

Idee

Ein Computer ist wie ein großes Lager indexierter Karteikarten. In ihm kann ein Programmierer eine Begriffshierarchie ähnlich wie der unseren strukturiert abbilden. Sowohl der Computer wie auch Menschen nutzen ihre Begriffshierarchie um Elemente einer Situation zu kategorisieren.

Wussten Sie schon?

Das Wissen, welches Begriffshierarchien zugrunde liegt, kann einem Computer einprogrammiert werden. Ein Programm zu schreiben, welches dem Computer ermöglicht, Begriffe *selbst* (mittels der eigenen Sinnesdaten) zu schaffen, ist dagegen deutlich schwieriger. Dazu müssen wir Induktion und Deduktion verstehen. Mit einem besseren Verständnis von Philosophie und menschlicher Kreativität macht die Wissenschaft stetigen Fortschritt, ein Computerprogramm zu entwickeln, dessen Verhalten menschlicher Intelligenz ähnelt. Aber wird es auch Bewusstsein erlangen können?

⟶ Erfahren Sie mehr in *Philosophie für Helden: Kontinuum*

Betrachten wir dazu konkret das Beispiel eines Pizza-Lieferdienstes. Dort müssen Bestellungen, Anfragen, Kunden und Mitarbeiter verwaltet werden. Der erste Schritt der Verwaltung ist hierbei das reine Erfassen des Ist-Zustandes. Anstatt hier jeden Mitarbeiter und Kunden mündlich zu befragen und als Aufsatz in einen großen Ordner zu legen, abstrahiert man die Eigenschaften der Beziehung zu der jeweiligen Person. Möglicherweise hat der Mitarbeiter viel über sein Leben zu erzählen, für die Auszahlung seines Lohns sind aber nur wenige Daten wie zum Beispiel dessen Name und Kontonummer wichtig. Gleiches gilt für den Kunden, von dem wir eigentlich nur seine Adresse für die Lieferung benötigen. Zusätzlich müssen wir unsere Produkte (die Pizzen) und die einzelnen Anfragen und Bestellungen verwalten. Wie bei der Erstellung unserer Begriffshierarchie versuchen wir hier auch die Eigenschaften einer Entität herauszufinden und alle anderen Informationen fallen zu lassen.

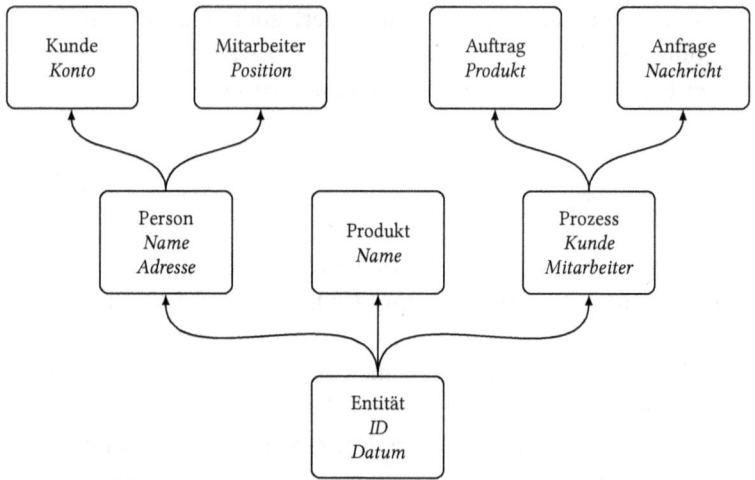

Abbildung 1.9: Begriffshierarchie einer vereinfachten Beschreibung eines Unternehmens

Da sich alle oben benannten Teile unseres Unternehmens auf identifizierbare Entitäten mit einem Erstellungsdatum beziehen sollen, erben sie von einem allgemeineren Begriff "Entität". Und offensichtlich sind "Kunden" und "Mitarbeiter" Personen; Eigenschaften wie zum Beispiel die Adresse können wir also von einem allgemeineren Begriff "Person" erben lassen. Bei der Definition von "Bestellung" und "Anfrage" müssen wir in beiden Fällen den Besteller (*Kunde*) und den Bearbeiter (*Mitarbeiter*) referenzieren, verallgemeinern also die Eigenschaften in einen Begriff namens "Vorgang". Ergänzen wir diese Definitionen noch mit Eigenschaften des Kunden (sein *Konto*), des Mitarbeiters (seine *Position* im Unternehmen), der Bestellung (die *Produkt* Nummer) und der Anfrage (der *Nachricht* des Kunden) dann ergibt sich ein schematischer Aufbau dieses Ausschnitts der Welt wie in Abbildung 1.9.

Beispiel

Ein weiteres Beispiel für ein alltägliches Problem welches wir am Computer mit Hilfe von Begriffshierarchien lösen, wäre die Bestellung eines Flugtickets. Diese läuft für jeden Passagier nach einem ganz ähnlichen Schema ab: Es müssen u. a. Flugroute, Flugkonditionen, Sitzplatz und Personendaten verwaltet werden. Ohne eben diese Begriffe müssten wir jedem einzelnen Passagier einen Aufsatz schreiben lassen, wie er sich denn seine Reise vorstellt. Womöglich möchten einige Leute einen Film sehen, auf einem kurzen Inlandsflug ein deftiges Mittagessen serviert bekommen oder den Flug um eine halbe Stunde verschieben. Einen Flug mit mehr als hundert Personen unter Beachtung all dieser sich womöglich widersprechenden Sonderwünsche zu organisieren, wäre ohne der Nutzung einer Begriffshierarchie sehr zeitaufwändig, wenn nicht gar unmöglich.

1.6.3 Induktion und Deduktion

Frage

Wie ergänzt der Prozess der Deduktion den Prozess der Induktion?

Wir wissen nun, wie man Begriffe, eine Begriffshierarchie und die zu den Begriffen zugehörigen Definitionen erstellt. Auch haben wir gelernt, wie man die Realität wahrnimmt und wie wir uns vor Fehlern und fremden Einflüssen schützen können. Offengelassen haben wir bisher, wie wir dieses Wissen, insbesondere unsere Begriffshierarchie, auf spezifische Situationen anwenden können. Dazu werden in der Philosophie zwei Begriffe diskutiert, *Induktion* und *Deduktion*:

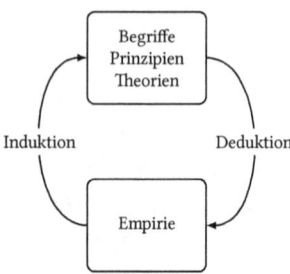

Abbildung 1.10: Mit Induktion schließt man von Sinnesdaten (Empirie) auf den allgemeinen Fall (Begriffe, Prinzipien, Theorien), mit Deduktion erfährt man auf Basis unserer Begriffe (unserem Wissen) mehr über eine Entität.

> **INDUKTION** · Bei der *Induktion* schließen wir vom speziellen Fall (von einer Reihe konkreter Wahrnehmungen) auf den allgemeinen Fall (dem Begriff). Damit schaffen wir neue, oder erweitern bzw. verfeinern bestehende Begriffe mithilfe von Sinnesdaten und logischer Integration einer Anzahl von Wahrnehmungen von Entitäten. Beispielsweise sehen wir eine Reihe verschiedenfarbiger Autos, dann können wir mittels Induktion aus dieser Beobachtung den allgemeinen Begriff "Auto" schaffen.

> **DEDUKTION** · Bei der *Deduktion* schließt man vom allgemeinen Fall auf den speziellen Fall. Wir benutzen dabei das Wissen, das wir uns mittels Induktion angeeignet haben, prüfen, ob eine bestimmte Wahrnehmung zu der Definition eines Begriffs passt und folgern dann für die zugehörige Entität, dass sie alle Eigenschaften des jeweiligen Begriffs besitzt. Kurz gesagt, Deduktion ist der Prozess, neue Entitäten unter einem bekannten Begriff zusammenzufassen (vgl. Rand, Binswanger und Peikoff, *Introduction to Objectivist Epistemology*, S. 28). Deduktion läuft also den umgekehrten Weg wie Induktion. Haben wir zum Beispiel durch Induktion vorher festgestellt, dass Autos auf der Straße fahren können und sehen ein parkendes Auto, dann können wir deduzieren, dass auch dieses Auto auf der Straße fahren kann, da wir das parkende Auto unter dem bekannten Begriff "*Auto*" eingeordnet haben.

Das, was wir in den vorangegangenen Kapiteln besprochen haben entspricht der Induktion. Auf Basis von Sinnesdaten haben wir Sinneswahrnehmungen gemacht, diese integriert und schließlich Begriffe gebildet. Abbildung 1.10 zeigt uns das zentrale Element der Aneignung neuen Wissens (Induktion) einerseits und der Anwendung bekannten Wissens (Deduktion) andererseits. Bei der Induktion schließen wir vom speziellen Fall auf den allgemeinen Fall. Bei der Deduktion schließen wir dagegen vom allgemeinen Fall auf den speziellen Fall. Dazu benutzen wir das Wissen, das wir zuvor mittels Induktion angeeignet haben, prüfen, ob eine bestimmte Wahrnehmung zu der Definition eines Begriffs passt und nehmen dann für die betreffende Entität an, dass sie alle Eigenschaften des jeweiligen Begriffs besitzt.

1.6.4 Rationalismus

> Die [früheren Begriffe] werden benötigt um die späteren zu verstehen, die späteren werden benötigt um die früheren zu verstehen. Der einzige Zeitpunkt, bei dem man also *irgendein* Element vollständig begreift, ist, wenn man *jedes* Element kennt. Und das bedeutet es, wenn man von einem *System* der Philosophie spricht, eine *Integration* und nicht nur eine Sammlung von voneinander unabhängigen Elementen.
>
> —Leonard Peikoff, *Understanding Objectivism*

Die Idee, dass man Wissen alleine durch Deduktion von Begriffen, die alleine aus dem eigenen Verstand und nicht der äußeren Welt entsprungen ist, erlangen könne, nennt man *Rationalismus*. Ist es möglich, einfach unsere Gedanken als Startpunkt herzunehmen und dann Folgerungen über die Realität Schritt für Schritt aufzustellen, wie es Rationalisten wie Descartes mit seiner berühmten Aussage *"Cogito, ergo sum."* – *"Ich denke also bin ich."* – nahelegten?

RATIONALISMUS · *Rationalismus* ist der Versuch, Wissen ohne Induktion zu schaffen und von diesem Wissen zu deduzieren.

> **Frage**
>
> Sind wir Geister die ihre Körper, oder Körper die ihre Geister entdeckt haben?

Natürlich stimmt es, dass man, wenn man denkt, auch existiert. Man existiert aber nicht, *weil* man denkt. Um sich etwas *bewusst* zu sein, müssen wir zuerst einmal selbst existieren und *etwas* muss existieren, dessen man sich bewusst werden kann. Das eigene Sein folgt also nicht aus dem Sich-bewusst-Sein.[18]

Im Objektivismus nennt man diese Aussage "Primat des Seins" (im Gegensatz zum "Primat des *Bewusstseins*"): Man ist sich etwas bewusst, weil man existiert, d. h. das, dessen man sich bewusst werden muss, muss es zuerst geben, bevor man sich dessen bewusst werden kann. Unser Bewusstsein *beobachtet* die Realität, sie verändert sie nicht durch ihre Gedanken. Entsprechend kann Wissen nur dadurch gewonnen werden, indem wir unser Bewusstsein über unsere Sinne auf die Realität richten. Da der Rationalismus nicht mit den Sinnesdaten beginnt, kann man Rationalisten deshalb häufig unter denjenigen finden, die die Validität der Sinne anzweifeln.

Trotz seiner Bezeichnung bedeutet der Begriff "Primat des Seins" einfach nur, dass das Sein *nicht* vom Bewusstsein abgeleitet ist. Es bedeutet *nicht*, dass es an erster Stelle stehen oder dass man andere Axiome von ihm ableiten kann. In der Argumentation von Ayn Rand steht er entsprechend nie für sich allein und dient primär als Gegenargument zum "Primat des Bewusstseins", das besagt, dass etwas alleine durch unsere Gedanken entstehen könne. Ein besserer Begriff wäre vermutlich "Nicht-Primat des Bewusstseins".

---

[18] vgl. Peikoff, *Objectivism: The Philosophy of Ayn Rand / Leonard Peikoff*, S. 17–23.

Aber selbst wenn auf Ergebnisse einer Induktion zurückgegriffen, und dann aber bei der Untersuchung eines bestimmten Sachverhalts ausschließlich Deduktion verwendet wird, kann man es trotzdem noch dem rationalistischen Denken zuschreiben. Deduktion ist ein sehr mächtiges Werkzeug; die richtige Anwendung von Logik geschieht aber nicht automatisch. Wie wir in den folgenden Kapiteln sehen werden, ist die Gefahr für Fehler sehr groß, wenn man die Ergebnisse der Logik nicht jeweils objektiv über Beobachtungen der Realität prüfen kann oder will.[19] Induktion und Deduktion gehen also idealerweise immer Hand in Hand.[20] Wir müssen uns ständig zwischen der Anwendung von Logik und der Beobachtung der Realität hin und her bewegen.

> **Idee**
>
> Wir sind keine Geister, die aus ihrem Bewusstsein heraus folgern, dass sie auch Körper haben müssten. Wir sind auch keine Körper, die gelernt haben, die Welt wahrzunehmen und ein Bewusstsein zu formen. Wir sind beides gleichzeitig und wir müssen beides gleichzeitig entdecken.

1.6.5 Induktion und Empirismus

Bei unserer Diskussion der Kognition blieb bisher die Frage offen, ob Induktion überhaupt einen gültigen Prozess darstellt. Ähnlich wie wir bereits festgestellt haben, dass Ontologie (Axiome) und Erkenntnistheorie eng miteinander verwoben sind, und ähnlich wie wir über unseren Kognitionsprozess reflektieren müssen, ist auch der Prozess der Induktion nicht streng hierarchisch aufgebaut. Die Gültigkeit von Induktion hängt wiederum von der Gültigkeit der Induktion ab. Dieser unendliche Selbstbezug führt zum sogenannten

---

[19]vgl. Peikoff, *Understanding Objectivism*, S. 209–41.
[20]vgl. Rand, Binswanger und Peikoff, *Introduction to Objectivist Epistemology*, S. 94–111.

"Problem der Induktion". In diese Problematik wollen wir nun tiefer einsteigen und die Positionen verschiedener Philosophen bezüglich des *Empirismus* untersuchen. Die Diskussion dient dazu, verschiedene Blickweisen und deren Widersprüche kennenzulernen, um dann am Ende dieses Abschnitts auf eine klare Aussage zu kommen, wie wir die Frage nach der Gültigkeit der Induktion beantworten können.

> **EMPIRISMUS** · *Empirismus* besagt, dass Sinnesdaten (Empirie) der Ursprung allen Wissens sind. Im Empirismus ist eine Deduktion von Wissen, welches nicht auf Sinnesdaten beruht, unmöglich.

> **TABULA RASA** · *Tabula rasa* bezieht sich auf die Ansicht, dass wir ohne angeborenes Wissen auf die Welt kommen und unser Verstand erst durch Sinnesdaten Wissen erschaffen kann.

> **A PRIORI WISSEN** · *A priori Wissen* ist Wissen, welches ohne vorherige Erfahrung gewonnen wurde.

Die Aussage des Empirismus ist, dass alles Wissen ihren Ursprung in Sinnesdaten hat. Das kann man zum Extrem steigern, indem man Induktion verneint – zum Beweis von Induktion würde man zuerst Induktion benötigen. Gleichzeitig wird von einem Verstand ausgegangen, der *tabula rasa* sei und kein *a priori Wissen* enthält, also in dem jegliches Wissen erst durch Sinnesdaten entstehen könne. So formuliert wäre es ein Kreisschluss, denn man müsste erst einmal das Wissen darüber besitzen, wie man sich Wissen aneignet, bevor man sich überhaupt Wissen aneignen kann. Würden wir umgekehrt Sinnesdaten als *einzigen* Ursprung von Wissen ignorieren und entsprechend keine Induktion anwenden, wären wir mit der Frage konfrontiert, wie wir ohne Induktion beweisen könnten, dass die äußere Welt überhaupt existiert.[21]

---

[21] vgl. Rand, *For the New Intellectual*, S. 173.

1.6.5.1 Eine Welt ohne Induktion

Frage

Warum würde der Begriff des "Begriffs" in der extremen Form des Empirismus seine Bedeutung verlieren?

Betrachten wir zuerst eine Welt ohne Induktion. Hier müsste jede neue Situation neu betrachtet werden, und unser bisher über Induktion angesammeltes Wissen wäre nutzlos. Für einen extremen Empiristen wäre jede Erkenntnis unabhängig von der Nächsten, alles sei ein unabhängiger separater Teil der Realität. Neues Wissen anzueignen wäre jedes Mal eine neue Herausforderung, da man Wahrnehmungen nie in bereits bestehende Begriffe einordnen oder auf ihnen aufbauen könnte. Diese extrem empirische Denkweise kann man insbesondere bei der Anwendung des "Klippenspringer"-Arguments erkennen.

Beispiel

Beim "Klippenspringer"-Argument handelt es sich um die Vorstellung, man könne nur dann über etwas urteilen, wenn man es selbst erlebt hat. Wenn das stimmen würde, müssten wir erst einmal zum Beispiel von einer bestimmten Klippe gesprungen sein, um für oder gegen das Springen von dieser Klippe argumentieren zu können. Generell entspringt diese Ansicht einem extremen Empirismus, nach dem es keine allgemeinen Grundsätze in der Natur, sondern nur für jeweils eine bestimmte Situation geltende Aussagen gibt. Als extremer Empirist wäre jeder neue Sprung von einer Klippe immer wieder eine neue Unbekannte – man könnte nicht von vergangenen Beobachtungen Rückschlüsse auf die Zukunft bzw. andere ähnliche Situationen ziehen.

> **Idee**
>
> Im extremen Empirismus wäre der Begriffshierarchiebaum völlig flach und der Begriff des "Begriffs" würde seine Bedeutung verlieren, da jeder Begriff sich nur auf eine einzige Instanz beziehen würde.

1.6.5.2 Das Problem der Induktion

> Die Frage, ob man, wenn man etwas sieht, nur das Licht oder das Objekt sieht, auf das der Blick gerichtet ist, ist eine dieser dämlichen philosophischen Dinge, mit der ein normaler Mensch keine Schwierigkeiten hat. Sogar der tiefsinnigste Philosoph hat beim Abendessen viele Schwierigkeiten auszumachen, ob das, was er gerade betrachtet, vielleicht nur das Licht des Steaks ist, das er gerade mit der Gabel zu seinem Mund führt. Die Philosophen, die diese Analyse nicht vollbracht haben und denen diese Idee nicht gekommen ist, sind dem Hunger zum Opfer gefallen.
>
> —Richard Feynman, 1979, Universität Auckland

> **Frage**
>
> Kann es ohne Induktion wahre Aussagen geben? Warum bzw. warum nicht?

In seiner *Kritik der reinen Vernunft* wollte Kant damals gegen den extremen Empirismus von David Hume argumentieren und den Gegensatz zwischen Empirismus und Rationalismus überwinden. Hume behauptete, dass Induktion bzw. Kausalität kein Mittel sein könnte, um etwas über die Natur zu erfahren, da man zur Begründung der

Validität von Induktion wiederum Induktion benötigen würde. Dass die Identität einer Entität zu einem zukünftigen Zeitpunkt (ohne Einwirkung von außen und mit Beachtung innerer Vorgänge) dieselbe ist wie in der Gegenwart, sei laut Hume nicht gegeben. Das Problem potenziert sich noch, wenn wir daran denken, dass wir uns nicht mehr auf einen gleichbleibenden Aufbau unserer Sinnesorgane verlassen und wir letztlich von der Welt nur zufälliges, unzusammenhängendes Rauschen mitbekommen könnten.

Kant versuchte dieses Problem dadurch zu lösen, indem er den Begriff der synthetischen Aussage *a priori* schuf.[22] Er wollte damit zeigen, dass es Aussagen über die Welt gäbe, welche keine Induktion benötigen würden um sie zu beweisen, also bestimmte Wahrheiten über die Welt gefunden werden könnten, ohne dass dazu Sinnesdaten gesammelt werden müssten. Sein Versuch schlug zwar fehl, dennoch ist es hilfreich, seine Gedankengänge in dieser Beziehung zu verstehen:

> **ANALYTISCHE AUSSAGE** · Eine *analytische Aussage* ist ein Satz, dessen Aussage durch die Definition des Subjekts gegeben ist, und Messungen zu dessen Wahrheitsbestimmung deshalb nicht nötig sind (z. B. "Dreiecke haben drei Ecken.").

> **SYNTHETISCHE AUSSAGE** · Eine *synthetische Aussage* ist eine Aussage die *nicht* alleine durch die Definition des Subjekts gegeben ist, also Messungen für die Wahrheitsbestimmung nötig sind (z. B. "*Diese* Form hat drei Ecken").

> **AUSSAGE *A PRIORI*** · Eine *Aussage a priori* ist eine Aussage, welche unabhängig einer Erfahrung begründet werden könne (z. B. mathematische Aussagen).

> **AUSSAGE *A POSTERIORI*** · Eine *Aussage a posteriori* ist eine Aussage, welche über Erfahrung begründet werden muss (z. B. "Körper sind schwer"; man muss einen Körper erst anheben, um seine Schwere festzustellen).

---

[22]vgl. Kant, *Kritik der reinen Vernunft*, S. 55–67.

Mit seinen Ausführungen suchte Kant nach *synthetischen Aussagen*, welche aber gleichzeitig *a priori* waren. Das wären Aussagen, die begründet werden könnten, ohne Sinnesdaten (empirisches Wissen) über die Realität zu besitzen. Seine umfangreichen Erklärungen in seiner *Kritik der reinen Vernunft* halfen dabei nicht, klarzustellen, was er tatsächlich mit seiner Vorstellung der analytischen und synthetischen Aussagen meinte, und wo der Unterschied zwischen einer Aussage *a priori* und einer Aussage *a posteriori* liegt.

Der Punkt ist, dass sich seine synthetischen Aussagen auf nichts anderes als auf *Maße* beziehen. Eine *synthetische* Aussage ist also nichts anderes als eine Aussage über die *Wirkung* eines Vertreters eines Begriffs – einer Entität. Die Aussage "Alle Stühle bestehen aus Material" bezieht sich auf eine *Eigenschaft* des Begriffs "Stuhl", während sich die Aussage "Alle (diese) Stühle bestehen aus dem Material Holz" auf die *konkrete Wirkung* der Eigenschaft "Material" bezieht. Eine synthetische Aussage *a priori* wäre also nichts anderes als ein "Satz, dessen Aussage nicht durch die Definition des Subjekts gegeben ist (*d. h. also eine Messung!*), aber unabhängig von einer Erfahrung begründet werden kann (*d. h. also keine Messung!*)". Eine Messung, die keine Messung ist, ist offensichtlich ein Widerspruch, synthetische Aussagen *a priori* kann es somit wegen des Axioms der Identität nicht geben. Seine "Lösung" ist also keine, das Problem bleibt bestehen.

> **Idee**
>
> Kants synthetische *a priori* Aussagen kann es wegen des Axioms der Identität nicht geben. Das bedeutet, es gibt keine Aussagen, die man ohne Induktion beweisen kann. Die Überlegungen von Kant lösen nicht das Problem der Induktion.

1.6 ERKENNTNISTHEORIE

Frage

Wo ist der Zusammenhang zwischen dem Problem der Induktion und Allwissenheit?

Wenn eine Frage unlösbar erscheint, sollte man die Frage selbst näher untersuchen. Hume bezieht sich in seiner Aussage über die Induktion auf die Zukunft, also auf die Frage, ob gewonnenes Wissen über die Welt auf zukünftige Vorgänge angewendet werden kann. "Zeit" ist aber letztlich nur ein Konstrukt. Allgemeiner gesprochen geht es bei Hume um die Frage, ob Wissen, welches aus einer Situation gewonnen wurde, auch in einer Situation zu einem anderen Zeitpunkt gültig ist. Noch allgemeiner gesagt könnte man seine Position als generelle Kritik an der Benutzung von Begriffen ansehen:

Wenn wir festgestellt haben, dass ein bestimmter Apfel nach unten fällt, wenn man ihn loslässt, wer sagt, dass dies auch für einen anderen Apfel (oder an einem anderen aber vergleichbaren Ort oder Zeitpunkt) gelten muss? Mögliche Antworten auf dieses Problem könnten sein, dass wir uns in unserer Aufstellung der in Frage kommenden Begriffe geirrt haben und es noch weit mehr signifikante Eigenschaften gibt, die wir bisher noch nicht entdeckt haben. Aber das ist nicht, worauf Hume abzielt. Ihm geht es hier um die Validität von Begriffen, d. h. ob wir uns gerade *unter Ausschluss von Sonderfällen* allgemeines Wissen über die Welt aneignen können. Wir haben "Begriff" ja gerade so definiert, dass es Entitäten einschließt, welche beispielsweise die Eigenschaft besitzen, nach unten zu fallen. Dabei ist es egal, ob wir nun andere Äpfel aus unserem Obstkorb oder ob wir Äpfel weit in der Zukunft betrachten. Wir sprechen in beiden Fällen vom selben Begriff "Apfel". Haben zukünftige Äpfel andere Eigenschaften als unsere Gegenwärtigen, müssen wir eben unseren Begriff "Apfel" differenzieren. Wir müssen uns bei der Definition des Begriffs entweder auf eine engere Auswahl an Entitäten beschränken, oder wir benötigen eine dynamische Komponente, die den Faktor Zeit mit in die Beschreibung der Eigenschaften aufnimmt.

Genau die gleiche Diskussion wird momentan in der Wissenschaft bezüglich der Gravitationskonstante geführt. Wenn es sich herausstellt, dass sich in Zukunft die Gravitations*konstante* ändern sollte, dann sagt das nichts über die Validität von Begriffen *per se* aus, sondern über unsere womöglich unvollständige Definition der Gravitation, bei dem wir eine von Zeit und Ort abhängige Änderung der Gravitationskonstanten miteinzubeziehen hätten. Hume selbst benutzte das Beispiel, dass wir nicht wissen könnten, ob die Sonne weiterhin im Osten aufgeht, nur weil wir das in der Vergangenheit so beobachtet haben. Aber der Punkt ist, dass wir unsere Begriffe und unser Wissen über die Sterne und Planeten ausweiten können, um Unregelmäßigkeiten einzubeziehen, ohne diese als Sonderfälle betrachten zu müssen (man denke an eine Sonnenfinsternis am Morgen).

Letztlich geht es bei Humes Argument also um die fehlende Allwissenheit bei der Aufstellung von Begriffen. Man kann es deshalb mit Kants "Ding an sich" vergleichen: Möglicherweise gibt es immer eine weitere Ebene, eine (noch?) unbekannte "wahre Wirklichkeit", welche uns zum Zeitpunkt der Definition unserer Begriffe unbekannt war. Wir könnten die Frage auch noch allgemeiner formulieren: Hängt die *Durchführung* der Deduktion von Sinnesdaten (von empirischen Fakten) ab, d. h. können wir Experimente durchführen, mit denen wir feststellen können, ob wir Dinge feststellen können? Diese Herangehensweise führt zu einer unendlichen Schleife von Fragestellungen – zur Entscheidung der Frage müssten wir erst die Frage entscheiden können. Zu dieser Rekursion ist es gekommen, weil wir keine Frage stellen können, die genau die Voraussetzung für die Frage anfechtet, denn das wäre sonst ein Trugschluss des gestohlenen Begriffs. Wir können also nicht die Validität von Begriffen in Frage stellen, wenn wir eine Frage stellen, welche Begriffe benutzt.

Idee

Humes Problem der Induktion zielt letztlich auf die Tatsache ab, dass wir nicht allwissend sind, wenn wir Begriffe aufstellen.

1.6.5.3 Die Wahrheit

> Leute fragen mich: "Suchen Sie nach den ultimativen Gesetzen der Physik?" Nein, tue ich nicht, ich möchte nur mehr über die Welt herausfinden, und wenn es ein ultimatives Gesetz gibt, das alles erklärt, dann ist das für mich in Ordnung, es wäre eine tolle Entdeckung. Wenn es sich herausstellt, dass es wie eine Zwiebel mit Millionen von Schichten ist und dass wir es leid werden, diese zu untersuchen, dann ist das eben so! Aber wie auch immer es sich letztlich herausstellt, so ist die Natur. Sie ist da und sie ist wie sie ist. Und deshalb sollten wir, wenn wir sie untersuchen, nicht im Voraus entscheiden was wir beweisen zu suchen, außer dass wir mehr darüber herausfinden wollen.
>
> —Richard Feynman, *The Pleasure of Finding Things Out*

Eine Antwort auf das Problem der Induktion ist, dass Wissen mehr ist als eine reine Anhäufung von Elementen. Wenn wir uns ausschließlich auf Induktion verlassen würden, dann würden unsere (induktiven) Behauptungen über die Welt regelmäßig durch neue Entdeckungen ungültig werden und wir müssten wieder und wieder bei null anfangen. Induktive Behauptungen sind voneinander getrennt, sie beruhen lediglich auf der Idee der "Tradition", bei der die Zukunft die Vergangenheit widerspiegelt. Was wir tun müssen ist, unser Wissen zu *verknüpfen* und es in ein Ganzes zu *integrieren*. Wenn man den Begriff "Schwan" bildet, dann sollten wir bereits daran denken, dass wir womöglich Sonderfälle und Unregelmäßigkeiten entdecken, besonders wenn wir keine Ahnung darüber haben, was einen Schwan zu einem Schwan macht (durch Biologie, Genetik etc.). Das Gleiche trifft auch auf die aufgehende Sonne am Morgen zu. Nachdem wir Wissen über die Planetenbewegungen gesammelt hatten, wurde unsere induktive Behauptung zu einer *Objektiven*, weil wir es nicht nur mit Daten der Vergangenheit, sondern mit Prinzipien, die auf die Daten der Vergangenheit wirken, erklären konnten. Und als wir unser Wissen später mit der Relativitätstheorie verfeinerten, hatte das nicht zur Folge, dass die vergangenen Prinzipien alle falsch wurden, es war lediglich eine genauere Beschreibung der Realität.

Natürlich löst dieser Ansatz nicht das Problem der Induktion selbst. Und keiner der sogenannten großen Philosophen wie Descartes, Hume oder Kant waren imstande, eine Lösung für das Problem zu bieten. Aber wir haben gesehen, dass es keine Lösung gibt! Es ist ein Scheinproblem, das wir eigentlich nicht nutzen sollten, besonders nicht um unsere Fähigkeit, die Welt zu verstehen, in Frage zu stellen. Nur weil wir eine Frage stellen können, bedeutet das noch nicht, dass es auch eine Lösung gibt. Oder dass, wenn wir keine Lösung finden, etwas mit unserer Wahrnehmung der Welt nicht in Ordnung ist. Der Punkt ist, dass das Problem der Induktion eine unmögliche Frage darstellt, deren einzige wirkliche Antwort *Allwissenheit* ist. Was wir also Hume und anderen höchstens zu verdanken haben, ist, dass wir nicht von Allwissenheit ausgehen sollten; wir sollten nach einem Beweis für Theorien der Wissenschaft fordern und unser bestehendes Wissen neu untersuchen, sobald wir neue Erkenntnisse erlangen.

Wussten Sie schon?

Da wir nur auf einen Teil des Universums sehen, beinhalten unsere "Wahrheiten" den Kontext, in der wir sie gefunden haben. Da eine Wahrheit auf vielen anderen aufbaut, müssen wir all das, was wir bisher entdeckt haben, mit Vorsicht beschützen. Unser Werkzeug dafür wird die *wissenschaftliche Methode* sein, die wir im weiteren Verlauf der Buchreihe besprechen werden.

⟶ Erfahren Sie mehr in *Philosophie für Helden: Kontinuum*

Letztlich ist die Frage, was wir denn wollen. Wollen wir die "absolute Wahrheit", sollte unser Ziel sein, alles Wissen anzueignen und eine exakte Kopie des Universums in unserem Verstand abzubilden? Es gibt bereits ein Objekt, das 100% genaue Vorhersagen über die Zukunft macht. Sein Name: Das Universum. Es benötigt eine Sekunde um zu berechnen, wie es in der nächsten Sekunde aussieht. Es nutzt all seine Rechenkraft; all die Atome und Moleküle arbeiten zusammen, um einen Supercomputer zu schaffen, der schneller und genauer ist, als alles, was wir innerhalb des Universums bauen können. Wir können das Universum nicht in unsere Gehirne komprimieren, wir können zu einem Zeitpunkt nur immer einen Teil des Universums mit unseren Sinnen wahrnehmen.

Was wir als Menschen tun *können*, ist, die Informationen zu *filtern* und zu *abstrahieren* (Begriffe!) und uns jeweils nur auf Teile des Universums zu konzentrieren. Wir müssen die Prinzipien des bekannten Universums verstehen, und hoffen, dass der unbekannte Teil nicht unbewusst unser Denken beeinflusst. Aber ohne Allwissenheit bleibt eine Unsicherheit, weshalb wir unseren Horizont stetig erweitern müssen. Wir können nicht ein Stück "absoluter Wahrheit" nehmen, unsere Sinne verschließen, und dann alles von diesem Stück Information folgern, ohne unsere Folgerungen je in der Realität nachzuprüfen. Das ist im Grunde das, um was es beim rationalistischen Fehler geht, und das ist auch der Grund, warum unsere Axiome, wenn sie unabhängig von der Erkenntnistheorie stehen, keine "absoluten Wahrheiten" sind. Wir können nicht sagen "Das ist es, ich habe die Wahrheit gefunden, ab sofort ignoriere ich alle weiteren Sinneseindrücke." Wir müssen zwischen Induktion und Deduktion hin- und hergehen und unser Verständnis (unsere Begriffe) der Welt verfeinern.

> Mal angenommen, dass die Physik, oder besser gesagt die Natur, ähnlich wie ein großes Schachspiel mit Millionen von Spielfiguren abläuft, und wir die Regeln herauszufinden versuchen, nach denen die Figuren sich bewegen. Die großen Götter die dieses Schachspiel spielen, spielen sehr schnell, und es ist schwierig sie dabei zu beobachten. Aber wir bemerken einen Teil der Regeln, und es gibt einige Regeln für die es nicht notwendig ist, jeden einzelnen Zug zu beobachten. [...] Wir müssen nicht die Details der inneren Wirkungsweise beobachten um zumindest etwas über das Spiel aussagen zu können.
>
> —Richard Feynman, *Character of Physical Law*

Ist es eine unbefriedigende Antwort, dass das Universum nicht aus einer Reihe von voneinander unabhängig wahrnehmbaren Wahrheiten besteht? Nun ja, die Natur schert sich nicht darüber, ob sie in befriedigender Weise verstanden werden kann. Wir müssen mit dem arbeiten, was wir haben. Und was wir wollen oder wollen sollten, ist eine Frage der Ethik. Erkenntnistheorie kann uns nur mit den Mitteln versorgen. Trotzdem impliziert die Frage darüber, was *wir* wollen, dass wir eine Identität besitzen. Und Philosophie lehrt uns, wie wir in dieser Welt bestehen können. In der Philosophie geht es nicht darum – wie Kant es formulierte – die "wahre Realität" zu erlangen. Ausgehend von dem was wir wissen folgt dies und jenes. Vielleicht wissen wir nicht alles, aber wenn wir etwas mehr wüssten, würde etwas anderes folgen. Aber basierend auf dem, was wir haben, können wir Aussagen treffen. Es mag sich am Ende herausstellen, dass diese Aussagen nicht präzise waren, da wir nicht alle Informationen einbezogen haben, aber wir haben das Bestmögliche getan und wir bauen auf dem Wissen der Vergangenheit auf. Die Alternative wäre, dass man keine Aussagen trifft und bis in alle Ewigkeit wartet, bis man so viele Daten gesammelt hat, dass man allwissend ist. Entsprechend sollten wir auch neue Ideen willkommen heißen und über alte nochmals reflektieren; das ist was unseren Geist öffnet um die Realität zu entdecken. Die Herausforderung ist es, das Gleichgewicht zwischen Reflexion und Aktion zu finden. Es ist Ihr erster Baustein auf dem Weg von einem Schüler der Philosophie zu einem Lehrer und letztlich zu einer Führungspersönlichkeit.

Kapitel 2

Sprache

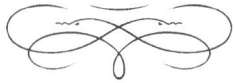

Man kann den Namen eines Vogels in allen Sprachen der Welt kennen. Aber selbst wenn man das macht, weiß man immer noch überhaupt nichts über den Vogel [...]. Schauen wir uns also den Vogel an und beobachten, was er macht – das ist, worauf es ankommt. Ich habe sehr früh zu unterscheiden gelernt, von etwas den Namen zu kennen und etwas über die Sache zu wissen.

—Richard Feynman, *What Do You Care What Other People Think?*

I̱m ersten Kapitel haben wir gelernt, dass Philosophie auf Beobachtungen der Realität beruht. Zu groß erscheint die Versuchung, philosophische Antworten alleine aus der Untersuchung der Gedanken oder der Sprache zu gewinnen (Rationalismus). Mit unserer Sprache können wir schließlich jede mögliche Frage stellen und ihr damit einen bedeutenden, aber womöglich unverdienten Stellenwert im Leben zuordnen. Aber gerade *weil* wir sprachliche Betrachtungen *nicht* in unsere Überlegungen einbeziehen sollten, ist es wichtig, genau zu untersuchen, was Sprache ist und welche Rolle sie in unserem Denken spielt, um eben *nicht* in die Versuchung zu kommen, sprachliche Überlegungen als philosophische Argumente zu benutzen.

Häufig rühren philosophische Fragestellungen von Irrtümern sprachlicher Natur in Form von besonderen Satzkonstruktionen, rhetorischen Fragen oder mehrdeutig benutzten Wörtern her. Der Schwerpunkt dieses Kapitels wird sein, diese Art des Rationalismus zu vermeiden. Wir werden die Herkunft unserer Sprachen untersuchen und anhand einer Betrachtung der Unterschiede den Begriff "Sprache" herausarbeiten. Anschließend widmen wir uns dem Sonderfall der Sprache der Mathematik, und untersuchen inwieweit diese einen Bezug zur Realität hat und welche philosophischen Einwände sich aus der Mathematik möglicherweise ergeben könnten, beispielsweise in Form von Fragen nach der Unendlichkeit, nach irrationalen Zahlen, nach dem Nichts oder nach dem Universum. Es ist wichtig, Mathematik im Ansatz zu verstehen, da man in der Philosophie oft auch mit mathematischen Argumenten konfrontiert wird, wie beispielsweise Fragen bezüglich des Begriffs der Unendlichkeit. Das entspricht dem *Rationalismus*, also dem Versuch, Wahrheiten über die Welt ohne Hilfe von empirischen Beweisen zu deduzieren.

Des Weiteren haben wir bisher vorausgesetzt, dass wir miteinander *objektiv* kommunizieren könnten, also dass das, was ich mit meinen Worten auszudrücken versuche, auch von Ihnen, dem Leser, richtig verstanden werden kann. Das muss natürlich nicht unbedingt der

Fall sein. Stellen Sie sich nur vor, Sie hätten das Buch in einer Ihnen unbekannten Sprache gekauft, egal wie gut meine Erklärungen wären, Sie würden sie nicht verstehen. Wir müssen deshalb zuerst klären, ob objektive Kommunikation überhaupt möglich ist, oder ob wir uns gegenseitig lediglich zufällige Gedankenanregungen liefern können, und wir alle dazu verdammt sind, in unserer eigenen subjektiven Gedankenwelt zu leben. Während wir zwar womöglich eine objektive Sprache für unsere eigenen Gedanken finden können, so könnten wir in Bezug auf andere immer noch mit unterschiedlichen Begriffshierarchien oder Definitionen konfrontiert sein, was Missverständnisse zur Folge hätte oder Kommunikation ganz unmöglich machen könnte.

2.1 Eigenschaften von Sprache

UNSERE WAHRNEHMUNG DER WELT begann mit der Wahrnehmung von Entitäten und dem Bewusstsein unseres eigenen Daseins. Im Unterschied dazu geht es bei *prozessbasierten Sprachkonstrukten* um die Darstellung von Änderungen von Entitäten über die Zeit (z. B. "es regnet" oder "Evolution"). Unsere Sprache ist eine Mischung aus entitäts- und prozessbasierten Sprachkonstrukten. In diesem Buch diskutieren wir den einfacheren Fall, die Beschreibung und Kommunikation von Entitäten und deren Eigenschaften. Dies stellt den Kern unserer Sprache dar: "Welche Entitäten gibt es und welche Eigenschaften haben sie?"

Wussten Sie schon?

Im Gegensatz zu westlichen Philosophien konzentrieren sich östliche Philosophien deutlich weniger auf die Wahrnehmung der Welt in Form von Entitäten. Stattdessen sehen sie die Welt und ihre Teile als Prozesse, und Entitäten (inklusive Menschen) lediglich als vorübergehende Erscheinungen ebendieser.

⟶ Erfahren Sie mehr in *Philosophie für Helden: Kontinuum*

Die erste Form der Sprache ist eine Art innerer Dialog. Man hat einen bestimmten Zusammenhang gelernt, beispielsweise dass beim Gestilltwerden die Aufnahme von Nahrung unser (als negativ empfundenes) Hungergefühl lindert. Dieser Gedankengang geschieht implizit, ohne Zuhilfenahme einer uns üblichen gesprochenen Sprache. Er läuft nur in uns selbst ab. Die physische Realisierung dieser "Sprache" befindet sich nur in unseren neuronalen Strukturen. Sie stellt lediglich bestimmte Sinneswahrnehmungen zueinander in Relation und verstärkt die Verknüpfung unterschiedlicher Erfahrungen durch Wiederholung. Auf diese Begriffe können wir auch bewusst zurückgreifen, indem wir uns an die jeweiligen konkreten Situationen erinnern, uns also das Abbild der Sinnesdaten des jeweiligen Moments in unser Gedächtnis holen und vor unserem inneren Auge betrachten.

Der Begriff "Sprache" – wie jeder andere Begriff auch – wird uns erst deutlich, wenn wir verschiedene Sprachen kennengelernt haben. Wir müssen die Grenzen eines Begriffs kennenlernen, um diesen klar definieren zu können. Mit *Sprache* ist weit mehr gemeint als beispielsweise Deutsch, Englisch oder Spanisch. Es gibt sehr viele verschiedene Sprachen, deren Elemente zufällig oder aus Bequemlichkeit entstanden sind, während andere Elemente einen essentiellen Bestandteil darstellen. Diese Sprachen unterscheiden sich in ihrer Komplexität, in ihrem Ausdrucksvermögen, ihrem Grad der Vollständigkeit, ihrer Genauigkeit und ihrer Übersetzbarkeit. Wir können mit Lauten, Musik, Handzeichen, Schrift oder gar nur unseren Augen kommunizieren.

Sprache ist letztlich die *physische Realisierung*, d. h. also die Anwendung von Begriffen: Jede Bildung und Benutzung von Begriffen involviert eine Form von Sprache. Wie komplex diese Sprache aufgebaut sein kann, kann durch unsere physischen Möglichkeiten begrenzt sein. Sobald wir aber über eine bestimmte Anzahl an Begriffen gleichzeitig oder in einer Sequenz nachdenken können, stehen uns alle Möglichkeiten zur Verfügung, und wir können – Schritt für Schritt – einen beliebig großen Begriffshierarchiebaum aufbauen.

Außerdem besteht Sprache in den meisten Fällen aus scharf gegeneinander abgegrenzten Einheiten. Eine leichte Abweichung in der Aussprache eines Wortes sollte keine Auswirkung auf dessen Bedeutung haben. Dies rührt schlicht von dem "Rauschen" im täglichen Gespräch: Eine Kommunikation wäre schwierig, wenn ein lauter ausgesprochenes Wort wie zum Beispiel "Maus" von der Bedeutung her einem "Elefanten" entspräche. Gleichermaßen gäbe es Probleme im Schriftverkehr durch unterschiedliche Schriftarten oder Handschriften: nur weil man ein Wort fett schreibt ändert sich nicht der Begriff. Tatsächlich gibt es aber Sonderfälle in unserer Sprache, nämlich die sogenannten Homonyme, bei denen die Aussprache über die Bedeutung entscheidet (sogenannte Homographe, mo*d*ern wie in "zukunftsorientiert" vs. *mo*dern wie in "verwesend") bzw. bei denen Wörter mit unterschiedlicher Bedeutung und Schreibweise gleich ausgesprochen werden (Homophone, "mahlen" wie in "Mehl produzieren" vs. "malen" wie in "ein Bild malen"). Deutlich wird der Vorteil von Sprachen mit scharf gegeneinander abgegrenzten Elementen auch bei *gepfiffenen* Sprachen, die man vor allem in bergigen Gegenden, in dichten Wäldern, in Gegenden mit sehr verstreuten Siedlungen oder im Zusammenhang mit eremitischen Berufen (z. B. Schafhirten) antreffen kann. Die Lautstärkeunterschiede, die für die Übermittlung einer Nachricht über größere Distanzen nötig sind, ändern hier nichts am begrifflichen Inhalt der Nachricht. Ein ähnliches Konzept findet man bei unserem Telefonsystem: Analoge Übertragung von Schall (die in den Hörer gesprochenen Schallwellen) wurde durch digitale Übertragung von Schall (die Schallwellen werden zuerst in 0en und 1en kodiert, zum Empfänger übertragen, und dann wieder in Schallwellen dekodiert) ersetzt.

Wir können auch ergänzend zur gesprochenen Sprache Gesten benutzen. Sie geben Zugang zu Informationen, die nicht alleine aus dem gesprochenen Wort abgeleitet werden können. Wie etwa Informationen über die Geschwindigkeit oder Richtung einer Bewegung, über die relative Position, und über die relative Größe von Leuten und Gegenständen. Gleichzeitig stellt unser Körper nach außen hin eine ununterbrochene, passive Kommunikation dar. Jede Bewegung kann interpretiert werden und gibt Aufschluss über den inneren Gemütszustand. Gesten beziehen sich also auf *Messungen*.[1] Da diese Zeilen in einem Buch geschrieben sind, konzentrieren wir uns im weiteren Verlauf des Kapitels auf geschriebene Sprache und verweisen nur vereinzelt auf besondere Gesten wie das Deuten. Lassen Sie uns dazu zuerst einen Blick auf die Begriffe werfen, die wir benutzen werden:

> **SACHVERHALT** · Ein *Sachverhalt* besteht aus einer bestimmte Anzahl von Entitäten, deren Änderungen von Eigenschaften, ihren gegenseitigen Wechselwirkungen und deren Verhältnis zueinander, zu bestimmten Zeiten und an bestimmten Orten.
> **ABBILD** · Ein *Abbild* ist eine Entität, welche mittels einer mentalen Verknüpfung mit einer anderen Entität verbunden ist.
> **SPRACHE** · *Sprache* ist ein System, mit dessen Hilfe man Wissen über einen Sachverhalt (und über Begriffe) in eine Reihe von Abbilder und sprachlichen Hilfskonstrukte, bzw. umgekehrt, eine Reihe von Abbilder und sprachliche Hilfskonstrukte in Wissen über einen Sachverhalt (und über Begriffe) übersetzen kann. Sprache ist die Anwendung von Begriffen bzw. der Begriffshierarchie.

---

[1] vgl. Mithen, *The Singing Neanderthals*, S. 155–56.

Abbilder gestalten sich in der geschriebenen Sprache wie folgt:

- **BUCHSTABE** · Ein *Buchstabe* ist ein kleines Bild ("a", "b", "c" etc.).
- **WORT** · Ein *Wort* besteht aus einer Anzahl von angeordneten Buchstaben.
- **SATZ** · Ein *Satz* besteht aus einer Anzahl von angeordneten Wörtern.
- **SUBSTANTIV** · Ein *Substantiv* ist ein Wort, welches als Stellvertreter für eine Entität (Eigenname, z. B. "Peter") oder einen Begriff (Gattungsname, z. B. "Hund") steht.
- **VERB** · Ein *Verb* ist ein Wort, welches sich auf die Änderungen der Eigenschaften eines Substantivs bezieht (z. B. eine Aktion: "Peter *läuft*").
- **ADJEKTIV** · Ein *Adjektiv* ist ein Wort, welches ein zugehöriges Nomen näher beschreibt. Es fügt eine Messung einer Eigenschaft des zugehörigen Begriffs (z. B. "ein *großer* Baum") hinzu.
- **ADVERB** · Ein *Adverb* ist ein Wort, welches sich auf ein Verb bezieht, und die Art oder den Umfang der Änderung der Eigenschaften mit einer anderen Änderung der Eigenschaften vergleicht ("Sie schritt *leise* den Gang hinunter"). Alternativ kann sich ein Adverb auf ein Adjektiv oder ein anderes Adverb beziehen und dieses näher beschreiben (z. B. "Er hatte *sehr* große Augen.").
- **SUBJEKT** · Das *Subjekt* ist ein Substantiv, auf das sich das Verb als Quelle bezieht (z. B. "*Peter* läuft").
- **OBJEKT** · Das *Objekt* ist ein Substantiv, auf das sich das Verb als Ziel bezieht (z. B. "Peter wirft den *Ball*.").

Betrachten wir nun die Herkunft unserer Schrift, um einen Rahmen zu haben, in dem wir unsere heutige Sprache einordnen können.

2.1.1 Herkunft der Schrift

Im Gegensatz zur gesprochenen Sprache können wir die Herkunft und Entwicklung der Schrift anhand gefundener Schriftstücke gut zurückverfolgen. Zentraler Punkt bei der Entwicklung der Schrift waren die bis vor etwa 12.000 Jahren immer wieder herrschenden Eiszeiten; weltweit lag die Temperatur mitunter bis zu 10 °C unter dem heutigen Durchschnitt. Wissen über Baukunst gab es nicht, somit boten Höhlen zusammen mit dem Feuer den ersten Schutz vor der Witterung, insbesondere den kalten Winden. Dort entstanden wohl die ersten Vorläufer der Schrift in Form von Höhlenmalereien, mit deren Hilfe man Geschichten erzählen, die Kultur eines Stammes (und somit dessen überlebenswichtigen Zusammenhalt) an die nächste Generation weitergeben und konkrete Jagdstrategien (verwundbare Körperstellen, Herdenformationen etc.) lehren konnte. Diese "Schriftkundigen" wurden somit wichtige Stammesmitglieder. Und auch Schamanen, die Halluzinationen durch Trance, Drogenkonsum oder Sauerstoffmangel in tief unter der Erde liegenden Höhlensystemen erlebten, konnten diese "Visionen" für andere sichtbar machen. Die stummen Zeugen dieser Erfahrungen fanden Wissenschaftler bei Höhlenexpeditionen. Tief im Untergrund stießen sie auf bis zu 100.000 Jahre alte Symbole und Darstellungen, u. a. in Form von Spiralen, Strichen und Punkten.[2]

Bis zu ihrer heutigen Form hat die Schrift aber eine ganze Reihe von Entwicklungsstufen durchlaufen. Neben der Höhlenmalerei waren vor allem transportierbare, beschriftbare Gegenstände als eine Art Signatur oder Dokument zum Tausch von Waren relevant; ein etwa 60.000 Jahre alter Fund aus Südafrika zeigt wiederkehrende Symbole auf Eierschalen, und gilt als der bis dahin älteste Fund schriftähnlicher Darstellungen.[3] Der Theorie zur Folge dienten sie dem sozialen Austausch in der Gruppe.[4] Sie wurden vor allem dann immer wichtiger, als sich mehr und mehr Menschen an einem Platz versammelten. Zum Schutz vor Diebstahl, aufgrund einer hierarchischen Gesellschaftsstruktur oder aus simplen Effizienzgründen, wurde Nahrung zentral in Tempeln oder Kornhäusern gelagert und für markier-

---

[2] vgl. Human Knowledge, *The Human Journey*.
[3] vgl. Bower, *Stone Age Engravings Found on Ostrich Shells*.
[4] vgl. Texier u. a., *A Howiesons Poort tradition of engraving ostrich eggshell containers dated to 60,000 years ago at Diepkloof Rock Shelter, South Africa*.

te Tontafeln als Zeichen für die Inhaberschaft (ähnlich einer Währung) getauscht.

Aus der Höhlenmalerei einerseits und den Markierungen anderseits entwickelte sich eine Schrift, die die Gegebenheiten anfangs zuerst konkret und dann (zugunsten einer einfacheren, kompakteren und aussagekräftigeren Darstellung) mit der Zeit immer abstrakter darstellte. Für eine einsprachige Gesellschaft war dies die natürliche Entwicklung, jeder wusste, wie bestimmte Wörter richtig ausgesprochen wurden, sobald man sie in der Schrift erkannte. Diese Symbolschrift stellte sich allerdings als besonders hinderlich heraus, da man nicht nur die gesprochene Sprache selbst, sondern immer auch die davon unabhängige, symbolhafte Darstellung lernen musste.

Die ägyptischen Hieroglyphen entwickelten sich in einer Gesellschaft, die sich selbst als Zentrum der Welt sah – angesichts der technologischen, medizinischen und organisatorischen Überlegenheit in den Hochzeiten des ägyptischen Reiches durchaus verständlich. Sie hatten wenig Interesse daran, mit anderen Völkern intensiv Kontakt zu pflegen, und die streng hierarchisch aufgebaute Gesellschaft trug dazu bei, dass nur ein kleiner Teil der Bevölkerung Lese- und Schreibfähigkeiten erwarb. Das Schreiben war meist den für den Staat arbeitenden Spezialisten vorbehalten. Der Aufwand, die 1.000 bis 5.000 verschiedenen Hieroglyphen zu lernen, war da noch zu verschmerzen.[5]

> **Frage**
>
> Wie hat der Seehandel in der Antike die Entwicklung unseres modernen Alphabets beeinflusst?

Eine ganz andere Situation entwickelte sich dagegen im Altertum

---

[5]Holst, *Phoenician Secrets—Exploring the Ancient Mediterranean*, S. 227–30.

gegen 1050 v. Chr. mit dem Aufstreben der phönizischen Zivilisation. Deren Lebensgrundlage war eine ausgedehnte Handelstätigkeit im gesamten Mittelmeerraum, bei der sie mit vielen verschiedenen Völkern in Kontakt traten. Dazu benötigten sie zum einen eine breite Lese- und Schreibfähigkeit in ihrer eigenen Bevölkerung, um Investitionen und Entlohnungen vertraglich festhalten zu können, und zum anderen eine Schrift, welche für ihre fremdländischen Handelspartner einfach erlern- und übersetzbar war. Gleichzeitig sollte diese Schrift auch dafür benutzt werden, um die *fremden* Sprachen dieser Handelspartner niederzuschreiben. Die Lösung war die Verwendung eines (phonetischen!) *Alphabets*.

Vermutlich war es dieser wirtschaftliche Druck, der zugunsten der Erfindung des phönizischen Alphabets den eigentlich intuitiven Ansatz verdrängte, in der Schrift Bilder für Begriffe zu verwenden (wie z. B. die ägyptischen Hieroglyphen). Nicht mehr standen Abbilder kulturell gegebener zentraler Motive des täglichen Lebens im Zentrum, sondern eine abstrakte Schrift, welche auf der großen Gemeinsamkeit aller Völker aufbaute: die *gesprochene* Sprache.

> **PHONEM** · Ein *Phonem* ist eine Lautsilbe die einen einzelnen Laut darstellt, den ein Mensch von sich geben kann. In der deutschen Sprache gibt es etwa 40 Phoneme.

Hat man jedem *Phonem* ein Zeichen zugeordnet, kann jede beliebige gesprochene Sprache niedergeschrieben, vorgelesen und die Aussprache zusammen mit der Schrift gemeinsam gelernt werden. Zwar rückten auch die Ägypter immer mehr von einer Bilddarstellung ab und hin zu einer Benutzung von Hieroglyphen als Repräsentanten für ausgesprochene Silben; der gesellschaftliche und wirtschaftliche Druck auf die Entwicklung der Schrift war jedoch ein ganz anderer als bei den Phöniziern.

> **Beispiel**
>
> Ein zu den Ägyptern und Phöniziern ähnliches Beispiel wäre China und Japan. Das *Kana*-System, ein Alphabet mit einem Symbol für jede Lautsilbe, wurde im 9. Jahrhundert in Japan erfunden, während das chinesische Alphabet größtenteils ideographisch (Symbole stehen für einen Begriff anstatt einem Laut) blieb. Erst vor kurzem (20. Jhdt.) wurde in China das *Pinyin* ("geschriebene Laute") eingeführt, was eine standardisierte Niederschrift von chinesischer Sprache auf Basis von Lauten ermöglicht.

> **Idee**
>
> Unsere heutige Schrift ist ein Nachfahre des phönizischen Alphabets. Dies war ein Schriftsystem, das sich im Umfeld der Schiffshandelsrouten im antiken Mittelmeer gebildet, und Lautsilben (Phoneme) anstatt bildlicher Darstellungen von Begriffen benutzt hat.

Aufgrund ihrer großen wirtschaftlichen Bedeutung verbreitete sich das phönizische Alphabet im Mittelmeerraum. Ohne das Alphabet (und ohne das Papyrus der Ägypter, welches durch die Phönizier gehandelt wurde) hätte es in Griechenland wohl nie eine *Ilias* oder *Odyssee* von Homer gegeben, und auch das Römische Reich wäre wohl nie über die italienische Halbinsel hinausgewachsen. Es entwickelte sich über Zwischenschritte (aramäisch, griechisch, punisch, althebräisch, etruskisch etc.) in die modernen Alphabete (lateinisch, kyrillisch, hebräisch, arabisch etc.). Diese enge Verwandtschaft wird bei einem direkten Vergleich der Entwicklung der Alphabete deutlich:

- Das phönizische Alphabet (etwa 1000 v. Chr.).

    𐤀𐤁𐤂𐤃𐤄𐤅𐤆𐤇𐤈𐤉𐤊𐤋𐤌𐤍𐤎𐤏𐤐𐤑𐤒𐤓𐤔𐤕

- Das etruskische Alphabet (Vorläufer der Römer in Italien, etwa achtes Jhdt. v. Chr.).

    𐌀𐌁𐌂𐌃𐌄𐌅𐌆𐌇𐌈𐌉𐌊𐌋𐌌𐌍𐌎𐌏𐌐𐌑𐌒𐌓𐌔𐌕𐌖𐌗𐌘𐌙𐌚

- Das griechische Alphabet (sechstes Jhdt. v. Chr.).

    ΑΒΓΔΕΖΗΘΙΚΛΜΝΞΟΠΡΣΤΥΧΦΨΩ

- Das altlateinische Alphabet, welches B, D, K, O, Q, X beibehält, aber Θ, Ś, Φ, Ψ und F weglässt.

    ABCDEFZHIKLMNOPQRSTVX

Biographie – **Homer**

Schon in der Antike war Homer eine Legende. So berühmt war er, dass nicht klar ist, wo und wann oder ob er überhaupt gelebt hat und nicht nur ein Sammelbegriff für viele Autoren war. Er gilt als der Autor der *Ilias* und der *Odyssee* und lebte ungefähr 800 v. Chr. im antiken Griechenland. Beide Werke gelten als die ältesten überlieferten Werke westlicher Literatur und handeln vom Trojanischen Krieg (vermutlich 1200 v. Chr. an der Westküste der heutigen Türkei) und seinen Folgen. Sie erzählen uns vom Leben und Wirken der Hauptakteure, welche nicht nur als Abbild von etwas in sich Gutem oder in sich Bösem dargestellt werden. Vom Gott bis zum Ziegenhirten, in Homers Geschichten zeigen sie unterschiedlich richtiges und falsches Denken unabhängig ihres Status. Trotzdem bleibt Homers Welt eine chaotische Welt des Übernatürlichen, in dem Ereignisse mit dem persönlichen Willen der Götter und nicht mit Kausalität erklärt werden. Es ist eine Welt, in der Götter verehrt werden, nicht weil sie moralisch, sondern weil sie mächtig sind.

> **Wussten Sie schon?**
>
> Das Wort "Bibel" bedeutet wortwörtlich "das Buch" und stammt vom Namen der ehemals phönizischen Stadt Byblos (Libanon) ab. Sie ist die älteste, durchgehend bewohnte Stadt der Welt und war ein zentraler Handelsplatz für Papyrus, dem Vorläufer des Papiers. Auch das Wort "phonetisch" (phonetisches Alphabet) geht auf die Phönizier zurück.
>
> ⟶ Erfahren Sie mehr in *Philosophie für Helden: Epos*

Nachdem wir unsere Sprache *geschichtlich* eingeordnet haben betrachten wir nun, was für Arten von Sprache es bezüglich ihrer Aussagekraft gibt.

2.1.2 Vollständigkeit und Widerspruchsfreiheit

> Arme Kreaturen. Warum müssen wir euch vernichten? Ich verrate es euch. Ordnung ist der Trend der Schöpfung, aber ihr seid eine Spezies, die den einzelnen über die Mehrheit stellt. Ihr glorifiziert eure Intelligenz, weil sie euch erlaubt, an *alles* zu glauben. Dass ihr ein Schicksal habt. Dass ihr im Recht seid. Dass ihr ein Ziel verfolgt. Dass ihr etwas Besonderes und Großes seid. Aber die Wahrheit ist, dass ihr bereits verrückt geboren werdet. Und ein solches Elend darf sich nicht ausbreiten.
>
> —*Starship Troopers 2: Held der Föderation*

Frage

Was ist ein Beispiel für eine korrekte Sprache? Was ist ein Beispiel für eine vollständige Sprache?

Im Film *Starship Troopers 2: Held der Föderation* geht es um eine außerirdische Insektenrasse, die die Denkweise der Menschen kritisiert, ungeachtet der Realität zu denken und zu handeln. Diese Unberechenbarkeit nimmt sie zum Anlass, einen Krieg gegen die Menschheit zu führen. In gewisser Weise ist die Kritik berechtigt, da viele Konflikte letztlich entweder auf der Angst vor dem Unbekannten oder auf eine widersprüchliche Benutzung von Sprache zurückzuführen sind. Während wir mit unserer Sprache alles ausdrücken können ("vollständig"), kann sie wegen logischer Fehler in unseren Aussagen widersprüchlich angewendet werden. Das Problem ist, dass viele diese Tatsache ignorieren und davon ausgehen, dass alles, was mit Sprache gesagt oder gefragt werden kann, es wert ist, untersucht zu werden. Im weiteren Verlauf dieses Buches und der Folgenden werden wir lernen, in sich widersprüchliche Fragen zu identifizieren und mit anderen objektiv zu kommunizieren.

Sprache stellt ein formales System dar, welches bestimmt wie Wörter miteinander kombiniert werden müssen, um eine Aussage zu formulieren. Dieses System stellt jedoch lediglich formale Regeln auf, beispielsweise dass ein Satz ein Subjekt und ein Verb enthalten muss. Aber nur weil ein Satz von der Rechtschreibung und Grammatik her formal korrekt ist, muss das noch nicht heißen, dass die zugrundeliegende *Aussage* des Satzes etwas mit der Realität zu tun hat. Man könnte fragen "Warum regnet es heute?" obwohl es heute keinen Regen gibt. Die Frage ist grammatikalisch korrekt, macht aber keinen Sinn.

Speziell was die Aussagekraft solcher formalen Systeme wie das der Sprache betrifft, gibt es den von Kurt Gödel bewiesenen sogenannten *ersten Gödelschen Unvollständigkeitssatz*, auf den wir uns im weiteren Verlauf des Öfteren beziehen werden: *Jedes hinreichend mächtige, formale System ist entweder widersprüchlich oder unvollständig.* Das bedeutet, sofern wir eine Sprache benutzen mit der wir Aussagen treffen können ("hinreichend mächtig"), dass sie entweder vollständig aber widersprüchlich oder unvollständig aber widerspruchsfrei ist.

> **Idee**
>
> Jedes (hinreichend mächtige) formale System ist entweder widersprüchlich oder unvollständig.

2.1.2.1 Unvollständige Sprachen

Wir wissen, dass wir unsere Sprache in widersprüchlicher Weise benutzen können, denn ihre Grammatik erlaubt es uns, selbstbezügliche Aussagen wie "Diese Aussage ist falsch" zu machen. Wie würde eine widerspruchsfreie (aber unvollständige) Sprache aussehen? Eine solche Sprache weist jeder Situation ein eigenes, einzigartiges Phonem zu und enthält keine selbstbezüglichen Aussagen oder kombinierbaren Bestandteile (wie z. B. Subjekt, Verb, Objekt etc.). Aufgrund begrenzter Zahl von Phonemen wäre eine solche Sprache nur sehr eingeschränkt nutzbar. Man stelle sich nur einen Korb mit Äpfeln vor. Für jeden neuen Apfel, den wir in den Korb legen, wie auch für jeden anderen Korb, müsste man ein neues Phonem erfinden.

Etwas komplexere Sprachen erlauben zumindest die Zusammensetzung von Phonemen zu Wörtern. Ein Wort ist dabei eine im Vokabular vorgegebene Einheit. Wie bei den Phonemen müsste man sich für verschiedene Begebenheiten und für jede Kombination von Details jeweils ein eigenes Wort merken.[6] Die unvorstellbare Anzahl von

---

[6] vgl. Zimmer, *So kommt der Mensch zur Sprache*, S. 22.

verschiedenen Wörtern, die erforderlich wäre, um alle möglichen Situationen mit jeweils nur einem Wort zu beschreiben, macht diese begrenze Sprachform unpraktisch. Man denke nur daran, dass alleine zur Beschreibung aller Schachspielpositionen bereits etwa 10^{50} (d. h. eine 1 mit 50 Nullen) verschiedene Begriffe nötig wären.[7]

Dennoch bleibt diese Form der Sprache – trotz ihrer Impraktikabilität – zu einem gewissen Grad ein essentieller Bestandteil unserer Sprachkultur. Wir könnten einen Videofilm einer Urlaubsreise zeigen. Manipulationen ausgeschlossen wäre der Film in sich widerspruchsfrei, da er lediglich das Licht widerspiegelt, das man in dem Zeitraum aufgenommen hatte. Erlauben wir aber, dass wir das Video schneiden, wären wir wieder im Bereich der vollständigen aber womöglich widersprüchlichen Sprachen. Wir könnten die Reihenfolge durcheinanderbringen und mit dem Erreichen des Berggipfels beginnen und erzählen, wie wir erst anschließend auf den Berg gestiegen sind. Noch näher an der Realität als ein Video wäre das schlichte *Deuten* auf Gegebenheiten der Umwelt – die Protosprache, auf die wir immer dann gerne zurückgreifen, wenn wir oder unser Gegenüber die jeweilige Landessprache nicht beherrscht.

Das führt uns zu den Pirahã, ein kleiner Stamm von Jägern und Sammlern im Amazonasgebiet, deren Sprache sich deutlich von anderen abhebt, da ihr *Selbstbezüglichkeit* fehlt: jede Situation wird stattdessen nacheinander in einzelnen Sätzen beschrieben.[8] Das kommt einer "idealen" widerspruchsfreien Sprache relativ nahe. Aus kulturellen Gründen drücken die Pirahã nur das aus, was direkt ersichtlich ist. Die Fähigkeit, in ihrer Sprache Bezug auf eigene Aussagen zu nehmen, ist dadurch beschränkt, und man könnte sie als ultimative Empiristen bezeichnen. Beispielsweise müsste "Das Haus meines Bruders" in separaten Sätzen mit "Ich habe einen Bruder. Der Bruder hat ein Haus" ausgedrückt werden.

---

[7] Zum Vergleich: Die Masse des bekannten Universums beträgt etwa 10^{50} Tonnen.
[8] vgl. Everett, *Das glücklichste Volk—Sieben Jahre bei den Pirahã-Indianern am Amazonas*, S. 343–50.

> Biographie – **Daniel Everett**
>
> Daniel Everett wurde 1951 in den Vereinigten Staaten geboren und studierte Linguistik im Rahmen der Vorbereitung für seine Arbeit als Missionar im Amazonasgebiet. Sein Studienschwerpunkt war die Sprache der Pirahã und die Frage, inwieweit diese sich mit der Idee der Universalgrammatik von Noam Chomsky vereinbaren lässt. Während seines Lebens im Amazonas in den 80er Jahren war er mit einer sehr an der Realität orientierten Sichtweise der Pirahã konfrontiert. Seine misslungenen Versuche, sie zum Christentum zu bekehren, führten schließlich dazu, dass er selbst Atheist wurde und sich gegen eine der Galionsfiguren der Linguistik, Chomsky, stellte. Dieser Mut, das in Frage zu stellen, was andere als wahr akzeptieren, ist eine wesentliche Eigenschaft eines Helden. Sein Buch *Das glücklichste Volk: Sieben Jahre bei den Pirahã-Indianern am Amazonas* startete eine neue Diskussion in den akademischen Kreisen, ob Rekursivität eine angeborene Spracheigenschaft des Menschen darstellt oder nicht.

> Was uns zum Menschen macht, das ist es, worum es bei dieser Diskussion geht. Woher kommt unsere Sprache? Ist unsere Sprache irgendein mysteriöses Gen, das sich in unsere Evolution geschlichen hat? Falls ja, dann ist das gut zu wissen und es ist sehr interessant. Was ich aber sage ist, dass Kultur nicht nur eine Auswirkung auf die Wörter, sondern die gesamte Grammatik einer Sprache haben kann. Und ich sage, dass die Pirahã ein klares Beispiel dafür sind.
>
> —Daniel Everett, *The Grammar of Happiness*

Dies widerspricht Theorien über eine angeborene Universalgrammatik von Linguisten wie zum Beispiel Noam Chomsky, der Selbstbezüglichkeit als wesentliches Merkmal menschlicher Grammatik sah. Sprachstrukturen sind also ein Produkt unserer Erziehung bzw. Kultur – und Sprache selbst stellt damit ein Kulturgut, eine Art Technologie dar, die sich von Generation zu Generation in unseren Köpfen, aber nicht in unseren Genen entwickelt hat.

Ein weiteres Beispiel für eine an der Realität orientierten Sprache ist der Dialekt *Guugu Yimidhirr* der australischen Ureinwohner. Sie benutzen keine selbst-referenzierenden Begriffe, wenn es um Ortsrelationen von Objekten geht, es gibt also kein "links", "rechts", "vor" und "hinter". Stattdessen werden die jeweils absoluten Himmelsrichtungen benutzt. Man würde nicht fragen, ob jemand doch bitte ein bisschen zur rechten Seite, sondern, ob er doch nicht ein wenig nach Norden ausweichen könne.[9]

Dies trifft auf den ersten Blick nicht ganz unsere Unterscheidung von vollständigen und korrekten Sprachen, d. h. es würde den Unvollständigkeitssatz von Gödel verletzen. Mit der Kenntnis der Himmelsrichtung wären ja alle Aussagen trotzdem noch korrekt – noch dazu exakt und unmissverständlich. Bei genauerer Untersuchung ergibt sich jedoch die Frage, wie das System *außerhalb* seines natürlichen Bezugssystems (der australischen Wüste) funktionieren könnte. Für viele Standorte, beispielsweise unter der Erde, am Nord- oder Südpol, im Erdorbit, auf dem Mond etc., müsste man einen neuen Bezugspunkt festlegen – wieder ein Fall einer widerspruchsfreien, aber *unvollständigen* Sprache. Dieses Bezugssystem ist ideal für die Wüste in der es kaum Bezugspunkte in Form von Landschaftsmerkmalen gibt, aber unbrauchbar für den Einsatz in der Stadt.

---

[9] vgl. Deutscher, *Does Your Language Shape How You Think?*

2.1.2.2 Widersprüchliche Sprachen

Die am weitesten verbreiteten Sprachen (wie z. B. Chinesisch, Englisch, Spanisch oder auch Deutsch) sind dagegen eine *Mixtur* von Sprachelementen beider Spracharten und besitzen eine *Syntax*. Wann immer man es zugunsten einer exakten Darstellung eines Sachverhaltes hinnehmen kann, aus einer nur begrenzten Zahl an Alternativen wählen zu können, wird die widerspruchsfreie gegenüber der vollständigen Form der Sprache bevorzugt.

> **SYNTAX** · In Sprachen mit *Syntax* kann man Wörter zu Sätzen kombinieren, die dann einer Bedeutung entsprechen.

Es soll allerdings noch betont werden, dass die mangelnde Korrektheit unserer vollständigen Sprache nicht dazu führt, dass man keine Philosophie betreiben oder gar keine Aussage wahr sein könnte. Nur weil man widersprüchliche Aussagen bilden *kann*, heißt das nicht, dass *alle* Aussagen davon betroffen wären. Man sollte sich nur der Grenzen der Aussagefähigkeit der Sprache *bewusst* sein und sich klar machen, dass Sätze in sich auch widersprüchlich sein können, und nicht jede Frage auch eine Antwort haben muss. Beziehen wir uns beispielsweise in einer Aussage auf die Aussage selbst, muss man besondere Vorsicht walten lassen, man denke nur an eine Aussage wie "Dieser Satz ist falsch."

Nicht zuletzt greift hier auch wieder das Argument aus Kapitel 1.5, "Ontologie". Wenn wir mittels unserer Sprache keine realitätsgetreue Philosophie beschreiben könnten, mit deren Hilfe wir Aussagen über die Realität machen können, dann könnten wir insbesondere auch keine Aussagen über die Sprache und deren angeblich falschen Darstellung der Realität machen. Jedes Argument gegen die Möglichkeit, Sprache als objektives Mittel zum Ausdruck philosophischer Aussagen zu benutzen, wäre also ein Argument des gestohlenen Begriffes.

Beispiel

Man denke an eine Kaffeemaschine. Die Annahme des Herstellers ist, dass nur bestimmte Arten von Kaffee gewünscht sind. Uns reicht es oft schon, wenn wir zwischen diesen vordefinierten Programmen wie Kaffee oder Espresso wählen können. Die Kaffeemaschine könnte unser gewünschtes Getränk vermutlich in noch sehr vielen anderen Variationen aufbrühen, beispielsweise mit verschiedenen Brühzeiten, verschiedenen Konzentrationen von Kaffee etc. Aber auf diese Vielfalt von Möglichkeiten verzichten wir zugunsten eines festen Programms, bei dem nichts schiefgehen kann und welches einfach und schnell bedienbar ist. Wir bevorzugen hier also eine korrekte Sprache gegenüber einer vollständigen. Wenn bei einem Gerät zu viele Optionen angeboten werden, wusste der Hersteller offenbar nicht, was der Kunde von dem Gerät erwartet, und eine Fehlbedienung wird wahrscheinlicher.

Man sollte immer einen Bezug zur Realität wahren, die Definitionen im Hinterkopf behalten und mittels Logik Aussagen auf die Realität, d. h. auf die tatsächlichen Wahrnehmungen zurückzuführen versuchen. Dies ist im Grunde nichts anderes als der Versuch, eine Aussage einer vollständigen aber widersprüchlichen Sprache, in eine widerspruchsfreie (d. h. realitätsnahe), aber unvollständige Sprache zu übersetzen. Das kann normalerweise dadurch erreicht werden, indem man Begriffe durch ihre Definition ersetzt und Logik anwendet, bis sie auf Wahrnehmungen der Realität passen oder bis sich ein Widerspruch ergibt. "Das ist ein Baum." wird zu "Das ist eine Pflanze mit einem Stamm aus Holz und Zweigen mit Blättern." Deuten (eine widerspruchsfreie, aber unvollständige Sprache!) wir dabei auf einen Busch ergibt sich ein Widerspruch, die Aussage wäre falsch.

Im Alltag ist dieses Vorgehen natürlich wenig praktisch. Würden wir jeden Satz auf diese Weise untersuchen wäre dies das Ende eines

Großteils unserer Kommunikation. Stattdessen verlassen wir uns im täglichen Gebrauch darauf, dass andere diese Arbeit bereits für uns gemacht haben – *die weisen Männer und Frauen der Menschheitsgeschichte*. Mit der Sprache lernen wir nicht nur Vokabeln, sondern auch das den Begriffen und ihren Definitionen zugrunde liegende Wissen. Relevant wird diese Art der Wahrheitsfindung oder sprachlichen Untersuchung dann, wenn zwei unterschiedliche Meinungen über eine Sache bestehen. Um diesen Konflikt zu lösen müssen beide Seiten zusammen Schritt für Schritt in der Begriffshierarchie herabsteigen, bis zu dem Punkt, an dem sich beide Seiten in der Definition eines Begriffs nicht mehr unterscheiden – sie haben dann einen gemeinsamen Boden gefunden, und sie können diskutieren, wie und warum der Pfad, den beide durch ihre Begriffshierarchie genommen haben, sich im vorherigen Schritt unterscheidet.

2.1.3 Sprachoptimierung

> Die Sprachen unterscheiden sich weniger in dem, was in ihnen gesagt werden kann, sondern darin, wie leicht es sich sagen lässt.

—Charles F. Hockett, *Chinese versus English: An exploration of the Whorfian theses*

> **Frage**
>
> Von der Begriffshierarchie abgesehen, was macht eine Sprache komplex?

Neben der Unterscheidung von Vollständigkeit und Korrektheit gibt es in Sprachen unterschiedliche Erweiterungen von Wörtern und Satzkonstruktionen. Während Sprachen im Prinzip ohne all die bisher erwähnten Erweiterungen auskommen, verringern diese

Spracherweiterungen den nötigen Konzentrationsaufwand des Zuhörers bzw. erhöhen die Lesegeschwindigkeit des Lesers immens:

- **Schreibrichtung.** Die Schreibweisen von links nach rechts (wie im Deutschen), von rechts nach links (wie im Arabischen) und von oben nach unten (wie im Chinesischen) sind nicht die einzig möglichen Variationen. Beispielsweise haben die Griechen, bevor sie die einheitlichere moderne Form (von links nach rechts) übernahmen, in jeder Zeile alternierend von rechts nach links und dann von links nach rechts usw. geschrieben um eine bessere Lesbarkeit zu erreichen.

- **Weglassung.** Sätze lassen sich optimieren, sei es durch eine etwas abstraktere Darstellung, sei es durch Weglassen von Vokalen (v. a. bei altsemitische Sprachen), sei es durch Weglassen von Leerzeichen, Punkten oder Kommas.

- **Pluralbildung.** Im ägyptischen Arabisch wird direkt die Anzahl und die Art des Plurals in das Wort eingebunden. Es wird unterschieden, ob es ein, zwei oder viele Objekte sind und es gibt einen Unterschied zwischen einem männlichen und einen weiblichen Plural. Zusätzlich gibt es separate Konstruktionsweisen von Gattungsbezeichnungen, die Pluralformen für "zwei Äpfel" und "Äpfel" (Gattung) werden dort deshalb auf unterschiedliche Weise gebildet.

- **Zeitformen.** Anpassungen von Verben, bei denen die Zeitformen ("Wann tritt die Änderung auf bzw. wann ist sie aufgetreten?") und die Unterscheidung zwischen Aktiv und Passiv ("Ist das Subjekt die Ursache der Änderung?") eine Rolle spielen, stellen *Optimierungen* dar und müssen nicht notwendiger Teil einer vollständigen Sprache sein. Beispielsweise gibt es im Chinesischen diese Anpassung der Verben nicht. Ohne Zeitformen muss man hier eine Aussage wie beispielsweise "Gestern hätte ich gerne einen Brei gegessen, aber die Milch war alle." mit "Gestern ich gerne Brei essen aber ich gestern keinen Brei essen, weil gestern sein Milch alle." übersetzen.

- **Geschlechtsspezifische Pronomen.** Pronomen nehmen Bezug auf ein bereits genanntes Subjekt oder Objekt. Im Satz "Ich habe heute einen Hund gesehen. Er hatte zotteliges Fell." ersetzt das Pronomen "er" den Hund. Diese Optimierung kann natürlich auch zu Problemen führen wenn wir es mit mehreren Entitäten zu tun haben. Bei dem Satz "Die Sonne scheint auf die Terrasse. Sie ist heute wunderschön." wissen wir nicht, worauf sich das "sie" bezieht. Ist die Terrasse oder die Sonne heute wunderschön? Eine leichte Abhilfe schaffen hier geschlechtsspezifische Artikel. Beim Satz "Die Sonne scheint auf den Garten. Er ist heute wunderschön." liegt die Sache klar. Im Englischen ist dies schwieriger, da Pronomen nur bei Personen nach Geschlecht unterschieden werden, bei Gegenständen aber immer "es" benutzt wird. Der Satz "The sun shines on the garden. It looks wonderful today." ist hier zweideutig.

- **Geschlechtsspezifische Artikel.** Interessanterweise tragen deutsche Artikel auch einen Teil unserer Kultur in sich. Die Idee, Gegenstände zu personifizieren, geht weit zurück in das Altertum, bei dem man beispielsweise *die* Erde als "Mutter" sah und *der* Himmel die Rolle des "Vaters" innehatte. Man sah die Erde wie sie durch den Himmel – den Regen – "befruchtet" wurde und lebensspendende Pflanzen aus dem Boden hervorbrachte – ganz ähnlich wie wir selbst gezeugt wurden. Teile der Begriffshierarchie finden also sogar ihren Weg in die *Grammatik* unserer Sprache. Der Einfluss dieser scheinbar unbedeutenden Eigenheiten der Sprache wurde in einer Studie deutlich. Die teilnehmenden deutschen und spanischen Muttersprachler (die auch flüssig Englisch sprechen konnten, eine Sprache ohne geschlechtsspezifische Grammatik) wurden gebeten, verschiedene (englische) Worte mit einer Liste aus Adjektiven zu beschreiben. Zum Beispiel ist das Wort "Schlüssel" im Deutschen maskulin und im Spanischen feminin. Die deutschen Studienteilnehmer beschrieben Schlüssel als *hart, schwer, gezackt, metallen* und *nützlich*, während die spanischen Teilnehmer sagten, dass sie *golden, komplex, klein,* *liebenswert* und *glänzend* seien. Dagegen ist das Wort "Brücke" feminin im Deutschen und maskulin im Spanischen. Die deutschen Teilnehmer beschrieben Brücken als *schön, elegant, zerbrechlich, friedlich* und *schlank*, während die spanischen Teilnehmer sie als *groß, gefährlich, lang, widerstandsfähig* und *emporragend* bezeichneten.[10]

- **Adjektive und Adverbien.** Adjektive und Adverbien werden meist ebenfalls in gekürzter Form verwendet. Beispielsweise drückt man mit "großer Mann" eigentlich einen "*überdurchschnittlich* großen Mann" aus, d. h. man orientiert sich an kulturellen Normen, dem jeweiligen Durchschnitt oder anderen Entitäten der aktuellen Situation. Offensichtlich sind diese Formen der Beschreibung ungenau bzw. sie bauen darauf, dass diese Größen durch den Kontext gegeben sind.

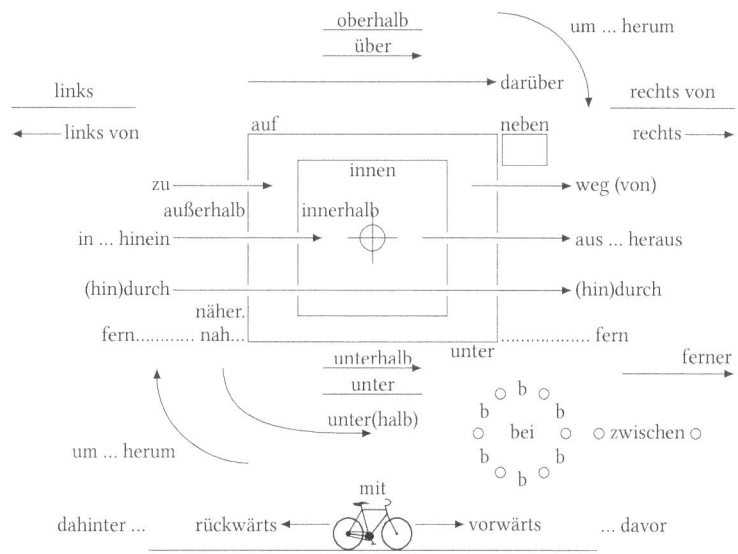

Abbildung 2.1: Abbildung einer Auswahl von Präpositionen.

---

[10]vgl. Boroditsky, Schmidt und Phillips, *Sex, Syntax, and Semantics*, S. 70.

Echte Komplexität kommt erst ins Spiel, wenn man mehrere Entitäten bezüglich ihrer Eigenschaften (z. B. bei Präpositionen, siehe Abbildung 2.1) oder gar dem zeitlichen Verlauf der Änderungen in Relation miteinander setzt. Dass sich aufgrund der immer komplexeren Zusammenhänge in der menschlichen Gesellschaft mit der Zeit in unserer Sprache Optimierungen entwickelten ist verständlich. In ihrer Basis lassen sich auch komplexe Sachverhalte ohne Optimierungen darstellen, denn letztlich geht es bei Sprache ja nur um die Abbildung von Begriffen, deren Eigenschaften, die Änderung dieser Eigenschaften und die Relation zwischen Entitäten. Aber wie zum Beispiel eine Aussage "Noch bevor ich gestern von der Arbeit zurückkehrte, war der Einbrecher bereits verschwunden." verdeutlicht, können wir mit unserer modernen Sprache Situationen beschreiben, die ohne Optimierung nur umständlich darstellbar wären:

- Die Eigenschaft "Zeit" der Handlung "Verschwinden" der Entität "Einbrecher" war kleiner als die Eigenschaft "Zeit" der Handlung "von der Arbeit zurückkehren" der Entität "ich."

- Die Eigenschaft "Zeit" der Handlung "Verschwinden" der Entität "Einbrecher" und die Eigenschaft "Zeit" der Handlung "von der Arbeit zurückkehren" der Entität "ich" entspricht (grob) "gestern".

Ein letztes Beispiel findet sich in unserem Schriftsatz selbst. Unser modernes Alphabet baut zwar auf dem lateinischen Alphabet auf, welches größtenteils aus Phonemen besteht. In unserer Sprache blieb uns aber dennoch die Nützlichkeit von besonderen Abbildern in Form von Ideogrammen, wie zum Beispiel in Form von Ziffern, Prozentzeichen (%), Währungszeichen usw., erhalten. In dieser Hinsicht haben wir also das Beste aus zwei Welten: ein universal verständliches Alphabet einerseits und als Optimierung Ideogramme für häufig benutzte Begriffe andererseits.

Idee

Von der Begriffshierarchie abgesehen sind Sprachen an sich grundsätzlich trivial. Erst ihre Optimierungen, wie z. B. Zeitformen und Pronomen, machen sie komplex.

2.1.4 Lernen von Sprache

Frage

In welchen Schritten lernen Kinder die Begriffe "Vergangenheit" und "Zukunft"?

Je öfter wir eine ähnliche Situation wiederholen, desto klarer wird, was wesentlicher und was unwesentlicher Teil der Verknüpfung ist. Will man einem Hund beibringen sich auf Kommando zu setzen, müssen wir das Kommando solange wiederholen, bis sich der Hund aus Bequemlichkeit von selbst setzt. Dann geben wir dem Hund eine Belohnung. In dem Moment wird er den Zusammenhang zwischen Belohnung, sich hinsetzen und dem Befehl noch nicht sicher kennen. Durch Wiederholungen in unterschiedlichen Umgebungen wird er es nach ein paar Dutzend Mal verstanden haben. Er hat also Belohnung, Hinsetzen und Kommando verknüpft und den Begriff "Sitz!" gelernt.

Hier wesentlich ist, dass wir zur Benutzung von Begriffen keine nach außen kommunizierbare Sprache benötigen. Einfache Relationen können implizit begriffen werden, zum Beispiel die Orientierung im Raum, wie man eine Banane schält, wie man im Wasser schwimmt oder wie man Hunger stillt. Wenn man einen Tisch sieht, muss man nicht an das Wort "Tisch" denken um ihn zu erkennen.

Dies hat man dadurch getestet, dass man gehörlosen Kindern die Aufgabe vorgab, aus jeweils sieben Bildkarten drei Zusammengehörige auszuwählen. Die Aufgabe ist offensichtlich nur lösbar, wenn man übergeordnete Begriffe bildet und unter diesen dasjenige wählt, welches auf genau drei dieser Karten passt. Für die Bildkarten Personenwaage, Bleistift, Stoppuhr, Eisschrank, Weinflasche, Maßstab und Wolkenkratzer kann man Begriffe finden in denen sieben ("Entitäten"), sechs ("Haushaltsgeräte"), zwei ("Bürobedarf") oder – die beste Antwort – drei ("Messgeräte") Bildkarten passen. Ein Vergleich mit gesunden Kindern ergab, dass ihnen die Gehörlosen mit acht Jahren deutlich unterlegen, mit vierzehn Jahren dann aber ebenbürtig waren. Dass Sprache fehlt, verhindert also nicht die Bildung von Begriffen.[11] Für unser Handeln reicht deshalb oft schon eine implizite Vorstellung des darunterliegenden Begriffs. Wir können (viele) Begriffe verstehen ohne sie in gesprochene Worte fassen zu müssen. Tatsächlich entwickeln wir dabei aber natürlich eine Art *innere* Sprache, die wir, weil sie sehr subjektiv ist, nur schwer nach außen vermitteln können: wir erreichen dies ja gerade mit dem Erlernen einer kommunizierbaren Sprache.

Das Verstehen eilt dem Produzieren von Sprache voraus. Beim Verstehen müssen nur Phoneme *wiedererkannt* werden. Es ist zu Beginn noch nicht wichtig eine exakte Definition zu besitzen. Umgekehrt haben wir Schwierigkeiten mit einem exakten Gedanken zu beginnen und unvollständig verstandene, unscharfe Begriffe zu verwenden. Wenn zum Beispiel ein Kind Wörter wie Auto, Ball oder Keks gebraucht, so ist keineswegs gewiss, dass es damit das Gleiche meint wie ein Erwachsener. Das Kind muss erst allmählich herausfinden, wo die Grenzen eines Begriffs verlaufen. Beispielsweise könnte das Wort "Wauwau" überdehnt werden und nicht nur für alle Hunde, sondern für alles Fellige verwendet werden. Dagegen würde eine "Unterdehnung" so aussehen, dass das Wort "Wauwau" nur für einen bestimmten Hund oder nur für Hunde in einer bestimmten Situation benutzt wird.

---

[11] vgl. Zimmer, *So kommt der Mensch zur Sprache*, S. 172.

Oder um beispielsweise die Begriffe "Vergangenheit", "Gegenwart" und "Zukunft" zu verstehen, sind zwei Schritte nötig (siehe Abbildung 2.2). Der Begriff "Gegenwart" ist relativ leicht zu verstehen – das referenzierte Ereignis hängt zeitlich direkt mit der Aussage zusammen, alle anderen sich auf Zeit beziehende Wörter werden als "nicht Gegenwart" interpretiert. Erst im zweiten Schritt wird klar, dass es einen tieferen Unterschied zwischen "Vergangenheit" und "Zukunft" gibt.[12]

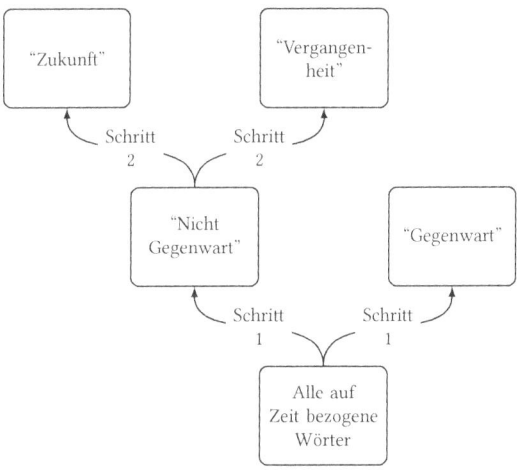

Abbildung 2.2: Es sind zwei Schritte nötig, um die Begriffe "Vergangenheit" und "Zukunft" zu verstehen.

Sprache (mit Ausnahme des Akzents) wird aber nicht durch einfache Nachahmung weitergegeben, ansonsten würde man ja schon bei Kleinkindern vernehmen können, dass sie zumindest versuchen, komplexe Sätze zu bilden. Die Sprachelemente der Eltern dienen eher als eine Art Sammelsurium von gehörten "Fingerabdrücken", die das Kind sich merkt. Während es neue Sätze formuliert werden diese mit den Fingerabdrücken abgeglichen und bewertet. Zusätzlich lernt es anhand der Reaktionen aus seiner Umgebung zwischen

---

[12]vgl. Zimmer, *So kommt der Mensch zur Sprache*, S. 49–51.

fehlerhaften und korrekten Fingerabdrücken zu unterscheiden. Mit der Zeit passen die von dem Kind gebildeten Sätze immer besser in die Sammlung aus Fingerabdrücken, es lernt die zugrundeliegende Grammatik, d. h. das, was die Fingerabdrücke miteinander verbindet. Der wesentliche Unterschied zum Sprachenlernen von Erwachsenen ist, dass Kindern die Angst fehlt, Fehler in ihrer Sprache zu machen. Diese fehlende Angst ist mit ein Schlüssel zum schnellen Erlernen einer Sprache. Strebt man von Anfang an Perfektion an und sagt lieber nichts als Fehler zu machen, dann macht man es sich nur selbst schwieriger als nötig.[13]

> **Wussten Sie schon?**
>
> In der Natur konkurrieren verschiedene Tierarten um denselben Lebensraum. Deren Erfolg hängt jeweils davon ab, wie angepasst eine Tierart an ihre Umgebung ist. Im menschlichen Gehirn gibt es ähnliche Strukturen. Dort konkurrieren verschiedene *Gedanken* in einer Umwelt bestehend aus Sinnesdaten und Erinnerungen (wie den gehörten "Fingerabdrücken" der Sprache) und formen dadurch einen Teil des Bewusstseins.
>
> ⟶ Erfahren Sie mehr in *Philosophie für Helden: Kontinuum*

Eine Sonderstellung nehmen Kinder ein, die in einer mehrsprachigen Umwelt aufwachsen. Sie können gleich mehrere Sprachen als Muttersprache erwerben, aber möglicherweise mit einer gewissen Einschränkung. Werden die Sprachen unabhängig ihrer üblichen kulturellen Umwelt verwendet, kann es zu einem fehlerhaften Gebrauch der Zweitsprache führen. Zum Beispiel hilft es wenig zu wissen, dass die wörtliche Übersetzung von "Demokratie" im Englischen "democracy" ist, weil die zugehörige Bedeutung des Wortes in Deutschland womöglich eine ganz andere ist als in Nordamerika. Wenn wir eine zweite Sprache lernen, lernen wir deshalb normaler-

---

[13] vgl. Zimmer, *So kommt der Mensch zur Sprache*, S. 49–51.

weise nicht nur neue Regeln und neue Wörter – wir lernen auch neue Bedeutungen im Kontext eines Muttersprachlers. Anders gesagt: In der Bedeutung jedes Wortes geht mit ein, in welchem Zusammenhang wir dies gelernt haben. Darum entspricht es auch nur der Erwartung, dass sich jemand, der zwei Sprachen im gleichen Milieu lernt, nicht unbedingt die feineren Bedeutungsunterschiede erlernt. Werden beide Sprachen dagegen in *verschiedenen* Umwelten erworben, so ist die Chance, sich eine nebenordnende Zweisprachigkeit anzueignen, am größten: Aus der Verwendung der Sprache wird für das Kind klar, auf welchen Kontext sich das Wort bezieht.[14]

---

[14] vgl. Zimmer, *So kommt der Mensch zur Sprache*, S. 69–72.

2.2 Sprache und Mathematik

> An jene die keine Mathematik können, es ist schwierig die Schönheit, die tiefste Schönheit, der Natur zu vermitteln. [...] Wenn Sie etwas über die Natur lernen und sie wertschätzen wollen, dann ist es notwendig, die Sprache zu verstehen in der sie spricht.
>
> —Richard Feynman, *Character of Physical Law*

> **Frage**
>
> Warum hat die Menschheit ein System der Mathematik entwickelt?

DER URSPRUNG DER MATHEMATIK liegt sehr wahrscheinlich deutlich vor dem Ursprung der geschriebenen Sprache. Mit der Zentralisierung des Gemeinwesens (bspw. im sumerischen Reich 2300 v. Chr.), mit beruflicher Spezialisierung, steigender Bevölkerungsdichte und Sesshaftigkeit gewannen Kalendersysteme, Astronomie, Handel, Landvermessung, Arbeitsteilung, Lagerung und Währung an Bedeutung. Je genauer ein König über die Größen seiner Ländereien Bescheid wusste, desto genauer konnte er sie besteuern – genauso wie Bauern ihre Felder ertragreicher bestellen konnten, wenn sie den genauen Kalendertag kannten, oder die Astronomen die Himmelskörperbewegungen besser voraussagen konnten, wenn sie Begriffe der Geometrie kannten. Diese Anwendungen drehten sich also besonders um Aufzählung und Messungen. Theorien bezüglich irrationaler Zahlen gab es schon in der griechischen Antike (ca. 500 v. Chr.), explizit bei der Beschäftigung mit Längen von Diagonalen und implizit bei der Anwendung des "goldenen Schnitts" im Bereich der Kunst. Aber eine wissenschaftlich ausformulierte Definition gab es dafür, wie auch für das Feld der Mengentheorie, erst nach der Renaissance, der Hochzeit der Mathematik.

Idee

Mathematik entstand aus dem Bedürfnis, Mengen zu zählen, Mengen zu vergleichen und Prozesse zu beschreiben.

Im Folgenden wollen wir weniger die gesamte Mathematikgeschichte betrachten, sondern mehr die Verknüpfung zur Sprache und die Darstellung von Entitäten darlegen. Im Fokus steht die Frage, was eine "Menge", was eine "Zahl" ist, und wie und in welcher Form wir diese Begriffe verwenden sollten. Der Grund dieses Kapitels ist, dass in Diskussionen häufig Aspekte der Mathematik in falscher Weise benutzt werden, um als ontologische oder erkenntnistheoretische Argumente verwendet zu werden. Ein klares Verständnis, was Mathematik im Bezug zur bisher besprochenen Philosophie ist, kann hier helfen, Missverständnisse vorzubeugen oder aufzulösen.

2.2.1 Mengen

Frage

Mengen sind für sich genommen keine Entitäten. Aber was sind sie?

Mengen sind ein zentraler Begriff sowohl in der Mathematik wie auch in der alltäglichen Sprache. Die Frage ist: Was sind Mengen? Existieren sie? Besitzen sie die Eigenschaften ihrer Elemente? Gibt es ein unsichtbares Band, das alle Elemente verbindet? Betrachten wir zuerst, auf welch unterschiedliche Weise der Begriff "Menge" benutzt wird:

- Eine Aufzählung bestimmter Begriffe, Entitäten oder Mengen von bestimmten Entitäten ("Äpfel, Birnen, Orangen", "diese Äpfel", "diese drei Apfelhaufen")
- Alle Entitäten, welche einem Begriff zugeordnet sind ("alle *Äpfel*")
- Alle über eine Rekursion definierten Entitäten ("die natürlichen Zahlen", "die rationalen Zahlen")
- Alle über eine unendliche Konstruktion bestimmbaren Entitäten ("die irrationalen Zahlen")
- Alle sich selbst referenzierenden Mengen ("die Menge aller Mengen")

Nach unserer Definition von "Entität" und "Existenz" sind Mengen *keine* Entitäten. Sie haben keine Eigenschaften, mit denen sie mit Entitäten interagieren könnten. Legt man fünf Orangen nebeneinander, dann hat man nicht plötzlich mehr als fünf Orangen.[15] Eine (unstrukturierte) Menge ist nicht größer als die Summe ihrer Elemente. Die Eigenschaften einer Menge, also welche Elemente sich in der Menge befinden bzw. die Konstruktionsvorschrift der Menge, sind ein rein mentales Gebilde.

Im Prinzip entsprechen Mengen also den Begriffen. Der Unterschied ist, dass Begriffe nicht über eine Aufzählung von Entitäten, sondern über eine Aufzählung von *Eigenschaften* von Entitäten definiert werden. Zum Beispiel könnte man den Begriff "Stuhl" mit den Eigenschaften "Stuhlbeine", "Sitzfläche" und "optional einer Rückenlehne" definieren, während man eine Menge von drei Stühlen beispielsweise durch "dieser blaue Stuhl", "jener grüne Stuhl" und "der große Stuhl dort drüben" aufzählt. Eine gegebene Menge könnte auch aus nur einem Teil aller existierenden Entitäten eines Begriffs bestehen (z. B. aus *allen existierenden* Elementen eines Begriffs *ausgenommen*

---

[15] in Waschmaschinen sind eine berühmte Ausnahme: Man kann mit mehr oder weniger Socken derselben oder unterschiedlichen Farben und Größen enden.

eines Elements), während Begriffe sich immer auf *alle* existierenden Entitäten (und Entitäten, die in der Zukunft entdeckt wurden oder die in der Vergangenheit existiert haben) beziehen.

Betrachten wir zum besseren Verständnis eine weitere Menge, nämlich die Menge "aller Personen mit Wohnsitz in New York." Was ist nun also diese Menge? Hat man diese Menge greifbar, wenn man alle Personen mit einer langen Schnur aneinander bindet? Oder entspricht die Menge wortwörtlich dem niedergeschriebenen Satz, der Druckerschwärze auf dem Papier?

Wie wir sehen, fehlt uns noch etwas, um den Begriff sinnvoll be*greifen* und definieren zu können. Wenn man mit der Menge in New York lebender Menschen zu tun hat, dann muss man dazu nicht Millionen von Menschen in seinem Büro versammeln. Stattdessen benutzen wir *Zeiger*, zum Beispiel eine Liste von Telefonnummern oder Adressen.[16] Die Menge aller New Yorker könnte man also beispielsweise in einem dicken Telefonbuch *beschreiben*. Wie der Satz selbst schon andeutet, ist das Telefonbuch selbst *nicht* die Menge, es *beschreibt* lediglich die Menge. Es gibt Ihnen wohlsortierte Informationen darüber, wer Teil der Gruppe "Einwohner New York" ist und wer nicht.

> **MENGE** · Eine *Menge* ist ein Zeiger auf eine Anzahl von Entitäten, die sich durch die Menge von definierten Eigenschaften teilen (z. B. steht die Menge der "Sieben Weltmeere" für die sieben großen Wasserflächen der Erde, d. h. die vier Ozeane und die drei großen Mittelmeere). Anders ausgedrückt sind Mengen ein Weg um Entitäten zu organisieren und zu gruppieren; sie machen das Leben einfacher.

---

[16] Natürlich hat nicht jeder in New York eine Telefonnummer oder Adresse – falls wir wirklich alle erreichen wollten, müssten wir Alarmsirenen oder einem Auto mit Lautsprecher auf uns aufmerksam machen. Und dann müssten wir immer noch Leute in die einzelnen Gebäude schicken, um wirklich sicher zu gehen.

> **Idee**
>
> Mengen sind nur *Aufzählungen* von existierenden Entitäten oder anderen Mengen, nicht die Entitäten selbst.

2.2.1.1 Menge aller Mengen

> **Frage**
>
> Warum können Mengen sich nicht selbst enthalten?

Ein oft angeführtes Gegenargument gegen eine rationale Weltansicht ist die Idee der Existenz der "Mengen aller Mengen". Mathematik führt ein eigenes Axiomensystem ein, welches (anders als der Objektivismus) nicht die Realität oder das Individuum, sondern künstliche "Axiome" an erste Stelle setzt. Hier kommt wieder Gödels Theorem ins Spiel: Ein System, welches auf Axiomen aufbaut, ist entweder unvollständig oder widersprüchlich. Dass das Konstrukt "Menge aller Mengen" zwar definiert werden, aufgrund ihrer rekursiven Definition aber nicht existieren kann (eine rekursive Definition ist ein Prozess, keine Aufzählung!), bricht deshalb nicht mit den bisherigen Überlegungen. Mathematik kann zwar (notfalls über Rekursion) jede Messung beschreiben ("vollständig"), es ist aber darüber hinaus auch möglich, Entitäten zu beschreiben, welche nicht existieren können ("widersprüchlich"). Auf ähnlichem Pfad bewegen sich in der Geometrie "Punkte" (Gleiches gilt für Linien, Würfel usw.). Hier hat man es wieder mit Repräsentanten (Zeiger) zu tun, denn Punkte existieren nicht, sie sind unendlich klein, haben keine Eigenschaften und sind im Raum nur über gedachte Verhältnisse und Messungen darstellbar.

Idee

Mengen können sich nicht selbst enthalten und müssen abzählbar sein.

2.2.1.2 Abzählbare Mengen

> Selbst der einfachste Gedanke, wie zum Beispiel der an die Zahl Eins, hat ein weitreichendes auf Logik aufgebautes Fundament.
>
> —Carl Sagan, *Cosmos – The Lives of the Stars*

Frage

Warum brauchen die Axiomensysteme in der Mathematik keine Beziehung zur Realität?

Im Kapitel 1.5, "Ontologie", haben wir Grundwahrheiten der Realität diskutiert. Die drei dort erwähnten Axiome der Existenz, der Identität und des Bewusstseins bilden ein *Axiomensystem*:

> **AXIOMENSYSTEM** · Ein *Axiomensystem* ist eine Menge von Axiomen, die die Grundvoraussetzung allen Wissens in einem Gebiet darstellt.

In der Mathematik ist ebenfalls von einem Axiomensystem die Rede. Da liegt die Frage nahe, ob es denn andere Axiomensysteme als die der Existenz, der Identität und des Bewusstseins überhaupt geben kann. Entstanden ist das Axiomensystem der Mathematik als Ausdrucksform von Messungen, es hat sich über die Zeit hinweg aber zunehmend formalisiert. Wesentlicher *Unterschied* zwischen mathematischen Axiomen und unseren Axiomen der Philosophie ist die Tatsache, dass Mathematik in den meisten Fällen rein *rationalistisch* betrieben wird, die dort benutzten mathematischen Axiome also *nicht* selbstevident sind. Sie sind nur darauf ausgelegt, besonders elegante Darstellungen von Zahlen zu ermöglichen.

> **Idee**
>
> Mathematische Axiomensysteme müssen keinen Bezug zur Realität haben und müssen nicht selbstevident sein. Es sind rein rationalistische, in sich geschlossene Systeme.

Die einzige Bedingung ist, dass sich Axiome in einem Axiomensystem nicht gegenseitig widersprechen dürfen (ansonsten könnte man keine logischen Ableitungen weiterer Wahrheiten bilden). Es gibt unendlich viele solcher Axiomensysteme, als rein rationalistische Konstrukte haben sie aber nicht unbedingt einen Bezug zur Realität (z. B. einer Wahrnehmung). Ein auf Beobachtungen der Realität basierendes Axiomensystem der Mathematik wäre eine einfache Aufzählung von Situationen und Taten, zum Beispiel "Ich habe Banane A. Ich lege Banane B zu Banane A. Nun habe ich Banane A und Banane B." Komplexere Aussagen oder gar allgemeine Modelle der Realität sind damit nicht möglich. Entsprechend ist man dazu übergegangen, die Mathematik stattdessen auf einem in sich widerspruchsfreien System aufzubauen.

> **Frage**
>
> Welche Nachteile hat die rekursive Darstellung der natürlichen Zahlen?

Als einfaches Beispiel für ein nicht auf Empirik basierendes System sei hier die (verkürzte) rekursive Darstellung der natürlichen Zahlen zu nennen:

- 1 ist eine natürliche Zahl;
- Wenn *n* eine natürliche Zahl ist, dann gilt das auch für ihren Nachfolger;
- 1 ist niemals Nachfolger.

Mit dieser Definition ist die Aussage "3 ist eine natürliche Zahl" eine wahre Aussage. 3 ist Nachfolger von 2, 2 ist Nachfolger von 1 und 1 ist eine natürliche Zahl. Diese "Axiome" widersprechen sich also nicht, sind aber auch aus der Luft gegriffen, da sie ganz ohne Bezug zur Realität aufgestellt werden können. Die 1 steht dabei nicht für eine Entität, sondern stellt eine Messung der Anzahl der Entitäten dar. Für sich alleine ist eine Zahl also kein Abbild einer Entität bzw. einer Menge von Entitäten. Will man mathematische Ergebnisse umgekehrt anwenden, muss man dieser Abstraktion wieder reale Entitäten zuordnen. Sehen wir uns dazu das folgende Beispiel an:

Beispiel

Sie möchten drei Bananen für Ihre drei Kinder kaufen. Welche Bananen es sind, ist Ihnen egal, solange diese Bananen gewisse Eigenschaften erfüllen, also dem Begriff "Banane" zugeordnet werden können. Einen Apfel würden Sie nicht akzeptieren. Auch spielt es für Sie keine Rolle, welches Ihrer Kinder welche Banane erhält.

Entsprechend sagen Sie dem Obsthändler nicht "Ich möchte diese Banane für Tom, diese Banane für Amelie und diese Banane für Peter." Sie erklären dem Obsthändler, dass Sie drei Bananen kaufen möchten. Der Obsthändler weiß dabei nicht, welche Banane Sie für wen möchten: Das muss er auch nicht wissen und das zeigt die große Stärke abstrakten Denkens; wir ersparen uns viel Zeit, indem wir uns vom Konkreten abwenden. Umgekehrt führt der Obsthändler eine Messung durch, anstatt Sie zu fragen, welche Bananen Sie denn nun möchten. Er legt dazu die drei Bananen nacheinander in einen Korb. Er hat damit das mathematische Ergebnis der Rechnung konkretisiert und drei realen Entitäten zugeordnet.

Zusätzlich gilt, dass man, wenn man einer Zahl Nachfolger für Nachfolger folgt, beliebig große Zahlen erreichen kann. Das heißt aber nicht, dass so etwas wie "Unendlichkeit" plötzlich als Entität in der Realität Fuß gefasst hätte. Die Axiome der natürlichen Zahlen beschreiben einen *Prozess*, wie man beliebige Mengen an Entitäten abzählen kann. Nur weil man bis zu einer bestimmten Zahl zählen *kann*, heißt das nicht, dass daraus folgt, dass auch eine entsprechende Menge an Entitäten in Realität existiert.

Hätten Sie beispielsweise nach zehntausend Bananen gefragt, hätte der Obsthändler diesem Wunsch wahrscheinlich nicht nachkommen können – eine solche Anzahl wäre nicht verfügbar, obwohl es unsere oben definierte Mathematik erlaubt, danach zu fragen. Ein konsequenter Mathematiker (ein Rationalist) würde also immer wieder in Konflikt mit der Realität geraten, wenn er nicht seinen gesunden Menschenverstand nutzen, d. h. wenn er nicht die vollständige Sprache der Mathematik in eine korrekte Sprache übersetzen würde.

Man kann also beispielsweise nicht daraus entnehmen, dass es, wenn es zehn Orangen gibt, auch eine elfte geben muss, bzw. es überhaupt Sinn macht, von elf Orangen zu sprechen – man denke hier an andere Begriffe wie Tage, Felder auf einem Schachbrett oder Wahrheitswerte, welche in ihrer Anzahl alle abzählbar endlich, während die natürlichen Zahlen abzählbar aber potentiell *unendlich* sind. Eine Vermischung beider Zahlenformen kann zu Fehlern führen, wenn beispielsweise ungültige Werte in einem Formblatt eingegeben werden (z. B. das Datum "30. Februar" oder im Schach "bewege Bauer auf Feld s11" – weder gibt es ein solches Datum im Kalender noch ein solches Feld s11 auf dem Spielfeld). Diese Fehler erscheinen uns intuitiv zwar als offensichtlich, bei komplexen Aussagen oder philosophischen Systemen verlieren wir aber rasch die Übersicht, weshalb wir hier sehr exakt in der Aufstellung unserer Definitionen sein müssen.

Eine Vermischung von vollständigen und korrekten Systemen behindert uns auch in unserem Denken. Fasst man zum Beispiel die Wahrheitswerte *Wahr* und *Falsch* irrtümlich als Anzahl (und weisen die Zahl 1 zu Wahr und 0 zu Falsch zu) anstatt als Menge auf, könnte man sich fragen, ob es denn auch einen dritten oder vierten Wahrheitswert geben könnte (Halbwahrheit, Viertelwahrheit etc.) zwischen 0 und 1 oder darüber. Diese Frage ergibt sich aber nicht aus einer Beobachtung der Realität, sondern aus der Lücke, die uns unsere vollständige, aber widersprüchliche Sprache erlaubt. Nur weil wir Entitäten einer Menge aufzählen können heißt das nicht, dass es Sinn ergibt, zu fragen, was passiert, wenn wir es mit größeren Quantitäten zu tun haben. Zum Beispiel ist es sinnvoll, nach Leben "2" bis "9" zu fragen, nur weil wir "1" Leben besitzen und bis 9 zählen können.[17] Solche "mathematischen" Fragen sollten also zuerst auf ihre Sinnhaftigkeit überprüft werden, bevor man überhaupt weiter über sie nachdenkt.

Idee

Die rekursive Darstellung der natürlichen Zahlen gibt die Wirklichkeit zwar vollständig, aber auch potentiell fehlerhaft wieder.

Frage

Warum ist die Mathematik nicht einfach eine Wissenschaft der Entitäten?

---

[17]Es verwundert nicht, dass man trotzdem genau diese Darstellung gerade bei Computerspielen wiederfindet. Die zugrunde liegende mathematische Beschreibung der Computersimulation verführt den Spiele-Designer ja gerade dazu.

Wie wir in Kapitel 2.1.2, "Vollständigkeit und Widerspruchsfreiheit", festgestellt haben, sind nach dem Unvollständigkeitssatz von Gödel Axiomensysteme notwendigerweise entweder unvollständig oder widersprüchlich. Wie oben erläutert gibt die rekursive Darstellung der natürlichen Zahlen die Wirklichkeit zwar vollständig, aber leider auch potentiell widersprüchlich wider – es gibt Abbilder für Zahlen, für die es keine Entsprechung in der Wirklichkeit gibt. Wir haben also unser philosophisches Axiomensystem (welches auf selbstevidenten Wahrheiten beruht, d. h. widerspruchsfrei ist) auf der einen Seite, und das mathematische Axiomensystem (das so konstruiert wurde um *vollständig* zu sein) auf der anderen Seite. Mathematik ist deshalb letztlich *nicht* die Wissenschaft der Entitäten (wie es unser philosophisches Axiomensystem ist), sondern hauptsächlich die Wissenschaft der *Verhältnisse* von Entitäten bzw. von *Messungen* ihrer Eigenschaften.

> **Idee**
>
> Mathematik ist *nicht* die Wissenschaft von Entitäten, sondern die Wissenschaft von *Verhältnissen* von Entitäten bzw. von *Messungen* ihrer Eigenschaften.

2.2.2 Verhältnisse

Eine Erweiterung der natürlichen Zahlen sind die sogenannten *rationalen Zahlen*, die man über das "Diagonalargument" mithilfe der natürlichen Zahlen rekursiv aufbauen kann, d. h. sie sind unendlich aber abzählbar, genau wie die natürlichen Zahlen auch. Eine rationale Zahl ist dabei das Verhältnis zweier natürlicher Zahlen, hat also von vornherein nichts mit einer real existierenden Entität direkt zu tun; sie ist ein rein mentaler Begriff, welcher auf *Relationen* zwischen Entitäten hinweist.

Der Begriff "ein halber Apfel" deutet nicht auf einen Apfel mit einer Eigenschaft der "Halbigkeit" hin (als wäre er bereits als halber Apfel am Baum gehangen), sondern soll das zeitliche Verhältnis – die Lebensgeschichte – des Apfels betonen: Er war einmal ganz und nun ist er halbiert. Alternativ kann man den Begriff als die Konstruktionsvorschrift, die "Zubereitung" oder das Rezept eines halben Apfels sehen: "Nehmen Sie einen Apfel und teilen Sie ihn in zwei Teile." Wenn wir also Zahlen bzw. allgemein Mathematik benutzen und einen Bezug zur Realität herstellen wollen, sollten wir die Konstruierbarkeit beachten.

Beispiel

Man könnte sich lange darüber den Kopf zerbrechen, warum eine Division durch Null keinen "Sinn" ergibt. Mit den Ausführungen hier ist die Sache schnell umrissen: Rationale Zahlen stellen die Realität nicht immer korrekt dar, denn ihre Definition bezieht sich nur auf die Verhältnisse *zwischen* Entitäten und nicht auf die Entitäten selbst. Und da "Nichts" keine Entität ist, ist eine Division durch Null nicht konstruierbar.

Wussten Sie schon?

Mathematiker sind uneins, inwieweit diese Konstruierbarkeit – der sogenannte mathematische Konstruktivismus – für mathematische Objekte relevant ist. Relevant wird dies bei Diskussionen in der Physik. Kann man alleine aus Zusammenhängen der Mathematik auf die Realität schließen?

⟶ Erfahren Sie mehr in *Philosophie für Helden: Kontinuum*

2.2.3 Irrationale Zahlen

> Genau wie die Einführung der irrationalen Zahlen ein nützlicher Mythos ist um die Gesetze der Arithmetik zu vereinfachen, so sind physische Objekte Entitäten, die unsere Darstellung des Flusses der Existenz abrunden und vereinfachen. Die begriffliche Darstellung von physischen Objekten ist entsprechend auch ein nützlicher Mythos – einfacher als die wortwörtliche Realität enthält sie aber dennoch diese wortwörtliche Realität als ein Bruchstück.
>
> —Willard Van Orman Quine, *On What There Is*

> **Frage**
>
> Wenn der Kreisumfang "irrational" ist, gibt es dann keine Kreise in der Realität? Wie treten in der Natur irrationale Zahlen in Erscheinung?

Die Bezeichnung "irrational" deutet an, dass es etwas im Universum gäbe, was sich außerhalb unserer Wahrnehmung bzw. unseres Verstandes befände. Richtig ist, dass wir den Umfang eines Kreises nicht mittels einer natürlichen Zahl oder einem Verhältnis zweier natürlicher Zahlen darstellen können. Irrationale Zahlen sind unendlich und nicht abzählbar, da sie, anders als die rationalen Zahlen, nicht aus den natürlichen Zahlen in einer endlichen Anzahl von Schritten konstruiert werden können. Wir haben bereits gesehen, dass rationale Zahlen sich mit einer Abstraktion beschäftigen, nämlich Relationen zwischen Entitäten und deren Eigenschaften. Bei irrationalen Zahlen ist lediglich die Konstruktionsweise um eine oder mehrere Abstraktionsstufen tiefer; man beschäftigt sich nicht mehr mit Entitäten, sondern mit den Messwerten von Eigenschaften von Entitäten.

Für die Berechnung des Kreisumfangs wählen wir einen Punkt mit dem Abstand des Kreisradius vom Kreismittelpunkt, machen unendlich viele, unendlich kleine Schritte, und verändern unseren Winkel bei jedem Schritt um einen entsprechend unendlich kleinen Wert, sodass wir immer mit Abstand des Radius um den Kreismittelpunkt laufen. Addieren wir dabei die Distanzen zusammen, dann haben wir den Wert für den Umfang ermittelt. In der Praxis ist diese Methode allerdings nicht anwendbar. Wir würden zwar ein exaktes Ergebnis erhalten, es würde aber bis zu diesem auch unendlich lange dauern. Wenn wir stattdessen in einer *endlichen* Anzahl von Schritten um den Kreismittelpunkt herumgehen erhalten wir eine *Näherung* an den Umfang. Abbildung 2.3 zeigt eine solche Näherung mithilfe verschiedener Polygone mit einer steigender Anzahl an Ecken innerhalb und außerhalb des Kreises. Der Kreis selbst wäre ein "Unendlich-Eck", ein Polygon mit unendlich vielen Ecken. Diese Konstruktion wurde das erste Mal im dritten Jahrhundert v. Chr. von Archimedes berechnet und bewiesen.

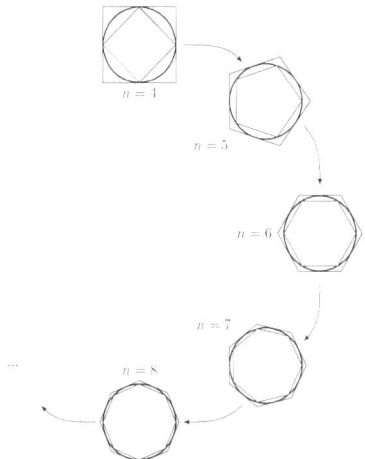

Abbildung 2.3: Annäherung an den Kreisumfang über Vielecke von innen und außen

Wie diese Konstruktionsweise erahnen lässt, kann es beispielsweise nicht eine Anzahl von "Umfang eines Kreises" Äpfel geben. Hinter einer Zahl können ganz unterschiedliche Konstruktionsweisen stehen. Nur weil etwas wie eine Zahl aussieht, heißt das nicht unbedingt, dass man diese wie eine *Anzahl* von Entitäten benutzen kann. Eine Zahl die ein Verhältnis darstellt ist etwas ganz anderes als eine Zahl, die eine Anzahl darstellt. Es ist deshalb wichtig, Zahlen im richtigen Kontext zu verwenden und zu wissen, wie sie ursprünglich erstellt wurden.

> **Idee**
>
> Irrationale Zahlen beziehen sich nicht auf Anzahlen oder Verhältnisse, sie kommen so in der Natur also nicht vor. Stattdessen beziehen sie sich auf Prozesse oder Konstruktionsweisen (Kreise, goldener Schnitt, Blattstände, Proportionen etc.).

> **Frage**
>
> Welchen Grund hat die Komplexität der Natur?

Eine Folgerung aus der Tatsache, dass sich irrationale Zahlen nicht als Verhältnis von natürlichen Zahlen darstellen lassen, besteht darin, dass eine Multiplikation einer natürlichen Zahl mit einer irrationalen Zahl immer zu einer irrationalen Zahl führt. Auf den ersten Blick hört sich das wie eine mathematische Gedankenspielerei an, auf den zweiten Blick entdecken wir aber, dass die *Natur* gerade von dieser sehr abstrakten Eigenschaft extensiv Gebrauch macht.

Das wesentliche Problem das eine Pflanze bei ihrem Wachstum lösen muss, ist, möglichst viel Sonnenlicht auf ihre Blätter fallen zu lassen. Wenn die Blätter der Pflanze nun nach einem regelmäßigen – rationalen – Muster angeordnet sind (z. B. "Blatt – Drehung um ein

Viertel – Blatt – Drehung um ein Viertel – ..."), so überschatten sich Blätter gegenseitig. Die Lösung ist, einen Drehwinkel zu finden, der beliebig oft ausgeführt werden, aber nie dazu führen kann, dass zwei Blätter direkt übereinander wachsen (siehe Abbildung 2.4). Die Lösung der Natur ist der "goldene Schnitt", welcher über die sogenannte Fibonacci-Zahlenfolge mit einfachsten Mitteln beliebig genau "berechnet" werden kann. Im Falle von Pflanzen wird diese Zahlenfolge über Zellteilungen mit einer einfachen Regel: "Jede reife Zelle teilt sich, neue Zellen benötigen eine bestimmte Zeiteinheit, um reif zu werden." erstellt werden:

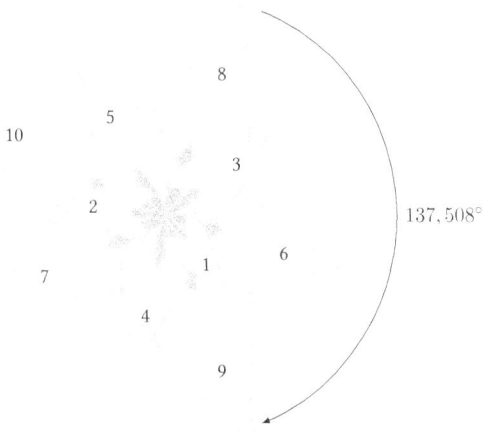

Abbildung 2.4: Optimaler Blattstand

- Aus der neuen Zelle wird eine reife Zelle. [1]
- Aus der reifen Zelle wird eine reife und eine neue Zelle. [2]
- Aus der reifen wird eine reife und eine neue Zelle, aus der neuen wird eine reife Zelle. [3]
- Aus den zwei reifen werden zwei reife und zwei neue Zellen, aus der neuen wird eine reife Zelle. [5]
- Aus den drei reifen Zellen werden drei reife und drei neue Zellen, aus den zwei neuen werden zwei reife Zellen. [8]

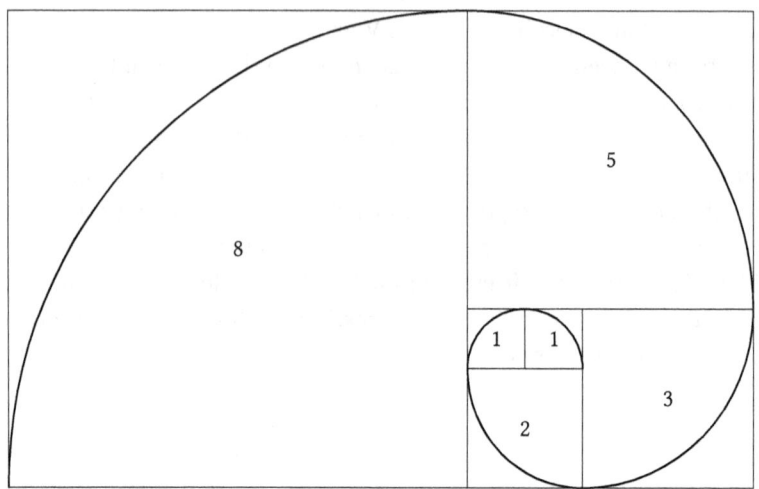

Abbildung 2.5: Fibonacci-Spirale mit Fibonacci-Zahlen

Führt man diese Folge fort, so erhält man die Fibonacci-Zahlenfolge: 1, 1, 2, 3, 5, 8, 13, 21, 34, 55, 89, 144 etc., wobei das Verhältnis zweier aufeinanderfolgenden Zahlen jeweils einen immer genaueren Wert für den goldenen Schnitt bildet (1,618033...):

$\frac{3}{2} = 1,5; \frac{5}{3} = 1,\overline{6}; \frac{8}{5} = 1,6; \frac{13}{8} = 1,625; \frac{21}{13} = 1,6153\ldots$

Teilt man eine volle Umdrehung durch diesen goldenen Schnitt erhält man eine Abfolge von Winkelwerten, welche die Überschneidungen bei der Blattfolge minimiert und somit die Menge an Sonnenlicht, die die Pflanze auffangen kann, maximiert.

Trägt man Quadrate mit der Fibonacci-Zahlenfolge als Seitenlängen in ein Diagramm, erhält man die goldene Spirale (siehe Abbildung 2.5), welche sich beispielsweise bei Schnecken oder bei Blüten wiederfindet (siehe Abbildung 2.6).

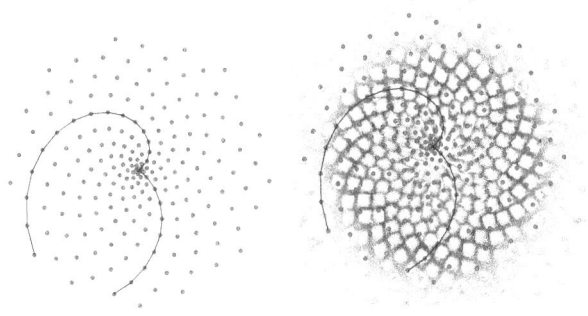

Abbildung 2.6: Fibonacci-Spiralen in einer Kamille-Blüte

Zu den irrationalen Zahlen ist also zu sagen, dass sie keinen Stellvertreter für eine Anzahl von Elementen darstellen, sondern stattdessen auf einen ganz bestimmten unendlichen *Prozess* hindeuten. Der unendliche Prozess der Beschreibung eines Kreises mit einem n-Eck lässt sich über die irrationale Zahl π darstellen, der unendliche Prozess der Generierung der Fibonacci-Zahlenfolge spiegelt sich im Verhältnis des goldenen Schnittes wieder usw. Dass wir über irrationale Zahlen sprechen können heißt also nicht, dass die Realität irrational ist; das sind zwei ganz unterschiedliche Dinge.

Idee

Die Komplexität der Realität rührt daher, dass sie ein *Produkt* von sich unendlich wiederholenden Prozessen ist.

Wussten Sie schon?

Den goldenen Schnitt kann man überall in der Natur wiederfinden (auch am menschlichen Körper). Entsprechend ist auch unsere Wahrnehmung "geeicht", Objekte besonders ansprechend zu finden, die diese Verhältnisse zeigen.

⟶ Erfahren Sie mehr in *Philosophie für Helden: Handlung*

2.2.4 Mathematik und Empirismus

Das eigentliche Problem der Sprache ist nicht die *Präzision*. Das Problem ist *verständliche* Sprache. Man möchte eine Idee der anderen Person verständlich mitteilen. Man muss nur dann präzise sein, wenn es Zweifel gibt, was die Bedeutung eines Satzes betrifft. Und dann sollte man dort präzise sein, wo der Zweifel besteht. Es ist wirklich ziemlich unmöglich etwas mit absoluter Präzision zu sagen sofern es nicht so sehr von der realen Welt abstrahiert wurde, dass es nichts Reales mehr repräsentiert.

—Richard Feynman, *New Textbooks for the New Mathematics*

> **Frage**
>
> Wie hängt das Zählen mit der Philosophie zusammen?

Gäbe man einem Empiristen die (scheinbar einfache) Aufgabe, eine Anzahl von Strichen von einem Blatt Papier auf ein anderes per Hand zu kopieren, dann stünde er vor einem großen Problem. Ohne die Fähigkeit des Zählens hat er ähnliche Schwierigkeiten wie wir, wenn wir einen Rasen malen müssten. Würden Sie anfangen, jeden einzelnen Grashalm zu zählen und dann nacheinander auf das Bild zu zeichnen? Nein, Sie würden einfach eine Fläche malen, die lediglich wie ein Rasen *aussieht* – ganz unabhängig, ob die Halme in Wirklichkeit nun so stehen. Dementsprechend ist für einen Empiristen eine Anzahl von Linien nichts als ein Bild. Er würde nicht Striche von einem Blatt auf das andere übertragen, sondern auf dem anderen Blatt eine *Repräsentation* von "einer Menge von Strichen" zeichnen.[18,19]

---

[18]vgl. Holden, *How Language Shapes Math*.
[19]vgl. Everett, *Recursion and Human Thought: Why the Piraha Don't Have Numbers*.

Idee

Zählen ist keine triviale oder angeborene Fähigkeit, sondern Ausdruck eines früh angelernten und tief verinnerlichten Systems der Philosophie, verkörpert über die Sprache und Kultur.

Aus den genannten Gründen kann es in einer rein empiristisch ausgelegten Sprache deshalb auch keine Mathematik geben, Anzahlen beziehen sich ja auf Entitäten wiederkehrender Begriffe.[20] Was wir von Empiristen aber lernen können, ist, dass man Zahlen nicht mit Entitäten verwechseln sollte. "Eine Orange" ist etwas prinzipiell anderes als "diese eine Orange". Es ist einfach, eine *Messung* ("eine") der Anzahl von Entitäten eines Begriffs ("Orange") mit den tatsächlichen Entitäten ("diese Orange") zu verwechseln. Wenn sich ein Empirist einen Korb mit "sechs" Bananen ansieht, dann kann er nicht "6" Bananen sehen. Was er sieht ist das Gesamtbild, diese Banane, die Banane daneben, die andere Banane etc. Es gibt keinen Plural für einen Empiristen. Alles was er mit den Bananen anstellen kann, ist, sie mit einer anderen Erfahrung zu vergleichen, die er gemacht hat, beispielsweise "'mehr/weniger als üblich' Banane" oder "'so viel wie gestern' Banane". Entsprechend kann es für ihn auch kein Wort für "alle" geben, das würde sich ja auf Begriffe beziehen – alle irgendwo existierenden Entitäten dieses Begriffs. Der Unterschied zwischen Aufzählungen und Messungen wird im Folgenden relevant, wenn wir uns die Zahl *Null* betrachten.

2.2.5 Die Null

Zwar gab es bereits eine Darstellung der Null im alten Babylon vor etwa 4000 Jahren, jedoch war sie lediglich ein Trennzeichen zwischen den Ziffern, wie bei uns die Null in zum Beispiel der Zahl 101.

---

[20]vgl. Everett, *Das glücklichste Volk—Sieben Jahre bei den Pirahã-Indianern am Amazonas*, S. 199.

Am Ende einer Zahl fehlten jedoch die Nullen. Auf unser Zahlensystem übertragen wäre das wie wenn man bei der Zahl 1 nicht wüsste, ob sie 1, 10, 100 oder 1000 bedeutet. Hier musste man aus dem Kontext lesen, welche Größenordnung gemeint war.

Das römische System, bei dem alle Ziffern miteinander addiert werden mussten, eignete sich besonders für kleinere Zahlen. Mit der Berechnung von Entfernungen im All durch indische Astronomen im 9. Jahrhundert ergab sich jedoch die Notwendigkeit der Einführung sowohl einer konkreten Ziffer 0 als auch der Stellenschreibweise (z. B. 123 war nicht mehr "1 + 2 + 3", sondern "1*100 + 2*10 + 3*1"). Diese Idee fand ihren Weg von Indien über arabische Gelehrte und Handelsreisende nach Europa, weshalb wir heute, wenn wir von unseren Ziffern sprechen, (fälschlicherweise) auch von "arabischen Ziffern" sprechen (siehe Abbildung 2.7). Die Null als eigene *Ziffer* hat ihren Einzug in Europa erst im 12. Jahrhundert mit Leonardo Bonacci (auch als *Fibonacci* bekannt) gehalten.

European	0	1	2	3	4	5	6	7	8	9
Arabic-Indian	.	١	٢	٣	٤	٥	٦	٧	٨	٩
Eastern Arabic-Indiah (Persian and Urdu)	.	١	٢	٣	۴	۵	۶	٧	٨	٩
Devanagari (Hindi)	०	?	२	३	४	५	६	७	८	९
Tamil		௧	௨	௩	௪	௫	௬	௭	௮	௯

Abbildung 2.7: Indischer Ursprung unserer Ziffern

Frage

Hat die "Null" eine Entsprechung in der Realität? Wenn Sie "null" Äpfel und "null" Zitronen besitzen, ist das was Sie haben (was Äpfel und Zitronen betrifft), das Gleiche?

Die Null als eigenständige *Zahl* wurde in Europa erst nach dem 17. Jahrhundert aktiv und zunächst im Bereich von Messungen auf Skalen (Temperatur, Meeresspiegel etc.) verwendet. Mit dem aufkommenden Rationalismus und dem Wunsch, aus der Mathematik eine vollständige Sprache zu machen, fügte man die Zahl Null in bestehende Zahlensysteme ein. Neben dem Problem der Division durch Null ergab sich dann bei der Verwendung der Null die Frage, was zum Beispiel "0 Äpfel" bedeuten soll. Was ist der Unterschied zwischen "0 Äpfeln" und "0 Birnen"? Und was genau passiert, wenn ich "0 Kühe für 0 Münzen" kaufe?

Wenn wir heute mit der *Zahl* Null konfrontiert sind, müssen wir also ihre Geschichte im Hinterkopf behalten. Die Null als *Ziffer* ist eine Leerstelle und die Null als *Zahl* ist eine Messung. Um den Begriff der Null zu verstehen muss man den Unterschied zwischen Anzahlen und Messungen verstehen. Deutet man auf ein paar Kühe ("diese fünf Kühe") spricht man von einer Anzahl. Bemerkt man, dass drei Kühe fehlen, spricht man von einer Messung ("minus 3 Kühe"). Falls wir wissen, dass die Kühe mit den Namen Berta, Elfriede und Anja fehlen, wäre es wieder eine Aufzählung. Entsprechend kann die Null niemals eine *Anzahl* darstellen, da wir weder auf sie zeigen noch sie beim Namen nennen können. Das ist der Grund, weshalb man einen Kuchen nicht durch null Gäste teilen kann, warum eine Division durch Null in der Mathematik verboten ist. Ein Auftauchen einer Division durch Null deutet auf ein tieferliegendes Problem in unserem Verständnis der jeweiligen Aufgabe hin: eine Verwechslung zwischen einer Aufzählung und einer Messung. Argumente, die mit der *Zahl* Null (oder dem "Nichts") begründet werden, muss man also besonders vorsichtig untersuchen.

> **Idee**
>
> Die *Ziffer* "0" diente ursprünglich lediglich als Leerstelle, während die *Zahl* "0" keine Identität und somit keinen Vertreter in der Realität besitzt, sondern nur als Ergebnis einer Messung stehen kann. Man könnte eine unendliche Liste an Dingen aufzählen, von denen man 0 Stück besitzt, ohne einen Schritt weiterzukommen, zu beschreiben, *was* man besitzt.

2.2.6 Mathematik und Realität

> **Frage**
>
> Was sind die Grenzen der Mathematik bei der Beschreibung der Realität?

Philosophie	Mathematik
Entitäten	Mengen
potentielle Entitäten	natürliche Zahlen
Verhältnisse von Entitäten	rationale Zahlen
unendliche Prozesse	irrationale Zahlen

Abbildung 2.8: Vergleich philosophischer und mathematischer Begriffe

Abschließend können wir die Mathematik mit der Philosophie der Entitäten vergleichen (siehe Abbildung 2.8). Mathematik kann man also lediglich als Sprache benutzen, um mathematische Ergebnisse zu kommunizieren. Die Mathematik selbst hat keinen direkten Bezug zu Entitäten, sie beschreibt ja gerade die *Beziehung und die Verhältnisse von Entitäten zueinander*, d. h. *Messungen* von Eigenschaften und Aufzählungen. Diese fehlende Verbindung zur Realität bedeutet, dass Mathematik für sich alleine genommen nicht für philosophische Aussagen benutzt werden kann. Natürlich kann Mathematik zu neuen Ergebnissen in der Physik führen. Das heißt aber *nicht*, dass die Realität auf Mathematik *aufgebaut* ist. Man kann nicht ein mathematisches Ergebnis hernehmen (bspw. die "Existenz" irrationaler Zahlen), um dann Rückschlüsse auf die Realität zu nehmen. Die Tatsache, dass man einen perfekten Kreis in einer unendlichen Anzahl von Schritten konstruieren und dieser *Prozess* mit einer irrationalen Zahl π beschrieben werden kann, heißt nicht, dass wir in einer unbegreifbaren, "irrationalen" Welt leben.

Wussten Sie schon?

Um die Natur zu verstehen, reicht es nicht, Entitäten wahrnehmen zu können. Das Verständnis von *Prozessen* ist Voraussetzung um Konzepte wie Wissenschaft, Bewusstsein, Evolution und Quantenmechanik begreifen zu können.

$\longrightarrow$ Erfahren Sie mehr in *Philosophie für Helden: Kontinuum*

Idee

Die Realität ist widerspruchsfrei. Mathematik ist ein gutes *Werkzeug*, um Messungen der Realität durchzuführen und zu beschreiben. Ein "schönes" mathematisches Modell, das die Ergebnisse von Messungen exakt wiedergibt, bleibt aber ein *Modell* und ist nicht notwendigerweise eine Beschreibung der Realität.

2.3 Der Wert von Sprache

> Begriffe und somit auch Sprache sind in erster Linie Werkzeuge der Kognition – nicht der Kommunikation wie es üblicherweise angenommen wird. Kommunikation ist lediglich die Folge, nicht die Ursache oder wesentlicher Zweck der Begriffsbildung – eine entscheidende Folge, aber immer noch nur eine Folge. Kognition geht der Kommunikation voran; die wesentliche Voraussetzung der Kommunikation ist, dass man etwas zu kommunizieren hat.
>
> —Ayn Rand, *Introduction to Objectivist Epistemology*

DIE WESENTLICHEN EIGENSCHAFTEN von Sprache haben wir nun kennengelernt, wie auch verschiedene Kategorien von Sprachen untersucht. Wir wissen, worauf wir achten müssen und können uns daran machen, Sprache tatsächlich zu gebrauchen. Was aber ist der Wert von Sprache? Warum ist sie so wichtig?

2.3.1 Die Voraussetzung für Wissen

Wie wir bereits festgestellt haben, benötigen wir für die Benutzung und Schaffung von (einfachen) Begriffen *keine* kommunizierbare Sprache. Wir können implizit begreifen, was materielle Objekte (Säuglinge lernen nicht ohne Grund durch Be*greifen* – und Bekauen) sind und Begriffe in unserer inneren Sprache schaffen. Wann immer wir uns aber in Gedanken oder auf dem Papier einen logischen Schritt bewusst merken müssen, um daraus weitere Folgerungen zu ziehen, ist eine Form der Sprache unverzichtbar. Das einfachste Beispiel wäre das Zahlensystem. Während wir ohne zu zählen intuitiv vielleicht fünf, sechs oder sieben Elemente begreifen können, haben wir mit der Sprache der Mathematik einen Hebel in der Hand, mit dem wir über rekursive Prozesse beliebig große und beliebig komplexe Probleme betrachten können.

Beispiel

Denken Sie an ihr Lieblingslied, summen Sie es, Ton für Ton, Strophe für Strophe. *Einfach, oder?* Nun rufen Sie es sich einmal *vollständig* in das Gedächtnis, *nicht* nur Ton für Ton oder Strophe für Strophe. Versuchen Sie sich an ein Buch zu erinnern, das Sie gelesen haben. *Einfach, oder?* Nun stellen Sie es sich in seiner *Gesamtheit* im Kopf vor.

Der Durchschnittsmensch kann sich einer Handvoll Elemente gleichzeitig bewusst sein. Ohne die Verwendung von Abbildern und Begriffshierarchien, die einen komplexen Sachverhalt zusammenfassen – was ja letztlich den Kern der Sprache ausmacht – gelangen wir schnell an die Grenzen unserer eigenen Verstandeskraft. Das Konkretisieren und Ordnen unserer Gedanken erlaubt es uns, diese Begriffe auch explizit und bewusst zu denken und über Definitionen sprachlich abzugrenzen. Dadurch können wir Begriffe auch in potentiell beliebig komplexer Kombination mit anderen Begriffen verwenden – d. h. eine Wissenshierarchie bilden: Wir bewegen uns von einem Begriff zu dem nächsten verbundenen ohne uns darüber Sorgen machen zu müssen, beide Begriffe gleichzeitig in unserem Bewusstsein zu halten.

Sprache schafft einen gewissen Grad an Ordnung in unserem Kopf. Ohne Sprache müssten wir sie im Grunde erst erfinden – Sprache ist ja gerade die Einordnung von Wissen in Kategorien mit Hilfe von Entitäten und deren Beziehungen zueinander.

> **Wussten Sie schon?**
>
> Es gibt einige herausragende Menschen mit besonderen Merkfähigkeiten, Künstler, die lange Zahlen-, Noten- oder Faktenreihen auswendig lernen können. Manche bedienen sich "Gedächtnistricks" in Form von Hierarchien, Begriffen, Abbildern und Optimierungen (in anderen Worten, Sprache!). Andere haben das "Savant-Syndrom" bzw. eine sogenannte Inselbegabung. Bei manchen ist die Gehirnregion, die mathematische Aufgaben erfüllt, stärker als üblich mit der Gehirnregion verbunden, die visuelle Informationen verarbeitet. Sie sehen dann Zahlen als geometrische Figuren oder als Farben, was Berechnungen oder Gedächtnisübungen vereinfacht.
>
> ⟶ Erfahren Sie mehr in *Philosophie für Helden: Kontinuum*

2.3.2 Die Theorie des Verstandes

> **Frage**
>
> Was wäre ein Beispiel für die Intentionalität vierter Ordnung?

THEORIE DES VERSTANDES · Die kognitive Fähigkeit der *Theorie des Verstandes* ermöglicht es, zu verstehen, dass unser Gegenüber anderes Wissen und andere Werte als man selbst besitzen kann.

Der Unterschied zwischen Denken und Sprechen wird auch klar, wenn man gebeten wird, zu wiederholen, was jemand gerade gesagt hat. Man wird dies selten wortwörtlich, sondern stattdessen sinngemäß machen. Vereinfacht gesagt, wären Denken und Sprechen identisch, so bräuchte es weder Anstrengung noch Begabung, sie einander anzunähern.[21] Sprache scheint also auf einer tieferliegenden kognitiven Fähigkeit zu beruhen, der *Theorie des Verstandes*. Diese Fähigkeit ermöglicht es, zu verstehen, dass unser Gegenüber anderes Wissen und andere Werte als man selbst besitzen kann. Dadurch erkennt man die Notwendigkeit, dass man etwas, was man selbst bereits weiß, einem anderen trotzdem erst noch mitteilen muss bevor dieser es auch weiß. Affen besitzen diese Fähigkeit vermutlich nicht, was es für sie schwierig machen würde, eine Sprache zu lernen – ähnlich wie bei sehr jungen Kindern, bevor sie ihre Fähigkeiten zur Theorie des Verstandes ausgebildet haben.[22]

Wussten Sie schon?

Was wenn jemand einfach nur etwas durch Sprache mitteilen möchte? Wie wenn zum Beispiel eine Mutter zu ihrem Kind sagt "Ich liebe dich."? Ohne einer Theorie des Verstands hätte sie keine Vorstellung von dem, was das Kind weiß oder nicht weiß und würde tragischerweise annehmen, dass das Kind ihr Wissen bereits teilt. Während die Mutter immer noch eine emotionale Reaktion zeigen könnte, wäre diese womöglich nicht im Sinne einer bewussten Idee, sie dem Kind zu zeigen. Wir nehmen das als gegeben hin, da wir die Fähigkeit besitzen; dahinter steckt allerdings eine bedeutende Gedankenleistung. Anzumerken ist hier noch, dass Menschen unterschiedliche Vorlieben besitzen. Manche bevorzugen Worte, andere bevorzugen Taten als Beweis der Freundschaft oder Liebe. Spinnt man den Gedanken weiter, könnte man sich auch die Existenz einer Theorie des Gefühls vorstellen. Ohne sie ist uns nicht bewusst, dass unser Gegenüber nicht notwendigerweise fühlt wie wir (oder weiß wie wir uns fühlen).

⟶ Erfahren Sie mehr in *Philosophie für Helden: Handlung*

---

[21] vgl. Zimmer, *So kommt der Mensch zur Sprache*, S. 167.
[22] vgl. Mithen, *The Singing Neanderthals*, S. 23.

Während eine Affenmutter "weiß", wie man Nüsse mit Steinen öffnet, ist sie sich nicht bewusst, dass ihrem Kind dieses Wissen fehlt. So hat sie keine Motivation, ihrem Kind durch Gesten oder Rufe zu "erklären" oder es dazu zu bringen, es selbst zu tun. Wenn man davon ausgeht, dass jemand anderes dasselbe Wissen teilt und dieselben Motivationen und Ziele wie man selbst besitzt, gibt es keinen Grund, dieses Wissen zu kommunizieren oder das Verhalten der anderen Person zu beeinflussen.

> **Beispiel**
>
> Katzen bringen lebende Beute zu ihren Kindern damit diese das Fangen und Erlegen von Tieren üben können. Während sich die Mutter zwar an die Fertigkeiten ihrer Kinder anpasst, ist kein gezieltes Lehren zu erkennen. Es ist nicht zu erkennen, dass sie ihre angeblichen Fähigkeiten zum Verständnis ihrer Kinder in anderen Situationen außer der Jagd nutzt. Obwohl es an die "Theorie des Verstandes" erinnert, muss das Verhalten deshalb anders als beim Menschen zu erklären sein (vgl. Cheney und Seyfarth, *How Monkeys See the World*, S. 223–24).

Wenn ich weiß wie ich denke, dann besitze ich eine Intentionalität erster Ordnung; wenn ich weiß, was jemand anderer denkt, dann besitze ich eine Intentionalität zweiter Ordnung; wenn ich weiß, dass jemand anderer denkt, was ich denke, dann besitze ich eine Intentionalität dritter Ordnung usw. Schimpansen haben möglicherweise diese Fähigkeit, aber höchstens erster oder zweiter Ordnung. Menschen dagegen nutzen regelmäßig Intentionalität dritter oder vierter Ordnung.[23] Das ist der Grund, weshalb Sprache eine so große Rolle in unserem Leben, aber nicht im Leben der Affen spielt.

---

[23] vgl. Mithen, *The Singing Neanderthals*, S. 117.

2.3.3 Sprache als Kommunikation

Frage

Welche sind die drei wesentlichsten Hindernisse in unserer Kommunikation mit anderen?

Ein Wissensaustausch zwischen zwei Bewusstseinen kann direkt durch Vorführen passieren, beispielsweise lernen Affen voneinander den Werkzeuggebrauch durch Zusehen. Grenze dieser Vorgehensweise ist allerdings, dass der Lehrer immer direkt beiwohnen muss. Will man auf einen entfernten Futterplatz hinweisen, so bliebe ohne Sprache keine andere Wahl als den anderen zu diesem Platz selbst zu führen.

Die Alternative zu einer andauernden Anwesenheit des Lehrers bei der Weitergabe von Wissen ist, dass man eine Abstraktion schafft und die Sinneswahrnehmung (z. B. das Führen einer Person zu dem Platz) mit einem Abbild ersetzt. Statt jemandem zu einem Apfelbaum zu führen, *zeigt* man in die Richtung des Baumes und gibt dem Gegenüber einen Apfel in die Hand, den man dort gepflückt hat. Wir könnten sogar wie Honigbienen tanzen um den Weg zu kommunizieren. Bienen teilen damit anderen Bienen des Bienenstocks mit, wie weit ein bestimmtes Blumenfeld entfernt ist, in welche Richtung sie fliegen müssen und wie viel Nektar dort zu holen ist. Ein anderes Beispiel wären Ameisen. Sie markieren den Weg zum Futterplatz mit Duftstoffen – eine ebenso gültige Sprache; der Duft und dessen Verteilung steht als Abbild für die Nahrungsquelle und den Pfad dorthin.

Der erste Schritt für die *Kommunikation* ist also, dass die Gesprächspartner Gemeinsamkeiten finden. Es muss klar sein, welches *Abbild* welchen Begriff darstellt. Die Basis bilden dabei gemeinsam gemachte Erfahrungen. Das erwähnte "Zeigen" stellt ein Objekt und die eigene Person in Relation, und vermittelt dies dem Gegenüber in verständlicher, offensichtlicher Form. Abbildung 2.9 zeigt einen beispielhaften Verlauf einer Unterhaltung. Lisa hat Peter in einer Menschenmenge gesehen (Sinnesdaten, Sinneswahrnehmung, Integration) und bildet diese Information nun in Form eines Textes als Brief an Klaus ab. Klaus liest den Brief (Sinnesdaten, Sinneswahrnehmung) und folgert aus dem Abbild (dem Text, d. h. der Integration), dass Lisa Peter gesehen hat. Formal kann Kommunikation wie folgt definiert werden:

> **KOMMUNIKATION** · *Kommunikation* ist der Versuch einer Entität A, (tatsächliches oder erfundenes) Wissen über einen Sachverhalt mittels Sprache in Abbilder und sprachliche Hilfskonstrukte zu übersetzen, sodass eine andere Entität B die Reihe von Abbildern und sprachlichen Hilfskonstrukten in Wissen über einen von A wahrgenommenen Sachverhalt übersetzen kann, ohne selbst unmittelbare Sensorinformationen der beteiligten Entitäten des Sachverhalts erhalten zu haben.

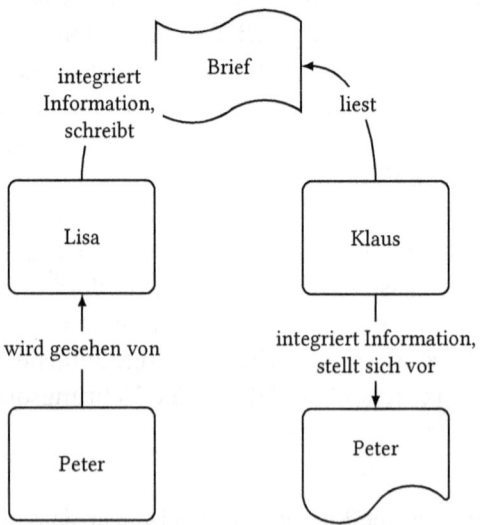

Abbildung 2.9: Beispiel eines Ablaufs einer Kommunikation mittels Abbilder (geschriebener Text)

Leider gibt es Hindernisse bei unserer Verständigung. In Diskussionen kommt häufig das Argument auf, dass jeder in seiner eigenen Erfahrungswelt leben würde und wir mit unserer Sprache keine Begriffe *objektiv* kommunizieren könnten. Hängen unsere Sinnesdaten möglicherweise von unserer Persönlichkeit bzw. unserem eigenen Körperbau ab, kann jeder Mensch die Welt nur ganz subjektiv mit seinen eigenen individuellen Augen sehen? Noch dazu hat sich Sprache über die Zeit geändert und wird sich auch in Zukunft ändern. Also dürfen wir wirklich behaupten, dass wir *objektiv* kommunizieren können?

Machen wir einen Schritt zurück und konzentrieren uns auf den Kern der Sache: Kommunikation mittels Sprache ist letztlich der Versuch zweier Bewusstseine, sich der selben Entität und dessen Zustandes (bzw. eines Sachverhaltes bestehend aus vielen Entitäten und deren Zuständen und Verhältnissen) bewusst zu werden. Dazu müssen folgende Voraussetzungen erfüllt sein:

- Wir müssen die gleiche Begriffshierarchie und die gleichen Definitionen teilen.
- Wir müssen uns der kulturellen Unterschiede bewusst sein.
- Wir müssen uns der physiologischen Unterschiede (Sinnesorgane, Gehirn etc.) bewusst sein.
- Wir müssen unserem Gesprächspartner vertrauen können, dass uns dieser verstehen möchte und uns die Wahrheit erzählt.

Letztlich müssen wir unterschiedliche Einblicke in die Realität besitzen. Obwohl wir miteinander immer noch Wörter austauschen könnten und so aussehen würden, als ob wir kommunizieren, würden wir nichts (Neues) kommunizieren. Eine Gesellschaft, in der es keine Wertschätzung für Unterschiede gibt, kommuniziert nicht, obwohl jeder am Sprechen ist.

2.3.3.1 Begriffsunterschiede

> **Frage**
>
> Warum ist es wichtig, in einer Diskussion die jeweiligen Definitionen zu klären?

Eine verbreitete Annahme ist, dass gleiche Wortlaute auch gleiche Bedeutungen vermitteln würden. Tatsächlich stimmt dies nur, wenn beide Gesprächspartner einem gemeinsamen *Sprachnetzwerk* angehören, d. h. dass sie entweder die Begriffe gemeinsam oder über nahe Bekannte definiert haben.[24] Der offensichtlichste Hinweis darauf bietet uns die Tatsache, dass in unterschiedlichen Gebieten der Erde unterschiedliche Sprachen vorherrschen. Den größten Einfluss auf unsere Sprache haben also unsere direkten Gesprächspartner, mit denen wir gemeinsame Erlebnisse teilen. Je indirekter diese Kommunikation abläuft, je weniger Gemeinsamkeiten wir über die Kultur erlebt haben, desto schwieriger wird die Kommunikation – selbst wenn wir die gleiche Sprache sprechen.

Ohne gemeinsame Begriffe ergeben sich Probleme insbesondere in den Bereichen, in denen wir auch keinen direkten, gemeinsamen Bezug zur Realität haben, also vor allem bei abstrakten Begriffen. Ein Begriff wie "Verstand" hat eine kulturell gewachsene Geschichte mit einer ganz eigenen Bedeutung und Interpretation. Ein Begriff wie "Hand" eigentlich nicht. Eine Hand war immer eine Hand.[25]

Wenn wir uns nicht auf ein gemeinsames Sprachnetzwerk verlassen können, müssen wir eine solche gemeinsame Basis schaffen, besonders in der Kommunikation mit Unbekannten, sei es in öffentlichen

---

[24] In dem Zusammenhang interessant ist die Theorie, dass wir mit jedem Menschen auf der Erde vermutlich über ca. sieben Schritte verbunden sind (vgl. Travers u. a., *An Experimental Study of the Small World Problem*).

[25] vgl. Zimmer, *So kommt der Mensch zur Sprache*, S. 232.

Diskussionen jeder Art, sei es im Fernsehen, in Form eines Buches, auf einer Tagung oder im Internet. Es ist deshalb wichtig, zu Beginn dem Gesprächspartner die eigenen, gelernten Definitionen mitzuteilen und sich auf eine gemeinsame Definition zu einigen. Es gibt zwar Wörterbücher und Gesetzestexte, die versuchen, für alle in einem Sprachraum lebenden Menschen eine gemeinsame Basis zu bilden, aber auch dort finden sich unscharfe oder gar sich widersprechende Definitionen, welche, speziell in philosophischen oder politischen Diskussionen, rasch zur Quelle von Missverständnissen werden.

Idee

Bevor wir uns Hals über Kopf in eine Diskussion über zum Beispiel Gott, Demokratie, Gleichheit oder Freiheit stürzen, müssen wir unseren Diskussionspartner zuerst nach den jeweiligen Definitionen fragen.

Beispiel

Eine Ausnahme bilden streng hierarchische Sprachnetzwerke, die über Marketing größerer Firmen durchgesetzt werden und auch oft eine etwas andere Form besitzen, da sie eher an der Wirtschaftskraft als dem individuellen Austausch orientiert sind. Dort werden aber meist nur einzelne Begriffe (meist Handelsmarken) in unsere Sprache eingeführt. Zum Beispiel heißt "iPhone" von Apple überall gleich, die Bezeichnung wurde von oben herab dirigiert, während es für "Smartphones" ganz unterschiedliche Bezeichnungen gibt.

2.3.3.2 Kulturelle Unterschiede

Selbst wenn wir alle Definitionen und die gesamte Begriffshierarchie einer anderen Person gelernt haben, könnte uns unsere Kultur in unserem Denken beeinflussen und gegenseitiges Verständnis deutlich erschweren. Können wir, falls sich unsere kulturellen Werte signifikant unterscheiden, Begriffe einer Sprache in eine andere Sprache übersetzen?

Vergleicht man unsere Kultur mit anderen, erkennt man den entscheidenden Einfluss welchen sie auf unser Denken haben kann. In Kulturen, in denen man sich nicht auf über Jahrhunderte gewachsene Strukturen des gegenseitigen Vertrauens verlassen kann, hat abstrakte Logik einen anderen Stellenwert. Beispielsweise hat man ungeschulten Reisbauern in Westafrika folgende Aufgabe gestellt: "Alle Männer deines Stammes sind Reisbauern. Herr Schmidt ist kein Reisbauer. Ist Herr Schmidt ein Mitglied deines Stammes?"

Deren Antwort war: "Ich kenne den Mann nicht persönlich. Ich habe ihn noch nie persönlich gesehen. [...] Wenn ich ihn persönlich kennen würde, könnte ich die Frage beantworten, aber da ich ihn nicht persönlich kenne, kann ich die Frage nicht beantworten."[26] Nach einer grundlegenden Schulausbildung – selbst einfachstem, im Wesentlichen aus Auswendiglernen bestehendem Unterricht – werden solche Antworten nicht mehr gegeben. Dann können die Reisbauern es als abstraktes Problem interpretieren und deduktiv lösen ohne die eigene Erfahrung hinzuzuziehen. Bei ungeschulten Naturvölkern dient die Sprache aber nur der Verständigung über das Konkrete und Naheliegende, und auch nur das, was unmittelbar über persönliche Erfahrung zugänglich ist.[27]

Anzumerken ist hier aber, dass die Bauern nicht unbedingt *unlogisch* denken. Ihre Denkweise ist vermutlich einfach wesentlich umfassender und ihre Begriffe sind aufgrund der Lebensweise weniger scharf definiert. Es ist anzunehmen, dass es für die Bauern von großer Bedeutung ist, ob jemand zu einem Stamm gehört oder nicht, weshalb

---

[26] vgl. Scribner, *Modes of thinking and ways of speaking*.
[27] vgl. Zimmer, *So kommt der Mensch zur Sprache*, S. 265.

sie sich bei der Antwort nicht auf Hörensagen verlassen wollen und es stattdessen einer persönlichen Betrachtung bedarf. Auch wird vermutlich der erste Satz – "alle Männer deines Stammes sind Reisbauern" – nicht so absolut gefasst wie Wissenschaftler dies in der Mathematik tun. Was genau man unter "alle" versteht kann sehr unterschiedlich sein. "Alle" – im Sinn des Fragestellers – bedeutet "Alle alle", also ohne jede Ausnahme. Für den Reisbauer bedeutet "alle" aber vielleicht nur "alle, die ich kenne" oder "alle, die ich sehe". Vielleicht wird man auch Mitglied des Stammes durch Heirat, vielleicht gibt es außerhalb des Dorfes Verwandte. Oder vielleicht gibt es Stammesrituale, durch die jemand erst offizielles Mitglied des Stammes wird.

Zusammenfassend ist zu sagen, dass wir uns, bevor wir über die kognitiven oder linguistischen Fähigkeiten einer Person urteilen, auch der Kulturunterschiede bewusst werden müssen. In den meisten Fällen müssen wir, selbst bei sehr unlogisch erscheinenden Antworten, davon ausgehen, dass unser Gegenüber auf Basis seiner verfügbaren Informationen, seiner Kultur und seinen Werten logisch denkt. Um tatsächlich eine Sprache zu übersetzen müssen wir nicht nur deren Worte und Definitionen auf unsere abbilden, wir müssen auch die Sicht auf die Welt unseres Gesprächspartners verstehen. Wenn wir eine andere Person nach deren Aussagen beurteilen, ohne Rücksicht auf deren Kultur zu nehmen, verlieren wir womöglich unseren besten Alliierten in unserem Gesprächspartner: Wenn wir dessen kognitive Fähigkeiten der Logik angreifen, welche anderen Möglichkeiten bleiben uns dann, unsere Sicht der Dinge für die andere Person nachvollziehbar darzustellen?

2.3.3.3 Übersetzbarkeit

> **Frage**
>
> Wie unterscheiden sich Sprachen im Hinblick auf ihre jeweilige Ausdrucksstärke?

Wie wir in der Einleitung dargelegt haben, ist die Basis der Sprache relativ simpel und die Komplexität rührt hauptsächlich von Optimierungen. Es ist anzunehmen, dass es deshalb eine Evolution der Sprache gab, (moderne) Sprache selbst also ein (hochentwickeltes) Kulturgut darstellt, und wir deshalb abhängig von unserer Sprache und der Umgebung in der wir sie einsetzen auch mit unterschiedlicher Effizienz *denken* können. Wenn man komplexe Aussagen über Relationen in einen kurzen, prägnanten Satz komprimieren kann, dann lässt sich die Information viel einfacher merken, und es ist viel leichter mit ihr mental arbeiten und rekombinieren zu können. Entsprechend schwierig kann es deshalb sein, die Optimierungen von einer Sprache in die andere zu übersetzen.

> **Idee**
>
> Unterschiede in den Sprachen bezüglich ihrer Mächtigkeit gibt es nur hinsichtlich der Länge, Genauigkeit und Eindeutigkeit des jeweiligen Satzes.

> **Frage**
>
> Warum kann keine (vollständige) Sprache Sie davon abhalten, eine bestimmte Idee auszudrücken?

Uns steht es frei, über die Grenzen unserer Sprache hinaus zu denken. Aber sobald wir versuchen, unsere wabernden Gedanken für uns selbst festzuhalten und kommunizierbar zu machen, greifen wir notwendigerweise auf das Begriffsrepertoire und die Grammatik unserer Sprache zurück. Und umgekehrt, in Bereichen, in denen einer Sprache bereits fertige Ausdrücke bereitstehen, lässt es sich schlicht und einfach leichter denken und unsere Gedanken ausdrücken. Unsere Sprache beeinflusst unser Denken also dahingehend, dass es mehr Zeit und Energie kostet, über Dinge nachzudenken, für die unsere Sprache nicht ausgelegt ist.

Dies führt zu der sogenannten *Sapir-Whorf-Hypothese*, die besagt, dass unser Denken und damit unsere Sicht der Welt (stark) von Grammatik und Wortschatz der Sprache beeinflusst sei.[28] Als Folge wird behauptet, dass eine Sprache nicht direkt fehlerfrei in eine andere übersetzt werden kann. Wie wir aber gesehen haben, sind komplexere Zusammenhänge universell in jeder Sprache ausdrückbar, sofern es sich um eine entitätsbasierte Sprache handelt. Außerdem können wir im Zweifelsfall einen fehlenden bzw. in der jeweiligen Sprache anders definierten Begriff in der Übersetzung neu definieren bzw. auf die Unterschiede hinweisen.

> **SAPIR-WHORF-HYPOTHESE (STARKE VERSION)** · Die *starke Version* der *Sapir-Whorf-Hypothese* sagt aus, dass unsere Sprache unser Denken bestimmt; verschiedene Sprachen machen bestimmte Gedankengänge erst möglich bzw. unmöglich. Eine allgemeine Übersetzbarkeit von Sprachen ist nicht gegeben.

> **SAPIR-WHORF-HYPOTHESE (SCHWACHE VERSION)** · Die *schwache Version* der *Sapir-Whorf-Hypothese* sagt aus, dass unsere Sprache unser Denken beeinflusst; sie macht es einfacher oder schwieriger bestimmte Ideen zu denken oder auszudrücken; verschiedene Sprachen beeinflussen das Denken in verschiedener Weise, sodass die Verschiedenheit der Sprachen auch zur Verschiedenheit der Denkstile beiträgt.

---

[28]vgl. Zimmer, *So kommt der Mensch zur Sprache*, S. 188–189.

Worum es bei der Hypothese letztlich nur geht, ist die Frage nach der Beziehung von Begriff und Definition. Ein übersetzter Text verliert *offensichtlich* an Information, wenn es um *Messungen* geht; zum Beispiel hängen Farben natürlich von der kulturellen Wahrnehmung, d. h. der Zuweisung von Messwerten zu Farbwörtern, ab. Es gibt bei bestimmten Farben Eichmöglichkeiten, wie zum Beispiel die Farbe des Blutes, andere Farben des Farbspektrums sind aber womöglich in der jeweiligen Sprachkultur nicht vorhanden. Man denke beispielsweise an das seltene und teure Purpur im Altertum (welches deshalb auch mit dem Adel verbunden wurde). In primitiven Kulturen findet man eben dies noch in der Sprache; bei den bereits erwähnten Pirahã gibt es keine separaten Farbwörter, sondern lediglich Aussagen wie "hat eine Farbe wie Blut, Holz, Gras etc."

Bezeichner für Begriffe dagegen können immer übersetzt werden. Voraussetzung ist lediglich, dass die jeweilige Kultur bei der Verwendung der Sprache realitätsnah handelt und nicht zum Beispiel Hunde und Autos als denselben Begriff betrachtet. Womöglich wurde in der anderen Sprache bisher der jeweilige Begriff noch nicht erfasst oder es wurden Spezialfälle missachtet; dann kann man diesen Begriff aber anhand der bestehenden Definitionen umschreiben und so im Grunde den fehlenden Begriff erstmals auf Basis allgemeinerer Begriffe definieren. Einen Begriff für ultraviolette Strahlung wird es in Kulturen ohne den notwendigen wissenschaftlichen Hintergrund nicht geben und welche Kultur Gas noch nicht als Entität entdeckt hat, für die ist ein Behälter gefüllt mit Wasserstoffgas augenscheinlich "leer." Hier könnten wir existierende Begriffe wie "Licht" und "Atem" benutzen und daraus speziellere Begriffe "unsichtbares Licht" (ultraviolette Strahlung ist unsichtbar) und "Feueratem" (Wasserstoffgas reagiert mit Sauerstoff) schaffen.

Idee

Während unterschiedliche Sprachen es schwieriger oder leichter machen können, Ideen auszudrücken, kann keine (vollständige) Sprache es verhindern, eine Idee überhaupt auszudrücken.

Und auch wenn man vollständige mit korrekten Sprachen vergleicht, scheint die Sapir-Whorf-Hypothese nicht zu passen. Zwar ist eine korrekte Sprache weniger mächtig, bei einer Übersetzung von einer vollständigen in eine korrekte Sprache geht es jedoch um *einen konkreten* Sachverhalt, für den man notfalls auch neue Begriffe definiert und die Sprache erweitert. Gleiches gilt umgekehrt. Zwar kann die vollständige Sprache auch inkorrekte Sachverhalte beschreiben; sie kann aber, da sie vollständig ist, insbesondere auch den korrekten Fall beschreiben. Es gibt also höchstens quantitative Unterschiede. Eine Sprache, die ein breiteres Spektrum an Farbnamen bereitstellt, hilft offensichtlich dabei, sich bestimmte Farbwahrnehmungen für später zu merken.[29] Ein umfangreicherer Sprachwortschatz dient also als Stütze für unser Gedächtnis und für unseren Verstand, um Informationen zu ordnen. Würde man den Namen einer Farbe in eine Sprache mit einer weniger ausdrucksstarken Farbpalette übersetzen, dann würde man die Messung nicht mit der gleichen Genauigkeit wiedergeben können.

Wir haben nun die Fragen der Kommunikation bzgl. uns selbst, unseres eigenen Wissens wie auch bzgl. der Kultur geklärt. Gehen wir nun einen Schritt weiter, so stoßen wir im folgenden Abschnitt auf die Frage, ob, und wenn ja, auf welche Weise wir mit anderen Formen von Intelligenz kommunizieren könnten, die womöglich andere Sinnesorgane (bzw. "Sensoren") und "Nervensysteme" besitzen, wie zum Beispiel Tiere, außerirdische Lebensformen oder Computer.

---

[29]vgl. Zimmer, *So kommt der Mensch zur Sprache*, S. 196–97.

2.3.3.4 Andere Formen von Intelligenz

> **Frage**
>
> Hätten wir keine gemeinsame Sprache, wie könnten wir miteinander kommunizieren? Was wären die Grenzen einer solchen Kommunikation?

Die Frage, ob, und wenn ja, wie man mit anderen Formen von Intelligenz kommunizieren könnte, ist keine Frage der Neuzeit oder von Science-Fiction. Der Mensch wurde in seiner biologischen wie auch kulturellen Evolution immer wieder mit fremden Formen von Intelligenz konfrontiert. Wir kamen in der Steinzeit mit anderen Stämmen in Kontakt, haben mit Neandertalern verhandelt und pflegten Kontakt zu Tieren (insbesondere Wölfen bzw. Hunden). In der Neuzeit kamen hier noch Affen, Computer und Außerirdische[30] hinzu, und wir sind erst am Anfang unserer Kommunikation mit Walen, Elefanten oder Delfinen. Gerade bei Elefanten und Delfinen konnten Wissenschaftler eine hohe soziale Intelligenz feststellen; so trauern Elefanten und Delfine um verstorbene Verwandte, Wale "singen" und Delfine wechseln sich im Gespräch ab und benutzen "Wörter".[31]

Aber was ist die Voraussetzung für Kommunikation? Wir haben eine sogenannte Ein-Weg-Kommunikation beschrieben, d. h. wir kommunizieren einfach die Abbildung unserer Gedanken mit einer systematischen Lautäußerung. Wenn wir mit anderen Formen von Intelligenz kommunizieren wollen, ist eine Zwei-Wege-Kommunikation vonnöten – unser Gegenüber muss das Abbild (unsere Lautäußerung) wieder in Begriffe zurückübersetzen, und uns entsprechend antworten können. Das erforderte, dass beide Gesprächspartner ähnliche Vorstellungen über die Welt besitzen. Entdecken wir

---

[30]Zumindest theoretisch und in einseitiger Kommunikation wie der Arecibo-Botschaft, siehe Abbildung 2.10.
[31]Ryabov, *The study of acoustic signals and the supposed spoken language of the dolphins*.

beispielsweise ein Feuer, dann wäre der Ausruf "Feuer!" möglicherweise nicht ausreichend. Ja, wir haben die Gefahr korrekt erkannt und die Idee korrekt in eine passende Aussage übersetzt. Aber wir könnten dennoch missverstanden werden, wenn andere nicht unsere Sprache sprechen bzw. das Wort "Feuer" mit einer anderen Bedeutung belegen.

Etwas abstrakter ausgedrückt machen wir bei der Formulierung unserer Gedanken nichts anderes, als sie mittels bekannter Definitionen zu verschlüsseln. Jedes unserer Worte steht symbolisch für einen umfangreichen Wissensschatz, hinter jedem Wort befindet sich womöglich jeweils ein langer Baum von Abhängigkeiten und Definitionen. Beim Gebrauch eines Begriffes wie zum Beispiel "Wahrnehmung" setzen wir voraus, dass unser Gegenüber dessen Definition, wie auch die Definitionen von Begriffen wie "Eigenschaft", "Identität", "Sensor" etc. kennt.

Wie gehen wir nun also bei einer solchen Zwei-Wege-Kommunikation vor, wenn wir auf keine gemeinsame Begriffsbasis zurückgreifen können? Wie sprechen wir zum Beispiel mit einem Delfin, der in einer ganz anderen Umwelt lebt?

Als Lösung bietet sich der Aufbau einer Basis von identischen Definitionen an. Das erreicht man am besten dadurch, dass man gemeinsame Erfahrungen macht. Im Kern ist eine Definition die direkte oder indirekte Verknüpfung eines Wortes mit der Realität. Wir zeigen dem Delfin einen Gummiring und lassen ein (für den Delfin wahrnehmbaren) Ton erklingen (Substantiv "Gummiring"). Wir werfen den Ring und lassen einen anderen Ton erklingen (Verb "werfen" oder "fliegen"). Delfine besitzen sogar die Fähigkeit, ohne vorher das Signal gelehrt bekommen zu haben, Deuten korrekt zu interpretieren. Selbst komplexere Anweisungen, welche das Deuten auf mehrere Objekte beinhaltete (z. B. "Bringe Spielzeug zum Eimer"), konnten damit zu einem Delfin kommuniziert und von ihm verstanden werden. Diese Art des Verstehens der Intention einer anderen

Person kann man auch in der Entwicklung von Kindern beobachten. Je älter das Kind wird, desto weiter reicht das Verständnis und die Fähigkeit, entfernte Objekte miteinander gedanklich zu verknüpfen.[32] Gegenwärtige Beobachtungen der Eigenschaften von Entitäten (Substantive), Veränderungen von Eigenschaften (Verben), Art der Veränderung von Eigenschaften (Adverbien) etc. können wir alle Schritt für Schritt durch die eine oder andere Form der Demonstration vermitteln. Je nach Fähigkeiten der Gesprächsteilnehmer können wir uns so "ganz normal" miteinander unterhalten.

> **Idee**
>
> Wenn wir mit einer anderen Intelligenz kommunizieren, müssten wir im Grunde eine gemeinsame Sprache finden oder eine solche von Grund auf aufbauen. Die einfachste Möglichkeit wäre, dem Gegenüber in den Arm zu zwicken, auf die Sache zu deuten und dessen Begriff zu rufen.

> **Frage**
>
> Können wir zeigen, dass wir mit anderen Formen von Intelligenz kommunizieren können und dass lediglich technische Hindernisse, Zeit und begrenzte Sprachfähigkeiten im Weg stehen? Könnten sie *wirklich* das verstehen, was wir meinen?

Angenommen, unser Gegenüber sieht aufgrund anders gebauter Augen Rot als Grün und umgekehrt. In einem Gespräch kommen wir in einen heftigen Streit über die Farben einer Blume, bei der jede Seite meint, doch die "richtige" Farbe zu sehen. Gegner der Hypothese, eine objektive Kommunikation wäre möglich, nutzen dieses Beispiel als beliebtes Argument. Wie können wir davon ausgehen, dass jeder Mensch dieselbe Struktur im Kopf besitzt, Farben, Formen oder Abs-

---

[32]vgl. White, *In Defense of Dolphins: The New Moral Frontier*, S. 68–74.

traktionen zu verstehen? Unterschiedliche Gehirne speichern Informationen in von Mensch zu Mensch unterschiedlichen Gehirnarealen,[33] wie können wir da überhaupt auf dieselbe Ebene kommen?

Das Abbild, das wir aus unseren Gedanken konstruieren und unserem Gegenüber kommunizieren, kann von unserem Gegenüber wahrgenommen werden, sofern wir einen gemeinsamen Kommunikationskanal besitzen (z. B. Schallwellen, Licht für Symbole oder Schrift, Kabel für Telekommunikation etc.). Idealerweise lernt man alle Begriffe gemeinsam, zum Beispiel zwicken wir der anderen Person in den Arm und deuten auf einen Baum. Möglicherweise haben wir zwei völlig unterschiedliche Gehirnstrukturen und Sinnesorgane; sofern wir aber beide dasselbe Objekt wahrnehmen oder dieselbe Situation erfahren, können wir anhand unseren individuellen Qualia (die bewussten Erfahrungen unserer Wahrnehmungen) Definitionen lernen, die sich auf denselben Begriff beziehen.

Unsere jeweilige Definition kann unterschiedlich sein, da wir möglicherweise jeweils nur einen Teilaspekt des darunterliegenden Begriffs erkennen oder verstehen. Wir können sie jedoch widerspruchsfrei (da wir uns beide auf die Realität beziehen) durch Kommunikation mit der anderen Person ergänzen. So könnte uns ein Hund bei der Suche nach einer vermissten Person helfen. Wir beide teilen den gemeinsamen Begriff einer Person, wir identifizieren jemanden aber auf unterschiedliche Weise. Anstatt dem Hund ein Bild zu zeigen, geben wir ihm ein Kleidungsstück mit dem Geruch der Person. Eine taubblinde Person mag einen Hund nach dessen Fell und Körperform kategorisieren, während sich eine sehende Person auf das Aussehen und die Farben konzentriert. Sie haben unterschiedliche Qualia derselben Sache und können sie dennoch korrekt identifizieren und kommunizieren, sobald sie den gemeinsamen Begriff gelernt haben. Eine Verständigung über sensorische und mentale Grenzen hinweg ist also möglich, wenn wir den Begriff gemeinsam gelernt haben.

---

[33]vgl. Calvin und Ojemann, *Einsicht ins Gehirn: Wie Denken und Sprache entstehen*, S. 224–30.

Zu beachten ist natürlich, dass diese Begriffsbildung nicht automatisch geschieht. Wenn wir die falschen Begriffe bilden, d. h. falsch abstrahieren, dann bilden wir womöglich widersprüchliche Definitionen des Begriffs. Machen wir aber keine Fehler, dann sind wir grundsätzlich in der Lage, *richtige* Definitionen zu bilden. Wäre dies nicht möglich, könnte man nicht dagegen argumentieren (Trugschluss des gestohlenen Begriffs). Argumentieren setzt voraus, dass objektive Kommunikation möglich ist. Argumentieren wir gegen die Objektivität von Kommunikation, widersprechen wir uns selbst mit unserem Handeln.

Selbst wenn also unsere Sinnesorgane und Gehirne völlig anders aufgebaut sind, können wir daraus schon folgern, dass wir prinzipiell die Fähigkeit besitzen, mit allen begriffsbildenden Lebewesen, und vermutlich auch Computern, zu kommunizieren. Beim Beispiel des Rot-/Grün-Sehens würde man einfach auf einen Baum deuten. Wir verknüpfen das ausgesprochene Wort "Baum" mit "Grün" und mit unseren Qualia (unserem Abbild des Baums). Egal wie unterschiedlich unsere Sinnesorgane gestaltet sind, wir hätten beide das gleiche Verständnis über das Aussehen eines Baumes trotz unserer unterschiedlichen Qualia. Selbst wenn sich unsere individuelle Qualia von grünen Objekten letztlich unterscheidet, erzeugen doch alle grünen Objekte in uns ähnliche Qualia.

Noch offensichtlicher ist da wieder die erwähnte Sprache der Pirahã. Dort gibt es keine Begriffe für Farbe, es werden lediglich Relationen angegeben, also zum Beispiel "eine Farbe wie Blut" oder "eine Farbe wie Gras." Eine objektive Kommunikation kann somit hergestellt werden. Entscheidend ist letztlich, dass Farben *Messungen* sind und keine prinzipiellen Eigenschaften eines Objektes, denn es gibt keine Eigenschaft der "Grünlichkeit", welche Pflanzen innewohnen würde. Das reflektierte Licht ist stattdessen graduell einteil- und messbar, die Schaffung eines Begriffs einer "grünen Entität" wäre somit nicht zielführend.

Aber über *was* sollte man mit fremden Formen von Intelligenz sprechen? Möglicherweise gibt es gar keinen gemeinsamen Bezug, möglicherweise nehmen sie Pflanzen, Tiere, Luft, Wasser, Feuer und den Sternenhimmel ganz anders wahr? Zunächst sei erwähnt, dass gerade begriffsbildende Wesen eine Abstraktionsfähigkeit besitzen; selbst wenn diese fremden Formen von Intelligenz beispielsweise die Sonne nur über Schwankungen im ultravioletten Bereich des Lichts wahrnehmen, können wir doch diese Schwankungen mit unserem "sichtbaren Licht" unter einen gemeinsamen Hut bringen. Die Messung wäre unterschiedlich, die Definitionen wären die gleichen.

Was ist aber, wenn es gar keinen gemeinsamen Boden für Kommunikation gibt? Was ist, wenn die andere Intelligenz so fremd ist und über keine Sinnesorgane im herkömmlichen Sinn verfügt? Man stelle sich einen tief in der Erde vergrabenen Supercomputer vor, der nur mit einem Kabel mit der Außenwelt verbunden ist. Können wir mit diesem Computer "sprechen"? Ja, wenn auch nur in begrenztem Umfang. Letztlich besitzt dieser Computer ja "Sinnesorgane", nämlich Sensoren, welche die elektrischen Signale interpretieren, die jemand von oben an ihn weitergibt. Die gemeinsame Basis der Kommunikation wäre alles, was mit diesem Signal zu tun hat, insbesondere wären dies physikalische und mathematische Formeln und Probleme. Natürlich können wir dann nur schwer vermitteln, wie es sich beispielsweise anfühlt, an einem sonnigen Frühlingsmorgen barfuß durch das nasse Gras zu laufen, genauso wie der Computer umgekehrt Schwierigkeiten haben wird, uns zu erklären, wie sich ein Überlauf des Speichers "anfühlt." Der einzige gemeinsame Referenzpunkt wären elektrische Ströme oder Informationstheorie. Auch stellt sich die Frage, ob dieser Computer überhaupt Selbstbewusstsein besitzt, wenn er selbst keine Aktoren zur Verfügung hat, mit welchen er die Welt beeinflussen, die Welt (und somit sich selbst) also wortwörtlich be*greifen*, kann.

Eine Darstellung von kommunizierenden Computern ist im Film *Colossus: The Forbin Project* zu sehen, in dem zwei unterschiedlich konstruierte Computer mittels Gemeinsamkeiten im Begriff "Logik" eine gemeinsame Sprache für höhere Begriffe entwickeln. Anders als im Film dargestellt, würde der reine Austausch von mathematischen Gesetzmäßigkeiten als Basis einer solchen Kommunikation aber *nicht* ausreichen. Eine einfache Übertragung aller Primzahlen von der Gegenseite könnte schnell aus dem Rauschen von sonstiger Protokollinformation herausgefiltert und dekodiert werden. Besitzen aber beide Computersysteme ansonsten kein gemeinsames Wissen über Elemente der Realität, dann bleibt die Kommunikation auf der Ebene des gemeinsamen Bodens der Kommunikation stehen: *Daten*. Denkbar wäre so eine Kommunikation zwischen Mathematikern; für eine Kommunikation über komplexere Begriffe müssten beide aber beispielsweise Wissen über Physik und Weltkarten, aber vor allem auch über Selbstreflektion, über die eigene Sterblichkeit, den eigenen Aufbau, über Moral, Werte, Geschichte, Philosophie usw. besitzen.

Wie sähe vor diesem Hintergrund die Lösung für die beiden oben genannten Computer aus? Sie könnten beispielsweise ihre gegenseitigen Sinnesdaten und existierende Daten der realen Welt in Form von geographischen Koordinaten bestimmter Orte oder Satellitenaufnahmen miteinander verknüpfen. Was die Computer – und auch sonst niemand – aber nicht tun können, ist, grundlegende Erkenntnisse wie zum Beispiel "*A* = *A*" herzunehmen und daraus Wahrheiten über die Welt ohne empirisches Wissen über die Welt zu folgern.

2.3.3.5 Die Arecibo-Botschaft

> **Frage**
>
> Wenn zwei Gesprächspartner nur eine einzige Sache gemeinsam hätten, was ihre Kommunikation betrifft, was wäre sie?

2.3 DER WERT VON SPRACHE

Während wir zwar bisher keinen Kontakt mit Außerirdischen haben, können wir doch einfach annehmen, dass sie existieren und Radionachrichten in das Weltall schicken. Bei der Kommunikation mit ihnen können wir von vornherein davon ausgehen, dass sie in der gemeinsamen Realität mit ähnlichen Begriffen zu tun haben. Wenn beide Seiten Signalstationen gebaut haben, die in das Weltall zeigen, gibt es sicher vieles, worüber beide sich unterhalten können. Die NASA hat in den 70er Jahren eine Nachricht, die sogenannte "Arecibo-Botschaft", konstruiert (siehe Abbildung 2.10). Sie diente als Studie, wie man eine Kommunikation mit fremden Formen von Intelligenz formulieren müsste. Sie wurde 1974 mittels Radiowellen in Binärformat in Richtung eines 22.800 Lichtjahre entfernten Sternhaufens gesandt.

Die Botschaft beginnt mit einer binären Kodierung der Zahlen 1 bis 10: logische Bestandteile, um den Rest der Nachricht zu verstehen. Darauf folgt eine Auflistung der Protonenanzahl lebenswichtiger biochemischer Elemente: 1 = Wasserstoff (H), 6 = Kohlenstoff (C), 7 = Stickstoff (N), 8 = Sauerstoff (O) und 15 = Phosphor (P). Diese Kodierung wird dann benutzt um die Moleküle darzustellen, aus der unsere DNS gebildet wird. Die vier Elemente auf der linken und rechten Seite stellen die strukturellen Bestandteile der doppelsträngigen DNS dar, während die vier Elemente in der Mitte für die vier Buchstaben (A, T, C und G) unserer Geninformationen stehen. Zum Beispiel besteht Adenin ($C_5H_4N_5$) aus vier Wasserstoff-, fünf Kohlenstoff-, fünf Stickstoff-, null Sauerstoff- und null Phosphoratomen. Es folgt eine Darstellung des räumlichen Aufbaus der DNS als Doppelhelix auf den Seiten, sowie in der Mitte die geschätzte Anzahl der DNS Basenpaare, aus denen der Mensch besteht – wieder binär kodiert. Diese Angabe vermittelt die Komplexität des menschlichen Organismus. Im nächsten Abschnitt wird neben einer binären Kodierung der Bevölkerung der Erde die Größe des Menschen dargestellt – für die Kommunikation mit einer fremden Lebensform eine große Herausforderung, da man ja kein gemeinsames Eichmaß zur Verfügung hat. In welcher Einheit sollte man so etwas wie Längen

Abbildung 2.10: Arecibo-Botschaft

vermitteln? Mangels der oben erwähnten gemeinsam gemachten Erfahrungen bleibt nur der Kommunikationskanal selbst, beide Seiten kennen die Wellenlänge der Nachricht! Nach der Darstellung des Sonnensystems mit hervorgehobener Erde, folgt zuletzt eine Darstellung des absendenden Observatoriums. Wieder wurde Bezug auf das einzig verfügbare Eichmaß der Wellenlänge genommen, um seinen Durchmesser zu definieren.

> **Idee**
>
> Wenn wir keine gemeinsame Kommunikationsbasis mit unserem Gegenüber teilen, kann immer noch der Kommunikationskanal selbst als Basis genommen werden. Im Falle der Arecibo-Botschaft haben Wissenschaftler die Wellenlänge des Signals als Referenzpunkt benutzt.

Die spezielle Darstellung der Botschaft wurde im Hinblick darauf gewählt, dass man zum einen Informationen vermitteln und zum anderen das Signal aus der Hintergrundstrahlung hervorheben mochte, um es einem potentiellen Beobachter einfach zu machen. Hierbei muss man daran denken, dass man schon einmal aufgrund von

Radiosignalen dachte, einen Beweis für außerirdische Intelligenz gefunden zu haben. 1968 entdeckte man ein von einem Sternensystem ausgehendes, sich rasch wiederholendes, regelmäßiges und hochpräzises Radiosignal. Nach genauerer Forschung entpuppte es sich allerdings als Neutronenstern der durch seine hohe Rotationsgeschwindigkeit das Signal produzierte. Im Universum erscheinen manche Dinge künstlich erschaffen, sind aber stattdessen das Ergebnis sich wiederholender komplexer Prozesse.

Eine interessante Folgerung aus all diesen Überlegungen ist, dass es möglich sein könnte, ein "perfektes Buch" zu schreiben, d. h. ein Buch, das prinzipiell jeder Mensch in die Hand nehmen und ohne Hintergrundwissen Schritt für Schritt vollständig verstehen könnte. Es würde mit einem vielbebilderten Kapitel eine Einführung in eine Sprache geben, Grammatiken und Verben erklären, und dann – wie dieses Buch – in die Diskussion der Objektivität der Sprache und der Philosophie überleiten. Wie "ausdrucksstark" ein solches Buch darüber hinaus sein könnte, würde natürlich vom Umfang der gemeinsam gemachten Erfahrungen abhängen.

Wie die Radiowellen der Arecibo Botschaft bietet ein in der Hand gehaltenes Buch zumindest einen kleinen Anhaltspunkt über die gemeinsame Realität: Der Autor schafft mit ihm einen gemeinsamen Bezugspunkt zum Leser, eine Art gemeinsames Universum, auf das er sich beziehen kann. Ein Vergleich wie zum Bcispiel "so dick wie dieses Buch" gibt dem Leser einen klaren Maßstab an die Hand; abgedruckte Bilder wiederum ermöglichen einen visuellen Abgleich mit der realen Welt.

2.3.3.6 Vertrauen

> **Frage**
>
> Wie kann man in unserer Kommunikation Vertrauen schaffen?

Selbst wenn wir die gleichen Definitionen und die gleiche Begriffshierarchie teilen, und selbst wenn wir uns den kulturellen und sprachlichen Unterschieden bewusst sind, könnte unsere Kommunikation trotzdem gestört sein: die Sinneswahrnehmung unseres Gegenübers könnte durch Rauschmittel, psychische Krankheiten, optische Täuschungen etc. verzerrt sein oder er könnte uns einfach nicht die Wahrheit erzählen wollen. Spricht man mit sich selbst, mit einem zukünftigen "Ich", beispielsweise durch das Führen eines Tagebuchs, dann kann man sich selbst vertrauen. Ohne weitere Bedingungen ist eine Kommunikation mit *anderen* aber sehr unsicher. Während wir zwar den psychischen Zustand unseres Gegenübers mittels großen Aufwands überprüfen können, bleibt für uns offen, ob die Aussage unseres Gegenübers der Wahrheit entspricht – wir müssen ihm vertrauen.

Wir können dieses Vertrauen schaffen, indem wir sicherstellen, dass der andere ein Interesse an Wahrheitsliebe besitzt, sei es durch seine Selbstlosigkeit oder durch sein langfristig ausgerichtetes Denken. Eine solche Bedingung entsteht, wenn wir entweder davon ausgehen können, mit dieser Person später noch einmal in Kontakt treten zu können (und wir uns auf irgendeine Weise für eine Lüge rächen bzw. für die Wahrheitsliebe erkenntlich zeigen können) oder wenn es eine Institution gibt, die Lügen für uns verfolgt und die Wahrheit durchsetzt bzw. die Wahrheitsliebe einzelner Personen publik macht (z. B. der Staat über das Vertragsrecht oder private Bewertungsorganisationen wie die "Verbraucherzentrale").

Idee

Man kann dadurch Vertrauen schaffen, indem man sicherstellt, dass man Konsequenzen tragen kann (als Wahrheitsliebender) bzw. tragen muss (als Lügner).

Ähnlich wie man bei wissenschaftlichen Experimenten die Versuchsbedingungen im Auge behalten muss, bleibt jenes, über Kommunikation erhaltenes Wissen immer abhängig von unserem Vertrauen zu der jeweiligen Quelle. Finden wir später heraus, dass die Person uns belogen, halluziniert oder unterschiedliche Begriffe benutzt hat, oder ihrerseits einer Lüge zum Opfer gefallen war, müssen wir unter Umständen alles Wissen von dieser Quelle, und Wissen, welches wir von diesem Wissen abgeleitet haben, neu bewerten. Ohne eine Institution oder ein System, welches uns erlaubt, dass wir dem Wort anderer trauen können, müssten wir uns (wie die Pirahã) auf eine empirische Sprache verlassen und eindeutige Quellenangaben vorweisen, anstatt uns auf Hörensagen zu verlassen.

Wussten Sie schon?

Der Grund, weshalb sauberes Zitieren und Urheberrecht so wichtig für Wissensmanagement und Verantwortung des Autors sind, ist, dass es das für objektive Kommunikation nötige Vertrauen schafft. Das erfolgreichste Vertrauensnetzwerk ist die akademische Welt. Sie erlaubt uns, den Ergebnissen von beliebigen Mitgliedern zu vertrauen und sie zu nutzen.

⟶ Erfahren Sie mehr in *Philosophie für Helden: Kontinuum*

2.3.3.7 Sprache in der Gesellschaft

Man stelle sich einmal dreißig oder mehr Vorfahren der Menschen am Ende des Tages vor, die versammelt an einem Platz sitzen. Männer, Frauen, Kinder; diejenigen mit hohem Status, diejenigen mit niedrigem Status, jeder mit einer anderen Persönlichkeit und mit eigenen Emotionen; jene mit vielen Nahrungsressourcen und jene die am Hungern sind. Von diesem Zusammentreffen würde man eine ganze Reihe unterschiedlicher Laute hören, die die unterschiedlichen Aktivitäten, deren Verlauf über den Tag, und die unterschiedlichen Emotionszustände Einzelner wie auch der ganzen Gruppe widerspiegeln. Jemand hat vielleicht ein Raubtier gehört; andere Rufe handeln von Nahrungsangeboten, dem Erbeten von Hilfe bei der Zerlegung und dem Abtransport von erlegtem Wild. Es gibt Mutter-Kind-Kommunikationen, die Geräusche von Paaren und kleinen Gruppen, die ihre sozialen Bindungen mittels melodischer Rufe stärken. Und es gibt die Laute von Individuen, die bestimmte Emotionen ausdrücken oder in anderen hervorrufen wollen. Schließlich, bei Sonnenuntergang, kann man sich vielleicht synchronisierte Laute – ein gemeinschaftliches Lied – vorstellen, die die Emotionen aller Individuen beruhigen und langsam in Stille verstummen lassen, wenn die Nacht hereinbricht und sich die Menschenaffen in den Bäumen schlafen legten.

—Steven Mithen, *The Singing Neanderthals*

Ohne diese "Protosprache" – die Musik bzw. den Gesang – hätten sich unsere Vorfahren nie in größeren Gruppen für die Jagd zusammentun können. Zu unterschiedlich und zu komplex sind wir als Individuum, als dass wir ohne ein bindendes Mittel wie Musik oder Sprache unsere inneren und äußeren Konflikte friedlich beilegen könnten. Im kleineren Rahmen beweisen Affen, dass eine Gruppenbindung ohne Sprache doch möglich ist. Sie betreiben gegenseitige Fellpflege als Beweis der Freundschaft. Die Zeit für die Fellpflege dient als eine gemeinsame Investition in die Verbindung zwischen den beiden Individuen. Zwar besitzen auch Affen die Fähigkeit zur Lautäußerung, nicht aber die Fähigkeit, diese "Sprache" wie bei der Fellpflege auf ein Individuum zu fokusieren. Ohne einer Theorie des Verstandes können sie die individuellen Erfahrungen, über die man sich mündlich austauschen könnte, nicht wertschätzen. Wir haben dagegen in gewisser Weise unser Fell durch unser Trommelfell getauscht und pflegen unsere Freundschaften durch gegenseitiges Erzählen von Geschichten und gemeinsames Singen. Gleichzeitig haben wir dadurch unsere Hände frei für die tägliche Arbeit.

Unsere entfernten Vorfahren hatten noch keine Möglichkeit, ihr Wissen als Gruppe zu vermehren. Zwar konnten sie individuell die Welt erfahren und über sie lernen; aber ohne Wissen für die nachfolgende Generation zu bewahren (von demonstrierbaren Techniken abgesehen), musste jede Generation wieder neu anfangen und jedes Mal wortwörtlich das Rad neu erfinden. Obwohl man natürlich bestehende Räder als Modell benutzen kann, benötigte man einen Lehrer mit der Theorie des Verstandes für das Lernen der dazu notwendigen Handwerkskunst.

Sobald wir die Schwelle erreicht hatten, die Welt mit einer etwas höheren Ordnung der Intentionalität zu betrachten und wir – zuerst mittels gesprochener und später mittels geschriebener Sprache – Wissen anhäufen konnten, gab es ein explosionsartiges Wachstum von dem, was jede neue Generation lernen konnte. Jede neue Generation konnte ihr Wissen auf jeweils den Erkenntnissen der Vorangegangenen aufbauen, und schon bald standen dem Menschen tausende Jahre an Verstandeskraft anderer Menschen zur Verfügung. Was unsere biologische Evolution betrifft, befinden wir uns gerade an der Grenze zwischen der Möglichkeit, lediglich Wissen für uns selbst anzuhäufen, und der Fähigkeit, uns Wissen von anderen anzueignen. Das Zeitfenster war winzig; es dauerte eine lange Zeit, bis wir physisch in der Lage waren, uns gerade halbwegs untereinander verständigen zu können. Sobald diese Stufe aber erreicht war, vervielfachte sich unser Horizont rasch innerhalb kürzester Zeit.

"Die Erfindung der Sprache hat die denkerischen Möglichkeiten des Menschen potenziert. Und nur sprachlich gefasste Gedanken sind mitteilbar und lassen sich aufbewahren; alle anderen gehen nach ein paar Sekunden zugrunde. So hilft uns die Sprache beim Denken, indem sie das mutmaßliche simultane Gewaber und Gebrodel unserer mannigfach verflochtenen Begriffe konkretisiert, präzisiert, fixiert und stabilisiert, sie zu Begriffen zuspitzt und die Kombinationen dieser Begriffe mit der Grammatik in eine Ordnung zwingt."[34]

> **Frage**
>
> Was macht Kommunikation nützlich und warum?

Jeder Mensch besitzt ein Monopol auf seine individuellen Erfahrungen; je individualistischer die Gesellschaft, desto mehr profitieren wir von gegenseitiger Kommunikation. Einen kleinen Einblick in diese Ressource des globalen Austausches zeigt uns momentan das Internet. Vergleichbar ist es vielleicht mit dem berühmten Zitat des ehemaligen Apple Chefs Steve Jobs, wie Computer in der Moderne unseren Verstand beflügelt haben:

> Ich glaube, dass eines der Dinge, die uns wirklich von höheren Primaten unterscheidet, ist, dass wir Werkzeuge herstellen. Ich habe eine Studie gelesen, die die Effizienz der Fortbewegung unterschiedlicher Tierarten auf dem Planeten maß. Der Kondor hat am wenigsten Energie verbraucht, um sich einen Kilometer fortzubewegen. Und Menschen haben sich wenig eindrucksvoll im hinteren Drittel der Liste platziert.

---

[34]Zimmer, *So kommt der Mensch zur Sprache*, S. 205.

Für die Krönung der Schöpfung war das keine Leistung, auf die man stolz sein kann. Also, das schaute nicht sehr gut aus. Aber dann hatte jemand bei der Zeitschrift *Scientific American* den Weitblick, die Effizienz der Fortbewegung eines Menschen auf einem Fahrrad zu prüfen. Und [...] ein Mensch auf einem Fahrrad übertrumpfte den Kondor bei weitem, vollkommen an der Spitze der Liste. Und ein Computer für mich ist genau das. Für mich ist ein Computer das herausragendste Werkzeug, das wir je erfunden haben, und es ist wie ein Fahrrad für unseren Verstand.

—Steve Jobs, *Memory and Imagination: New Pathways to the Library of Congress*

Idee

Erst unsere ganz individuellen Erfahrungen machen Kommunikation nützlich. Je ähnlicher wir zueinander werden (in Bezug auf unsere individuellen Erfahrungen), desto oberflächlicher werden unsere Gespräche.

Wir sind alle unterschiedlich und jeder von uns trägt eine andere Lebensgeschichte mit sich. Wir interpretieren Sprache unterschiedlich und sollten bei Gesprächen mit anderen deshalb immer versuchen, zuerst Gemeinsamkeiten zu finden. Diese Offenheit gegenüber anderen ist es, was unseren Geist für eine fruchtbare Diskussion öffnet. Es ist Ihr zweiter Baustein auf dem Weg von einem Schüler der Philosophie zu einem Lehrer und letztlich zu einer Führungspersönlichkeit.

Die Buchreihe *Philosophie für Helden*

Doch das wahre Geheimnis, ein Held zu sein, liegt in dem Wissen von der Ordnung der Dinge. Der Schweinehirt kann nicht schon zu Beginn seiner Abenteuer die Prinzessin heiraten, Hänsel nicht an die Tür des Hexenhauses pochen, wenn die Hexe verreist ist. Der böse Oheim kann nicht entdeckt und unschädlich gemacht werden, bevor er etwas Böses getan hat. Die Dinge müssen geschehen, wenn die Zeit dafür reif ist. Weissagungen dürfen nicht wie ungepflückte Früchte verderben, Fahrten und Fahndungen nicht einfach abgebrochen werden. Einhörner dürfen eine lange Zeit unerrettet bleiben – aber nicht für immer. Der glückliche Ausgang einer Geschichte darf nicht schon in deren Mitte stattfinden.

—Peter S. Beagle, *Das letzte Einhorn*

Die Buchreihe geht weiter! Weitere Bücher aus der Reihe gibt es (bald) auf unserer Website auf: https://www.lode.de/shop

Teil I: Erkenntnis. In *Philosophie für Helden: Erkenntnis*, dem ersten Buch einer vierteiligen Reihe, nimmt der Autor Clemens Lode den Leser auf eine Reise mit, die Grundlagen der Erkenntnis zu erkunden. Was benötigen wir um die Welt verstehen zu können? Wie definiert die Gesellschaft einen "Helden"? Wie helfen uns grundsätzliche Fähigkeiten wie Sprache und Mathematik, unseren Verstand zu trainieren?

Teil II: Kontinuum. Hinter der statischen Welt des ersten Buches betrachtet *Philosophie für Helden: Kontinuum* die Bewegung von einem Zustand zum Nächsten. Woher kommen wir? Warum gibt es etwas anstatt nichts? Was ist die Quelle unserer Kreativität? Wie kann uns das Studium der Naturwissenschaften helfen, zu verstehen, wer wir sind?

Teil III: Handlung. Ein Held benötigt nicht nur Mut und Einsicht, sondern auch Unabhängigkeit und Beständigkeit. *Philosophie für Helden: Handlung* befreit den Verstand von schädlicher Beeinflussung durch andere. Wie kann Ethik und Psychologie helfen, unser wahres Potential zu entdecken? Welche ungewollten "Masken" tragen wir? Was sind illusionäre Werte? Was ist der Sinn des Lebens? Wie können wir unsere Werte verkörpern? Welchen Herausforderungen müssen wir uns zur Erreichung unserer Unabhängigkeit stellen?

Teil IV: Epos. Das letzte Buch der Reihe, *Philosophie für Helden: Epos*, untersucht das mächtigste Werkzeug eines Helden, die *Geschichte*. Ist der ewige Konflikt zwischen "Gut" und "Böse" notwendig? Brauchen Helden "Drachen"? Was können wir von den Religionen lernen? Wie können wir unsere Sprache für einen guten Zweck einsetzen? Wie kann unser eigenes Leben eine Geschichte, ein *Epos* werden?

Die Entstehung dieser Buchreihe

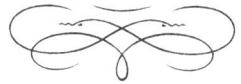

Die einzigen guten Lehrer für Dich sind die Freunde, die Dich lieben, die Dich interessant, sehr wichtig oder auch wunderbar lustig finden; sie haben eine Einstellung, die sie sagen lässt: "Erzähle mir mehr. Erzähle mir alles, was Du kannst. Ich möchte mehr über alles verstehen, was du fühlst und weißt und was in Dir und außerhalb von Dir vorgeht. Lass Deinen Gedanken freien Lauf." Und falls Du keinen solchen Freund hast, – aber trotzdem dem Schreiben nachgehen möchtest, – naja, dann musst Du Dir einen vorstellen.

—Brenda Ueland, *If You Want to Write*

VEREHRTER LESER, DAS BUCH, das Sie in den Händen halten, ist das Produkt eigener Recherchen und Überlegungen der letzten fünfzehn Jahre. Die Idee, dieses Buch zu schreiben, wurde aus den Notizen vieler Diskussionen und der Lektüre vieler anderer Bücher geboren. All den Teilnehmern und Autoren bin ich deshalb sehr dankbar für deren Meinungen und Beiträge bzw. für die Möglichkeit, meine eigenen Ideen mit deren Hilfe reflektieren zu können. Besonders danke ich auch den Lesern der Entwürfe und meiner Lektorin der englischen Ausgabe; alle haben über das Notwendige hinaus geholfen, das Buch Realität werden zu lassen.

Lassen Sie mich nun ein wenig von seiner Kindheit berichten. Wie ein Unbekannter auf der Straße möchte das Buch sich Ihnen vorstellen und Ihnen die Hand schütteln. Ein Buch beginnt nicht damit, dass man sich vor ein leeres Blatt Papier setzt und den ersten Satz niederschreibt. Die Buchreihe gab es schon sehr lange in meinem Kopf und dann auf vielen kleinen Zetteln. Das eigentliche *Schreiben* eines Buches besteht darin, dass man Ideen miteinander verknüpft und ein kohärentes Ganzes schafft. Über fünf Jahre hinweg habe ich mit der Recherche, Digitalisierung und Lektorat meiner Ideen verbracht. Und aus all diesen Mosaiksteinen begann sich ein Bild zu formen – das Thema dieser Buchreihe, eine *Philosophie für Helden*.

1 Schöpfung

> Die dunkle Zukunft die niemals kam existiert für mich weiterhin. Und sie wird es immer tun, wie Spuren eines Traums. Aber wenn eine Maschine den Wert menschlichen Lebens lernen kann, können wir es vielleicht auch.
>
> —*Terminator 2 – Tag der Abrechnung*

In seiner Anfangsphase war dieses Buch nichts als eine Menge formloser Ideen und ich ihr Begleiter. Wenn ich einen Zeitpunkt nennen müsste, an dem mir die ersten Ideen für das Buch einfielen, wäre es wohl vor 20 Jahren – Dawkins Buch *Das egoistische Gen*, das ich während meiner Schulzeit verschlang und mit dessen Hilfe ich einige der Zusammenhänge in der Welt begreifen begann. Wir alle bilden uns ein Modell der Welt; menschliche Motivationen waren für mich damals noch unerklärlich. Das Buch gab mir ein erstes Modell, anhand dem ich das Verhalten der Menschen zumindest im Ansatz erklären konnte. Mein Interesse für Mathematik und Computer kam ergänzend hinzu. Dieses erlaubten mir, Modelle auch tatsächlich zu simulieren.

Während meiner letzten Jahre an der Schule entwickelte ich ein Computerprogramm, das optimale Betriebsabläufe anhand an der Natur angelehnter Algorithmen berechnete und grafisch aufbereitete. Hier spürte ich das erste Mal, wirklich nahe an der treibenden Kraft zu sein, die die Welt zusammenhält und erklärt. Ich begann schließlich Informatik in Karlsruhe zu studieren und besuchte einige fortgeschrittene Kurse zu dem Thema. Ich entwickelte mein Programm weiter und forschte mehrere Jahre an der Thematik der künstlichen Evolution, was letztlich in meiner Spezialisierung der Verfahrensforschung mündete. Dort ist die große Frage: Wie kann man mit beschränkten Ressourcen das optimale Ergebnis erreichen? Der Blick richtete sich auch hier wieder auf die Natur und ihre Harmonie: ein chaotisches System, das von außen betrachtet so aussieht, als ob es sich im Gleichgewicht befindet.

Bezüglich meiner Karriere war ich hier das erste Mal an einem Scheideweg: Sollte ich mich tiefer in diese abstrakten Systeme hineindenken oder sollte ich mich auf das Spezialgebiet der Universität – der Robotik – konzentrieren? Beeinflusst von einer gewissen zu der Zeit vorherrschenden "Anti-Technologie"-Atmosphäre und einigen "Endzeit-Propheten", die sich über die Zukunft der Menschheit pessimistisch äußerten, entschied ich mich gegen Robotik und konzentrierte mich stattdessen auf das Studium von Algorithmen in der Natur. Ich konnte mir nicht vorstellen, "Wesen" zu schaffen, die dann von anderen kontrolliert werden könnten.

2 Aporie

Die Leute die Sokrates besuchten dachten normalerweise, dass sie über das Bescheid wussten, worüber sie sprachen. Aber nach einer halben Stunde seiner unerbittlichen Art, Fragen zu stellen, entdeckten sie, dass sie tatsächlich überhaupt nichts über grundlegende Begriffe wie Gerechtigkeit oder Mut wussten. Sie fühlten sich sehr verwirrt, wie verunsicherte Kinder; die intellektuellen und moralischen Grundlagen ihrer Leben wurden radikal untergraben und sie erfuhren einen verängstigenden, schwindelerregenden Zweifel (der *Aporie*). Für Sokrates war das der Moment in dem jemand zu einem Philosophen, "einem Liebhaber der Weisheit", wurde da er zur Einsicht kam, dass er sich nach einem tieferen Verständnis sehnte, wusste, dass er es nicht hatte aber es von diesem Zeitpunkt an mit dem gleichen Antrieb suchen würde, wie ein Liebhaber seine Geliebte verfolgt. Der Dialog führte also nicht zu Gewissheit, sondern zu einer schockierenden Realisierung der Tiefgründigkeit menschlicher Ignoranz. Egal wie vorsichtig, logisch und rational Sokrates und seine Freunde es analysierten, immer entzog sich ihnen etwas. Trotzdem fanden viele, dass der anfängliche Schock der *Aporie* zu *Ekstase* führte da sie aus ihrem vorherigen Selbst "heraustraten".

—Karen Armstrong, *Twelve Steps to a Compassionate Life*

An die Angst die ich als Achtjähriger gespürt hatte als der Golfkrieg begann kann ich mich noch erinnern. Aber erst der (zweite) Irakkrieg war das erste internationale Ereignis, das ich bewusst als solches empfand. Nicht weil ich direkt davon betroffen war oder eine politische Meinung dazu hatte, sondern weil ich die Gründe und Zusammenhänge nicht verstand. Dies war nicht das erste Ereignis in meinem Leben, bei dem ich begann, über meinen Horizont hinauszudenken. Es markierte aber einen Punkt, ab dem ich meine eigenen Ansichten zu hinterfragen begann und ich mich das erste Mal als Teil einer größeren Gemeinschaft ansah. Vielleicht fühlten die Leute, die Sokrates im Gespräch begegneten, einen vergleichbaren "Schock" (*aporia*). Das Leben dreht sich dann nicht mehr nur um das Hier und Jetzt, sondern um Geschichte, die Zukunft und die eigene Rolle darin.

In den folgenden Monaten und Jahren setzte ich mich mit neuem Interesse mit Geschichte, Recht, Wirtschaft und Politik auseinander. Ich habe über mein geschichtliches Selbst reflektiert, also über die "Maske", die man durch Schule, Kultur, Geschichte und Medien aufgesetzt bekommt. Ich lernte über Verbrechen und Korruption; aber aller Recherche zum Trotz blieben für mich weiterhin Fragen offen. Ist es einfach nur die Gier und das Machtstreben, die die Welt antreiben? Sind es einzelne geheime Machthaber, die das Rad der Geschichte drehen? Welcher Seite kann man trauen? Viele Nächte grübelte ich über diese Fragen. Sicher gibt es sie, Zusammenschlüsse von Firmen, Interessengruppen, Organisationen. Es gibt die Mafia, es gibt den internationalen Drogenhandel. Es gibt Korruption, es gibt politische Intrigen. Aber agieren diese Systeme unabhängig vom Menschen und sind wir machtlos gegen sie? Reicht es, dass wir sie identifizieren können, um sie zu stürzen? Reicht es, die Namen einiger Personen zu kennen, die am "Hebel" sitzen? Wie könnte ein so großes oder mächtiges Netzwerk auf Basis von Gewalt funktionieren?

Eine Antwort lieferte mir letztlich Ayn Rand in *The Virtue of Selfishness* und *Capitalism: The Unknown Ideal*. Politik ist demnach das Resultat der Philosophie einer Gesellschaft. Egal welche bösen Absichten der Einzelne hat, er kann nicht ohne Weiteres andere zu seinem Tun bewegen. Wir haben einen freien Willen, wir haben Werte und Vorstellungen. Erst wenn diese korrumpiert werden, wird der Mensch formbar und zu einem Sklaven eines Manipulators.[1] Anstatt uns im politischen Feld zu streiten, ist es produktiver, uns Gedanken über unsere Werte zu machen und diese mit anderen zu diskutieren.

Ab diesem Zeitpunkt konnte ich nun Abstand von den sehr oberflächlichen politischen Diskussionen nehmen und die Ursachen wirklich beim Namen nennen. Mir wurde klar, dass viele Missverständnisse und Meinungsverschiedenheiten ihren Ursprung auf einer sehr viel tieferen Ebene haben. Von Einflüssen abgesehen, die aus Gruppendruck herrühren, gehört niemand einfach einer bestimmten politischen Richtung an. Erst eine ganze Reihe von Ansichten zu teilweise sehr abstrakten Themen führt zu diesen Überzeugungen. Meine neuen Erkenntnisse über Philosophie erlaubten es mir, neue interdisziplinäre Verbindungen zu sehen. Von harter Logik und grundlegender Philosophie, über Fragen der Kognition, bis hin zu Fragen der Lebensführung, Politik und Kunst, konnte ich mir die Welt endlich als Gesamtbild vorstellen. Und ich erinnerte mich an ein Buch meiner Kindheit zurück – *Das letzte Einhorn* von Peter S. Beagle, welches ähnlich wie *The Hero with a Thousand Faces* von Joseph Campbell eine Heldenreise beschreibt, der Entwicklung eines Menschen hin zum Erkennen von dessen, was ihm wirklich wichtig erscheint. Wir sind nicht immer das, was wir zu sein scheinen, wir tragen "Masken" und wir sind auf einer Suche nach unseren Werten, nach unserer wahren Natur.

---

[1] Von anderen manipuliert zu werden ist nicht notwendigerweise etwas Negatives. Zum Beispiel könnten wir einen Motivationstrainer einstellen, der Überzeugungsmethoden nutzt um uns zu gesunder Ernährungsweise und regelmäßiger Bewegung zu bringen und uns hilft unsere Grenzen zu überwinden.

Mit all diesem Wissen verstand ich nun nicht nur die Welt, sondern insbesondere auch mich selbst. Ich habe endlich Zugang zu meinem wahren Selbst erlangt. Der nächste Schritt ist nun, diese Ideen an andere weiterzugeben. Denn wie Freude wird Wissen erst richtig wertvoll, wenn es geteilt wird. Meine treibende Kraft ist, dass ich in mir selbst wie auch in der Welt, in jedem Menschen, ein nicht realisiertes Potential sehe. Ich fühle, dass jeder von uns zu einem besseren Menschen werden kann und uns dazu lediglich der Impuls oder das Wissen fehlt. Mit Büchern wie diesem möchte ich einen kleinen Teil dieses Impulses und des Wissens vermitteln.

3 Wie man ein Lehrer wird

Aus meiner Beschäftigung mit Psychologie, insbesondere mit Carl Jung, wurden mir die Schwierigkeiten bewusst, Wissen anderen mitzuteilen. Jeder baut eine Persönlichkeitstyp-Theorie auf Basis von Eigenschaften wie weiblich, männlich, introvertiert, extrovertiert, intelligent etc. auf. Wir wissen, dass es unterschiedliche Menschen gibt. Was mir aber die Psychoanalyse von Carl Jung gezeigt hat, ist, dass Menschen *sehr* unterschiedliche Denkweisen und entsprechend unterschiedliche Persönlichkeiten haben können. In dieser Buchreihe versuche ich diesen Persönlichkeitstypen durch verschiedene Blickwinkel gerecht zu werden. Letztlich schreibe ich aber aus eigener Sicht, in der sich meine eigenen Gedankenstrukturen und meine eigenen Werte widerspiegeln.

Beim Schreiben wurde ich mit einer ganzen Reihe von Lebensphilosophien konfrontiert und musste meine eigenen Ansichten in Frage stellen. Es ist so, als ob man sich, wenn man andere Ansichten studieren möchte, selbst erst einmal in diese "einfühlen" muss. Zudem muss man die eigene "Mauer" um sich herum öffnen. Das ist der "Preis" dafür, sich mit anderen Menschen und Ansichten auseinanderzusetzen: man muss die eigene Komfortzone verlassen. Während es einfach ist, andere Lehrer und andere Literatur zu referenzieren, bedarf es Mut, jemanden das beizubringen was man selbst gelernt hat.

Wer bin ich, dass ich jemandem sage, was er zu tun hat, besonders wenn sich meine Philosophie um die Freiheit des Verstandes dreht? Ich frage mich oft, ob ich denn nun *wirklich* richtig liege. Aber dann gibt es wiederum andere, die zu ihrem eigenen Vorteil andere Leute manipulieren und ihnen sagen, was sie tun sollen. Die Welt braucht also ein Gegengewicht, welches die Menschen befreit. Aber das ist natürlich wieder eine Geschichte die ich für mich als Rechtfertigung bereit gelegt habe. Ich denke, dass die wichtigste Idee, die sich ein Lehrer verinnerlichen muss, darin besteht, dass er seine Schüler nicht davor schützen sollte, Fehler zu machen. Das ist mehr eine Aufgabe eines Beraters, den man konsultieren kann, um einen Teil des eigenen Lebens zu managen.

Ein guter Lehrer muss über das reine Lehren von Schlussfolgerungen hinausgehen und stattdessen anderen ermöglichen, etwas für sich selbst zu entdecken. Manche Dinge könnten im Voraus *bekannt* sein; aber *gelernt* werden sie erst, wenn man einer bestimmten Situation gegenübersteht und selbst erfährt, was passiert, wenn man den Ratschlägen *nicht* folgt. Ein Lehrer sollte mehr wie ein offenes Buch sein, Fragen beantworten und immer schwierigere Herausforderungen bieten, damit der Schüler an ihnen wachsen und seine eigenen Grenzen entdecken kann.

Ein Lehrer bildet neue Lehrer, nicht Anhänger. Es liegt an jedem selbst, was er mit seinem freien Willen macht. Anstatt anderen aufzutragen, was sie tun sollen, können wir ihnen die Freiheit geben, sie selbst zu sein.

Der Autor

> Gib mir den Richtigen in einem beliebigen Fachgebiet und ich kann mit ihm sprechen. Die Voraussetzung ist, dass er seinen Bereich so weit wie ihm nur irgendwie möglich verfolgt hat. Dass er jeden Teil von Anfang bis Ende studiert hat. Er ist kein Dilettant in irgendeiner Weise. [...] Dadurch muss er sich an allen Enden Mysterien mit Ehrfurcht stellen. Mysterien und Ehrfurcht, das haben wir gemeinsam.
>
> —Richard Feynman

Was bringt einen Informatiker dazu, in der Philosophie nach Antworten zu suchen? Clemens Lode hat eine Leidenschaft für naturinspirierte Algorithmen. Er ist überzeugt, dass man mehr als nur Wissenschaft benötigt, um Computer "schlau" zu machen...

Clemens Lode ist der Gründer des Lode Verlags, geschaffen um eine Blaupause für Helden zu skizzieren. Um das zu erreichen stellt er ein Fundament aus Philosophie und moderner Wissenschaft zur Verfügung. Sein Traum ist es, eine bessere Welt zu bauen indem er lehrt, was es bedeutet, ein Held zu sein – und wie man ein Held im echten Leben werden kann.

Clemens erhielt sein Diplom in Informatik von der Universität Karlsruhe. Nach seinem Studium der naturinspirierten Optimierungsalgorithmen und seiner Karriere in der Programmierung großer Serversysteme mit medizinischen Daten, wandte er sich der Optimierung von Unternehmen und schließlich dem individuellen Coaching zu. Vor dem Lode Verlag gründete er ein Unternehmen das die Kraft der Natur auf den Computer brachte. Sein erfolgreichstes Produkt war dabei ein Programm das mit Hilfe evolutionärer Algorithmen Spielstrategien optimierte – eine Aufgabe die Google kürzlich mit in ihre Entwicklung ihrer künstlichen Intelligenz aufnam. Clemens arbeitet momentan als IT-Berater, der Organisationsstrukturen und Teamstrukturen analysiert und mit IT-Prozessen hilft.

Gerne würde er etwas von Ihnen hören. Schreiben Sie ihm doch eine Zeile oder folgen Sie ihm auf Facebook oder Twitter! Neben einem gelegentlichen politischen Kommentar ist sein Newsfeed normalerweise mit Tierbildern gefüllt. Für ihn stellen sie Reinheit, Gelegenheit, Neugier und einen frischen Start in das Leben mit Optimismus dar. Clemens kann über Twitter @ClemensLode, Facebook, oder Email (clemens@lode.de) erreicht werden.

Reflektion

Haben Sie alle *Kami no Itte* gefunden? Nehmen Sie an der Diskussion mit anderen Lesern in unserem Online Forum teil: https://www.lode.de/study/pfh1

Philosophie

- Warum kann man den Wunsch, im Rampenlicht des Fernsehens zu stehen, als einen *Cargo-Kult* bezeichnen?
- Warum ist der passive Beobachter das Gegenteil eines Helden?
- Was sind falsche Helden und was macht ein wahrer Held mit diesen?
- Warum scheitert die Wissenschaft an grundsätzlichen philosophischen Fragen?
- Warum sollten wir Philosophie nicht als unbeteiligter Beobachter von uns selbst oder der Welt studieren?
- Kann alles, was ich mir vorstellen kann, existieren? Können dann auch Widersprüche in der Realität existieren?
- Was versteht man unter der Identität einer Entität?
- Warum sind Ontologie und Erkenntnistheorie ineinander verwoben?
- Welche fünf Probleme können unsere objektive Wahrnehmung beeinträchtigen?
- Gibt es Wirkungen auf uns die uns verborgen bleiben?
- Wie sollten wir auf willkürliche Aussagen reagieren?
- Warum ist es notwendig, dass Begriffe auf Beobachtungen, aber nicht auf konkreten Messungen basieren?
- Wie können Begriffe unsere mentalen Fähigkeiten steigern?
- Definitionen müssen nicht vollständig sein; welche Rolle spielen sie?
- Wie hängen Begriffe und Widersprüche in unseren Aussagen zusammen?
- Zu welchem Begriff gehört ein violetter Ball, zu den blauen oder zu den roten Bällen?
- Inwiefern ähnln sich Mensch und Computer bei der Erfassung eines Sachverhalts?
- Wie ergänzt der Prozess der Deduktion den Prozess der Induktion?
- Sind wir Geister die ihre Körper, oder Körper die ihre Geister entdeckt haben?
- Warum würde der Begriff des "Begriffs" in der extremen Form des Empirismus seine Bedeutung verlieren?
- Kann es ohne Induktion wahre Aussagen geben? Warum bzw. warum nicht?
- Wo ist der Zusammenhang zwischen dem Problem der Induktion und Allwissenheit?

Sprache

- Wie hat der Seehandel in der Antike die Entwicklung unseres modernen Alphabets beeinflusst?
- Was ist ein Beispiel für eine korrekte Sprache? Was ist ein Beispiel für eine vollständige Sprache?
- Von der Begriffshierarchie abgesehen, was macht eine Sprache komplex?
- In welchen Schritten lernen Kinder die Begriffe "Vergangenheit" und "Zukunft"?
- Was wäre ein Beispiel für die Intentionalität vierter Ordnung?
- Welche sind die drei wesentlichsten Hindernisse in unserer Kommunikation mit anderen?
- Warum ist es wichtig, in einer Diskussion die jeweiligen Definitionen zu klären?
- Wie unterscheiden sich Sprachen im Hinblick auf ihre jeweilige Ausdrucksstärke?
- Warum kann keine (vollständige) Sprache Sie davon abhalten, eine bestimmte Idee auszudrücken?
- Warum hat die Menschheit ein System der Mathematik entwickelt?
- Mengen sind für sich genommen keine Entitäten. Aber was sind sie?
- Warum können Mengen sich nicht selbst enthalten?
- Warum brauchen die Axiomensysteme in der Mathematik keine Beziehung zur Realität?
- Welche Nachteile hat die rekursive Darstellung der natürlichen Zahlen?
- Warum ist die Mathematik nicht einfach eine Wissenschaft der Entitäten?
- Wenn der Kreisumfang "irrational" ist, gibt es dann keine Kreise in der Realität? Wie treten in der Natur irrationale Zahlen in Erscheinung?
- Welchen Grund hat die Komplexität der Natur?
- Wie hängt das Zählen mit der Philosophie zusammen?
- Hat die "Null" eine Entsprechung in der Realität? Wenn Sie "null" Äpfel und "null" Zitronen besitzen, ist das was Sie haben (was Äpfel und Zitronen betrifft), das Gleiche?
- Was sind die Grenzen der Mathematik bei der Beschreibung der Realität?
- Können wir zeigen, dass wir mit anderen Formen von Intelligenz kommunizieren können und dass lediglich technische Hindernisse, Zeit und begrenzte Sprachfähigkeiten im Weg stehen? Könnten sie *wirklich* das verstehen, was wir meinen?
- Hätten wir keine gemeinsame Sprache, wie könnten wir miteinander kommunizieren? Was wären die Grenzen einer solchen Kommunikation?
- Wenn zwei Gesprächspartner nur eine einzige Sache gemeinsam hätten, was ihre Kommunikation betrifft, was wäre sie?
- Wie kann man in unserer Kommunikation Vertrauen schaffen?
- Was macht Kommunikation nützlich und warum?

Kami no Itte

Idee

Die Ideen-Kästen welche Sie im ganzen Buch verteilt finden können, decken nicht den gesamten Inhalt des Buches ab. Aber sie sind wie Grenzpfeiler innerhalb derer die Philosophie sich bewegt. Wie die am Anfang erwähnten 神の一手 – *Kami no Itte* – sind sie einzigartige, manchmal überraschende "Züge" (Ideen), von denen aus tiefere Einsichten gewonnen werden können.

Philosophie

• Das Gegenteil eines Helden ist nicht sein Widersacher, sondern der sich nicht beteiligende Zuschauer.

• Ein wahrer Held stellt sich gegen falsche Helden.

• Wissenschaft basiert auf einem philosophischen Fundament, also einem Zweig der Philosophie. Wissenschaft kann keine grundlegenden philosophischen Fragen beantworten, ohne ihre eigenen wissenschaftlichen Prinzipien zu verletzen.

• Kern der Philosophie ist es, sich als Teil der Realität zu verstehen, anstatt sich als passiver Beobachter von ihr abzukapseln.

• Entitäten haben jeweils genau eine (spezifische und abgegrenzte) Identität.

• Die Ontologie und die Erkenntnistheorie gelten gleichzeitig. Die Frage danach, was existiert, und danach, wie wir Wissen darüber erlangen können, bilden eine gemeinsame Grundlage der Philosophie.

• Wir können physikalische Grenzen unserer Sinne mittels unseres Verstandes und wissenschaftlicher Instrumente überwinden. Prinzipiell können wir jede Wirkung wahrnehmen.

• Willkürliche Aussagen kann man ignorieren. Nur weil man die Aussage treffen kann, heißt das nicht, dass sie irgendeine Verbindung zur Realität hat, die man beachten müsste.

• Begriffe werden durch Weglassen der Maße gebildet.

• Mithilfe von Begriffen können wir Aussagen über das Verhalten einer großen Anzahl von Entitäten machen, ohne sie jeweils individuell betrachten zu müssen. Auf diese Weise erhöhen wir unser mentales Leistungsvermögen um ein Vielfaches.

• Definitionen müssen nicht vollständig sein, sie müssen lediglich Begriffe klar voneinander trennen können.

• Widersprüche haben ihren Ursprung entweder in fehlerhafter Definition von Begriffen oder in fehlerhafter Zuordnung von Entitäten zu Begriffen.

• Ein Computer ist wie ein großes Lager indexierter Karteikarten. In ihm kann ein Programmierer eine Begriffshierarchie ähnlich wie der unseren strukturiert abbilden. Sowohl der Computer wie auch Menschen nutzen ihre Begriffshierarchie um Elemente einer Situation zu kategorisieren.

• Wir sind keine Geister, die aus ihrem Bewusstsein heraus folgern, dass sie auch Körper haben müssten. Wir sind auch keine Körper, die gelernt haben, die Welt wahrzunehmen und ein Bewusstsein zu formen. Wir sind beides gleichzeitig und wir müssen beides gleichzeitig entdecken.

• Im extremen Empirismus wäre der Begriffshierarchiebaum völlig flach und der Begriff des "Begriffs" würde seine Bedeutung verlieren, da jeder Begriff sich nur auf eine einzige Instanz beziehen würde.

• Kants synthetische *a priori* Aussagen kann es wegen des Axioms der Identität nicht geben. Das bedeutet, es gibt keine Aussagen, die man ohne Induktion beweisen kann. Die Überlegungen von Kant lösen nicht das Problem der Induktion.

• Humes Problem der Induktion zielt letztlich auf die Tatsache ab, dass wir nicht allwissend sind, wenn wir Begriffe aufstellen.

Sprache

• Unsere heutige Schrift ist ein Nachfahre des phönizischen Alphabets. Dies war ein Schriftsystem, das sich im Umfeld der Schiffshandelsrouten im antiken Mittelmeer gebildet, und Lautsilben (Phoneme) anstatt bildlicher Darstellungen von Begriffen benutzt hat.

• Jedes (hinreichend mächtige) formale System ist entweder widersprüchlich oder unvollständig.

• Von der Begriffshierarchie abgesehen sind Sprachen an sich grundsätzlich trivial. Erst ihre Optimierungen, wie z. B. Zeitformen und Pronomen, machen sie komplex.

• Bevor wir uns Hals über Kopf in eine Diskussion über zum Beispiel Gott, Demokratie, Gleichheit oder Freiheit stürzen, müssen wir unseren Diskussionspartner zuerst nach den jeweiligen Definitionen fragen.

• Unterschiede in den Sprachen bezüglich ihrer Mächtigkeit gibt es nur hinsichtlich der Länge, Genauigkeit und Eindeutigkeit des jeweiligen Satzes.

• Während unterschiedliche Sprachen es schwieriger oder leichter machen können, Ideen auszudrücken, kann keine (vollständige) Sprache es verhindern, eine Idee überhaupt auszudrücken.

• Mathematik entstand aus dem Bedürfnis, Mengen zu zählen, Mengen zu vergleichen und Prozesse zu beschreiben.

• Mengen sind nur *Aufzählungen* von existierenden Entitäten oder anderen Mengen, nicht die Entitäten selbst.

• Mengen können sich nicht selbst enthalten und müssen abzählbar sein.

• Mathematische Axiomensysteme müssen keinen Bezug zur Realität haben und müssen nicht selbstevident sein. Es sind rein rationalistische, in sich geschlossene Systeme.

- Die rekursive Darstellung der natürlichen Zahlen gibt die Wirklichkeit zwar vollständig, aber auch potentiell fehlerhaft wieder.

- Mathematik ist *nicht* die Wissenschaft von Entitäten, sondern die Wissenschaft von *Verhältnissen* von Entitäten bzw. von *Messungen* ihrer Eigenschaften.

- Irrationale Zahlen beziehen sich nicht auf Anzahlen oder Verhältnisse, sie kommen so in der Natur also nicht vor. Stattdessen beziehen sie sich auf Prozesse oder Konstruktionsweisen (Kreise, goldener Schnitt, Blattstände, Proportionen etc.).

- Die Komplexität der Realität rührt daher, dass sie ein *Produkt* von sich unendlich wiederholenden Prozessen ist.

- Zählen ist keine triviale oder angeborene Fähigkeit, sondern Ausdruck eines früh angelernten und tief verinnerlichten Systems der Philosophie, verkörpert über die Sprache und Kultur.

- Die *Ziffer* "0" diente ursprünglich lediglich als Leerstelle, während die *Zahl* "0" keine Identität und somit keinen Vertreter in der Realität besitzt, sondern nur als Ergebnis einer Messung stehen kann. Man könnte eine unendliche Liste an Dingen aufzählen, von denen man 0 Stück besitzt, ohne einen Schritt weiterzukommen, zu beschreiben, *was* man besitzt.

- Die Realität ist widerspruchsfrei. Mathematik ist ein gutes *Werkzeug*, um Messungen der Realität durchzuführen und zu beschreiben. Ein "schönes" mathematisches Modell, das die Ergebnisse von Messungen exakt wiedergibt, bleibt aber ein *Modell* und ist nicht notwendigerweise eine Beschreibung der Realität.

- Wenn wir mit einer anderen Intelligenz kommunizieren, müssten wir im Grunde eine gemeinsame Sprache finden oder eine solche von Grund auf aufbauen. Die einfachste Möglichkeit wäre, dem Gegenüber in den Arm zu zwicken, auf die Sache zu deuten und dessen Begriff zu rufen.

- Wenn wir keine gemeinsame Kommunikationsbasis mit unserem Gegenüber teilen, kann immer noch der Kommunikationskanal selbst als Basis genommen werden. Im Falle der Arecibo-Botschaft haben Wissenschaftler die Wellenlänge des Signals als Referenzpunkt benutzt.

- Man kann dadurch Vertrauen schaffen, indem man sicherstellt, dass man Konsequenzen tragen kann (als Wahrheitsliebender) bzw. tragen muss (als Lügner).

- Erst unsere ganz individuellen Erfahrungen machen Kommunikation nützlich. Je ähnlicher wir zueinander werden (in Bezug auf unsere individuellen Erfahrungen), desto oberflächlicher werden unsere Gespräche.

Glossar

A

Aussage *a posteriori* • Eine *Aussage a posteriori* ist eine Aussage, welche über Erfahrung begründet werden muss (z. B. "Körper sind schwer"; man muss einen Körper erst anheben, um seine Schwere festzustellen).

Aussage *a priori* • Eine *Aussage a priori* ist eine Aussage, welche unabhängig einer Erfahrung begründet werden könne (z. B. mathematische Aussagen).

***A priori* Wissen** • *A priori Wissen* ist Wissen, welches ohne vorherige Erfahrung gewonnen wurde.

Abbild • Ein *Abbild* ist eine Entität, welche mittels einer mentalen Verknüpfung mit einer anderen Entität verbunden ist.

Adjektiv • Ein *Adjektiv* ist ein Wort, welches ein zugehöriges Nomen näher beschreibt. Es fügt eine Messung einer Eigenschaft des zugehörigen Begriffs (z. B. "ein *großer* Baum") hinzu.

Adverb • Ein *Adverb* ist ein Wort, welches sich auf ein Verb bezieht, und die Art oder den Umfang der Änderung der Eigenschaften mit einer anderen Änderung der Eigenschaften vergleicht ("Sie schritt *leise* den Gang hinunter"). Alternativ kann sich ein Adverb auf ein Adjektiv oder ein anderes Adverb beziehen und dieses näher beschreiben (z. B. "Er hatte *sehr* große Augen.").

Aggregat • Ein *Aggregat* ist eine Anzahl von Entitäten, welche eine wechselseitige Wirkung aufeinander haben, sodass sie insgesamt als eigene Entität betrachtet werden können (z. B. eine Schale voll Wasser – alle Wassermoleküle interagieren miteinander).

Analytische Aussage • Eine *analytische Aussage* ist ein Satz, dessen Aussage durch die Definition des Subjekts gegeben ist, und Messungen zu dessen Wahrheitsbestimmung deshalb nicht nötig sind (z. B. "Dreiecke haben drei Ecken.").

Axiom • Ein *Axiom* ist eine selbstevidente Wahrheit (z. B. "Etwas existiert").

Axiom des Bewusstseins • Das *Axiom des Bewusstseins* sagt aus, dass wir uns unseres Daseins (der Tatsache, dass wir existieren), unserer Identität und der äußeren Welt bewusst werden können.

Axiom der Existenz • Das *Axiom der Existenz* sagt aus, dass etwas *existiert*. Ohne Existenz gäbe es keine Entitäten. Insbesondere gäbe es keine Interaktionen zwischen Entitäten, keine Wahrnehmung und somit auch kein Wissen, und eine Argumentation gegen dieses Axiom wäre nicht möglich.

Axiom der Identität • Das *Axiom der Identität* sagt aus, dass *etwas* existiert. Ohne dieses Axiom könnten "Entitäten" "womöglich" existieren, aber sie hätten keine Identität, würden somit ebenso keine Eigenschaften besitzen. In einer solchen Realität wäre entsprechend auch keine Wahrnehmung und kein Wissen möglich, insbesondere könnte man nicht gegen das Axiom der Identität argumentieren: ohne Identität wären Aussagen generell unmöglich, da auch sie keine Identität – keine Aussage – besäßen. Im Objektivismus wird dieses Axiom auch als "*A* ist *A*" bezeichnet: Jede Entität hat *bestimmte* Eigenschaften und keine anderen.

Axiomensystem • Ein *Axiomensystem* ist eine Menge von Axiomen, die die Grundvoraussetzung allen Wissens in einem Gebiet darstellt.

B

Bezeichner • Ein *Bezeichner* ist der Name eines Begriffs (als Wort oder feststehende Wortverbindung, wie z. B. "Hab und Gut" oder "im Handumdrehen"). Jeder Begriff hat einen Bezeichner als Zeiger, der auf ihn zeigt, aber nicht jeder Bezeichner zeigt auf einen Begriff (z. B. Konjunktionen wie "und").

Buchstabe • Ein *Buchstabe* ist ein kleines Bild ("a", "b", "c" etc.).

Begriff • Ein *Begriff* ist eine Kategorie, welche über eine Definition beschrieben und über die Natur der Entität bestimmt ist.

Begriffshierarchie • Eine *Begriffshierarchie* ist eine baumartige Struktur, bestehend aus Begriffen, welche durch die Definitionen der durch die Begriffe vorgegebenen Verknüpfungen definiert ist (z. B. gehören "Stuhl" und "Tisch" zum Oberbegriff "Möbel"; der Begriff "Möbel" würde also die Wurzel des Baums darstellen und "Stuhl" und "Tisch" zwei davon fortlaufende Äste).

Belegung einer Eigenschaft • Die *Belegung einer Eigenschaft* bezieht sich auf die Stärke einer bestimmten Eigenschaft einer Entität.

Bewusstsein • Mit unserem *Bewusstsein* können wir uns über etwas bewusst werden, es ist also der Prozess der aus der Fähigkeit einer Entität entsteht, sich selbst und andere Entitäten und deren Eigenschaften wahrnehmen und über sie reflektieren zu können (Kognition).

C

Cargo-Kult • *Cargo-Kult* bezieht sich auf ein Verhalten, bei dem jemand bestimmte Aspekte einer anderen (erfolgreichen) Person versucht zu imitieren und dabei den gleichen Erfolg erwartet. Zum Beispiel sind Prominente häufig im Fernsehen, aber nur dadurch, dass man es selbst in das Fernsehen schafft, wird man selbst nicht unbedingt zu einem Prominenten.

D

Deduktion • Bei der *Deduktion* schließt man vom allgemeinen Fall auf den speziellen Fall. Wir benutzen dabei das Wissen, das wir uns mittels Induktion angeeignet haben, prüfen, ob eine bestimmte Wahrnehmung zu der Definition eines Begriffs passt und folgern dann für die zugehörige Entität, dass sie alle Eigenschaften des jeweiligen Begriffs besitzt. Kurz gesagt, Deduktion ist der Prozess, neue Entitäten unter einem bekannten Begriff zusammenzufassen (vgl. Rand, Binswanger und Peikoff, *Introduction to Objectivist Epistemology*, S. 28). Deduktion läuft also den umgekehrten Weg wie Induktion. Haben wir zum Beispiel durch Induktion vorher festgestellt, dass Autos auf der Straße fahren können und sehen ein parkendes Auto, dann können wir deduzieren, dass auch dieses Auto auf der Straße fahren kann, da wir das parkende Auto unter dem bekannten Begriff "Auto" eingeordnet haben.

Definition • Eine *Definition* ist eine mögliche Abgrenzung einer Anzahl von Entitäten von einer Anzahl anderer Entitäten mittels Wahrnehmungen, *Begriffen* und Axiomen (z. B. Gras ist eine "Pflanze", d. h. ein "Lebewesen", welches "Photosynthese" nutzt) anhand von Eigenschaften und Prozessen der Entitäten (vgl. Rand, Binswanger und Peikoff, *Introduction to Objectivist Epistemology*, S. 71–74).

E

Eigenschaft • Eine *Eigenschaft* bezieht sich auf die Art der Wirkung einer Entität (oder eines Prozesses) auf andere Entitäten (oder auf andere Prozesse) in einer bestimmten Situation (z.B. Masse, Position, Länge, Name, Geschwindigkeit etc.).

Empirismus • *Empirismus* besagt, dass Sinnesdaten (Empirie) der Ursprung allen Wissens sind. Im Empirismus ist eine Deduktion von Wissen, welches nicht auf Sinnesdaten beruht, unmöglich.

Entität • Eine *Entität* ist ein "Ding", etwas, das eine Identität mit Eigenschaften besitzt (z.B. eine Pflanze produziert Sauerstoff, ein Stein besitzt eine harte Oberfläche etc.).

F

Freier Wille • Der *freie Wille* bezieht sich auf die Fähigkeit, über unsere Kognition reflektieren zu können, also nicht von äußeren Einflüssen determiniert zu sein. Je mehr wir darüber wissen und je mehr wir uns darüber bewusst sind, was uns beeinflusst, desto freier ist unser Wille.

H

Hierarchiebaum (von Begriffen) • Ein *Hierarchiebaum (von Begriffen)* bezieht sich auf eine gerichtete Anordnung von Begriffen nach ihrer Vererbung.

I

Identität • Eine *Identität* ist die Gesamtheit aller Eigenschaften einer Entität (z.B. Gewicht: 80kg, Größe: 1,80m, hat ein Bewusstsein etc.).

Induktion • Bei der *Induktion* schließen wir vom speziellen Fall (von einer Reihe konkreter Wahrnehmungen) auf den allgemeinen Fall (dem Begriff). Damit schaffen wir neue, oder erweitern bzw. verfeinern bestehende Begriffe mithilfe von Sinnesdaten und logischer Integration einer Anzahl von Wahrnehmungen von Entitäten. Beispielsweise sehen wir eine Reihe verschiedenfarbiger Autos, dann können wir mittels Induktion aus dieser Beobachtung den allgemeinen Begriff "Auto" schaffen.

Integration • *Integration* ist die Einordnung von wahrgenommenen Entitäten in einen oder mehrere Begriffe, sowie Einordnung bestehender Begriffe in allgemeinere Begriffe bzw. in eine Begriffshierarchie (z.B. Einordnung einer wahrgenommenen Schallwelle als ein bestimmtes Wort, oder Einordnung des Begriffs "Mensch" unter dem allgemeineren Begriff "Lebewesen").

K

Kategorie • Eine *Kategorie* ist eine mentale Verknüpfung von Entitäten.

Kausalität • *Kausalität* bezieht sich auf die Wirkung einer oder mehrerer Entitäten auf andere Entitäten in einer bestimmten Situation (z. B. ist ein Unfall kein Zufall, es gibt ein oder mehrere Ursachen, die den Unfall zur Folge hatten, man denke an Müdigkeit, einen technischen Fehler, schlechte Sicht etc.).

Kognition • *Kognition* ist die Fähigkeit, Qualia zu verarbeiten bzw. zu korrigieren, Wissen zu schaffen bzw. anzuwenden, die eigenen Vorlieben anzupassen und über den Prozess der Kognition selbst zu reflektieren. Das Produkt des Prozesses ist Bewusstsein.

Kommunikation • *Kommunikation* ist der Versuch einer Entität A, (tatsächliches oder erfundenes) Wissen über einen Sachverhalt mittels Sprache in Abbilder und sprachliche Hilfskonstrukte zu übersetzen, sodass eine andere Entität B die Reihe von Abbildern und sprachlichen Hilfskonstrukten in Wissen über einen von A wahrgenommenen Sachverhalt übersetzen kann, ohne selbst unmittelbare Sensorinformationen der beteiligten Entitäten des Sachverhalts erhalten zu haben.

L

Logik • *Logik* ist eine Methode zur widerspruchsfreien Integration von Wissen oder Wahrnehmungen.

M

Menge • Eine *Menge* ist ein Zeiger auf eine Anzahl von Entitäten, die sich durch die Menge von definierten Eigenschaften teilen (z. B. steht die Menge der "Sieben Weltmeere" für die sieben großen Wasserflächen der Erde, d. h. die vier Ozeane und die drei großen Mittelmeere). Anders ausgedrückt sind Mengen ein Weg um Entitäten zu organisieren und zu gruppieren; sie machen das Leben einfacher.

N

Nebenläufiger Begriff • Wenn ein Begriff von mehr als einem anderen Begriff erbt, dann werden diese zusätzlichen Begriffe *nebenläufig* genannt. Beispielsweise kann man eine Entität des Typs "Mensch" sowohl unter dem Begriff "Säugetier" als auch unter dem Begriff "Zweibeiner" einordnen.

O

Objekt • Das *Objekt* ist ein Substantiv, auf das sich das Verb als Ziel bezieht (z. B. "Peter wirft den *Ball*.").

P

Prozess • Ein *Prozess* beschreibt den Ablauf von einer Ursache zu einer Wirkung (wirft man z. B. ein Eiswürfel in ein Glas Wasser, läuft ein Prozess des Abkühlens ab, das Getränk wird kalt).

Phonem • Ein *Phonem* ist eine Lautsilbe die einen einzelnen Laut darstellt, den ein Mensch von sich geben kann. In der deutschen Sprache gibt es etwa 40 Phoneme.

Q

Qualia • Die individuellen, bewussten Erlebnisse der Sinnesdaten werden *Qualia* genannt.

R

Rationalismus • *Rationalismus* ist der Versuch, Wissen ohne Induktion zu schaffen und von diesem Wissen zu deduzieren.

S

Sachverhalt • Ein *Sachverhalt* besteht aus einer bestimmte Anzahl von Entitäten, deren Änderungen von Eigenschaften, ihren gegenseitigen Wechselwirkungen und deren Verhältnis zueinander, zu bestimmten Zeiten und an bestimmten Orten.

Sapir-Whorf-Hypothese (starke Version) • Die *starke Version* der *Sapir-Whorf-Hypothese* sagt aus, dass unsere Sprache unser Denken bestimmt; verschiedene Sprachen machen bestimmte Gedankengänge erst möglich bzw. unmöglich. Eine allgemeine Übersetzbarkeit von Sprachen ist nicht gegeben.

Sapir-Whorf-Hypothese (schwache Version) • Die *schwache Version* der *Sapir-Whorf-Hypothese* sagt aus, dass unsere Sprache unser Denken beeinflusst; sie macht es einfacher oder schwieriger bestimmte Ideen zu denken oder auszudrücken; verschiedene Sprachen beeinflussen das Denken in verschiedener Weise, sodass die Verschiedenheit der Sprachen auch zur Verschiedenheit der Denkstile beiträgt.

Satz • Ein *Satz* besteht aus einer Anzahl von angeordneten Wörtern.

Selbstevidente Aussage • Eine *selbstevidente Aussage* ist eine Aussage, welche ihre Begründung in sich trägt (z. B. bedingt das Aufstellen des Axioms der Existenz ebendiese Existenz).

Selbstbezüglichkeit (Rekursion) •

Wenn eine Aussage oder ein Prozess *zu sich selbst Bezug nimmt*, nennt man sie oder ihn rekursiv. Beispiele wären "Lesen Sie diesen Satz, den Sie gerade lesen, noch einmal" (rekursive Aussage), "zwei gegenüberhängende Spiegel in denen sich die Bilder bis in das Unendliche widerspiegeln" (rekursiver Prozess), "Zellteilung bei der eine neue Zelle entsteht, die sich auch wiederum teilt" (ebenso ein rekursiver Prozess) etc.

Sinnesdaten • *Sinnesdaten* sind für die Kognition umgewandelte Informationen über eine von einem Sinnesorgan registrierte Wirkung.

Sinnesorgan • Ein *Sinnesorgan* ist eine Entität (z. B. ein Auge, eine Nase, ein Ohr etc.), welche mit einer Entität mit Kognition verbunden ist, und Wirkungen von Eigenschaften unterschiedlicher Stärke registrieren kann.

Sprache • *Sprache* ist ein System, mit dessen Hilfe man Wissen über einen Sachverhalt (und über Begriffe) in eine Reihe von Abbilder und sprachlichen Hilfskonstrukte, bzw. umgekehrt, eine Reihe von Abbilder und sprachliche Hilfskonstrukte in Wissen über einen Sachverhalt (und über Begriffe) übersetzen kann. Sprache ist die Anwendung von Begriffen bzw. der Begriffshierarchie.

Struktur • Eine *Struktur* ist eine Beschreibung benötigter Eigenschaften, Abhängigkeiten und Anordnungen einer Anzahl von Entitäten (z. B. würfelförmig).

Subjekt • Das *Subjekt* ist ein Substantiv, auf das sich das Verb als Quelle bezieht (z. B. "*Peter* läuft").

Substantiv • Ein *Substantiv* ist ein Wort, welches als Stellvertreter für eine Entität (Eigenname, z. B. "Peter") oder einen Begriff (Gattungsname, z. B. "Hund") steht.

Syntax • In Sprachen mit *Syntax* kann man Wörter zu Sätzen kombinieren, die dann einer Bedeutung entsprechen.

Synthetische Aussage • Eine *synthetische Aussage* ist eine Aussage die *nicht* alleine durch die Definition des Subjekts gegeben ist, also Messungen für die Wahrheitsbestimmung nötig sind (z. B. "*Diese* Form hat drei Ecken").

System • Ein *System* ist ein Aggregat mit einer bestimmten Struktur (z. B. ein Eiswürfel, die Axiome etc.).

T

Tabula rasa • *Tabula rasa* bezieht sich auf die Ansicht, dass wir ohne angeborenes Wissen auf die Welt kommen und unser Verstand erst durch Sinnesdaten Wissen erschaffen kann.

Theorie des Verstandes • Die kognitive Fähigkeit der *Theorie des Verstandes* ermöglicht es, zu verstehen, dass unser Gegenüber anderes Wissen und andere Werte als man selbst besitzen kann.

Trugschluss des gestohlenen Begriffs • Der *Trugschluss des gestohlenen Begriffs* sagt aus, dass für die Widerlegung einer Aussage diese Aussage nicht selbst (impliziter oder expliziter) Teil der Widerlegung sein darf. Man kann beispielsweise nicht gegen das eigene Dasein argumentieren, denn das Argumentieren setzt das eigene Dasein ja gerade voraus.[1]

---

[1] vgl. Rand, Binswanger und Peikoff, *Introduction to Objectivist Epistemology*, S. 59-60.

U

Ursache • Eine *Ursache* bezieht sich auf eine Entität, welche eine Wirkung auf eine andere Entität hat bzw. hatte (z. B. ist der Eiswürfel im Glas die Ursache dafür, dass das Getränk kalt geworden oder geblieben ist).

V

Verb • Ein *Verb* ist ein Wort, welches sich auf die Änderungen der Eigenschaften eines Substantivs bezieht (z. B. eine Aktion: "Peter *läuft*").

Vererbung (eines Begriffs) • Wenn ein Begriff von einem anderen Begriff *erbt*, heißt das, dass er auf dessen Definition aufbaut. Erbt der Begriff "Tisch" vom Begriff "Materie", so würde ersterer auf der Eigenschaft "Masse" des letzteren aufbauen.

W

Wahrnehmung • *Wahrnehmung* ist der gesamte Prozess der Sinneswahrnehmung kombiniert mit Kognition.

Widerspruch • Ein *Widerspruch* kann sich aus einer (möglicherweise fehlerhaften) Integration ergeben. Sichtbar wird das dadurch, dass der zugehörige Begriff eine Eigenschaft besitzt und gleichzeitig auch *nicht* besitzt (z. B. ein pinkes, unsichtbares Einhorn, kochendes Eis, ein leerer aber gleichzeitig voller Becher etc.).

Wirkung • Eine *Wirkung* ist die durch die Eigenschaften ausgelösten Änderungen der Belegung der Eigenschaften einer Entität (z. B. ändert das Erhitzen von Wasser dessen Temperatur).

Wissen • *Wissen* bildet sich aus Sinnesdaten, logisch integrierter Wahrnehmungen, Begriffen oder Begriffshierarchien. Es kann auch aus logisch integrierten Folgerungen aus bestehendem Wissen gebildet werden.

Wort • Ein *Wort* besteht aus einer Anzahl von angeordneten Buchstaben.

Z

Zeiger • Ein *Zeiger* (repräsentiert durch ein Wort, ein Bild, eine Geste etc.) "deutet" auf eine oder mehrere Entitäten. Er kann dann an deren Stelle benutzt werden. Wenn man zum Beispiel "dieser Apfel" sagt und dadurch spezifiziert ("deutet"), welcher konkrete Apfel gemeint ist, dann muss man den Apfel nicht mehr in die Hand nehmen um zu verdeutlichen, welchen Apfel genau man meint.

Zitatquellen

xvii: Beagle, *Das letzte Einhorn*, S. 5
1: Epikur, *Philosophie der Freude: Briefe. Hauptlehrsaetze. Spruchsammlung. Fragmente*, S. 53
3: vgl. Rand, *Atlas Shrugged*, S. 1170–71
4: Beagle, *Das letzte Einhorn*, S. 78
8: vgl. Wiesel, *The Concept of Heroes*
10: Beagle, *Das letzte Einhorn*, S. 246
10: Beagle, *Das letzte Einhorn*, S. 13
13: vgl. Rand, *For the New Intellectual*, S. 133
16: vgl. Ueland, *If You Want to Write*, S. 23–24
21: vgl. Savater, *The Questions of Life*, S. xi
23: Keynes, *Allgemeine Theorie der Beschäftigung, des Zinses und des Geldes*, S. 323
23: vgl. Rand, *The Return of the Primitive: The Anti-Industrial Revolution*, S. 36
29: vgl. Rand, *Atlas Shrugged*, S. 969
30: vgl. Rand, Binswanger und Peikoff, *Introduction to Objectivist Epistemology*, S. 59-60
40: vgl. Peikoff, *Understanding Objectivism*, S. 170
42: vgl. Rand, *Philosophy: Who Needs It*, p. 90
50: vgl. Rand, Binswanger und Peikoff, *Introduction to Objectivist Epistemology*, S. 78
52: Sagan, *Der Drache in meiner Garage – oder Die Kunst der Wissenschaft, Unsinn zu entlarven*, S. 212
54: vgl. Munroe, *Xkcd*
56: Wilhelm, *Das Weisheitsbuch der alten Chinesen. Frühling und Herbst des Lü Bu We*, S. 284
62: vgl. Ueland, *If You Want to Write*, S. 65
72: vgl. Turing, *Computing Machinery and Intelligence*
79: vgl. Peikoff, *Understanding Objectivism*, S. 167
89: vgl. Feynman und Robbins, *The Pleasure of Finding Things Out*, S. 23
92: vgl. Feynman, *Character of Physical Law*, S. 53–54
95: vgl. Feynman und Leighton, *What Do You Care What Other People Think?*, S. 14
108: vgl. Neumeier und Tippett, *Starship Troopers 2: Held der Föderation*
112: vgl. Michael u. a., *The Grammar of Happiness*
116: vgl. Hockett, *Chinese versus English: An exploration of the Whorfian theses*, S. 122
126: vgl. Feynman, *Character of Physical Law*, S. 58
138: vgl. Quine, *On What There Is*
144: vgl. Feynman, *New Textbooks for the New Mathematics*, S. 14
150: vgl. Rand, Binswanger und Peikoff, *Introduction to Objectivist Epistemology*, S. 69
178: vgl. Mithen, *The Singing Neanderthals*, S. 137–38
181: Lawrence, *Memory and Imagination: New Pathways to the Library of Congress*
183: Beagle, *Das letzte Einhorn*, S. 212
187: vgl. Ueland, *If You Want to Write*, S. 8
189: vgl. Cameron und Wisher, *Terminator 2 – Tag der Abrechnung*
191: vgl. Armstrong, *Twelve Steps to a Compassionate Life*, S. 199–200
198: vgl. Feynman und Hoyle, *Take the world from another point of view*

Literatur

Armstrong, Karen. *Twelve Steps to a Compassionate Life*. Anchor, 2011. ISBN: 978-0307742889.
Beagle, Peter S. *Das letzte Einhorn*. Klett Cotta, 2012. ISBN: 978-36-0893-920-0.
Boroditsky, Lera, Lauren A. Schmidt und Webb Phillips. *Sex, Syntax, and Semantics*. In: *Language in Mind: Advances in the Study of Language and Thought*. Hrsg. von Dedre Gentner und Susan Goldin-Meadow. Cambridge, MA: MIT Press, 2003, S. 61–79.
Bower, Bruce. *Stone Age Engravings Found on Ostrich Shells*. [Online; Abfrage 18. Juni 2013]. 2010. URL: wired.com/wiredscience/2010/03/stone-age-engravings-found-on-ostrich-shells/.
Calvin, William H. und George A. Ojemann. *Einsicht ins Gehirn: Wie Denken und Sprache entstehen*. Deutscher Taschenbuch Verlag GmbH & Co. KG, München, 1995. ISBN: 34-2333-060-0.
Cameron, James und William Jr. Wisher. *Terminator 2 – Tag der Abrechnung*. USA, 1991.
Cheney, Dorothy L. und Robert M. Seyfarth. *How Monkeys See the World*. The University of Chicago Press, 1992. ISBN: 978-0226102467.
Dalrymple, Theodore. *Life at the Bottom: The Worldview that makes the Underclass*. Ivan R. Dee, 1332 North Halsted Street Chicago 60622 U.S.A., 2001. ISBN: 15-6663-505-5.
Deutscher, Guy. *Does Your Language Shape How You Think?* [Online; Abfrage 18. Juni 2013]. 2010. URL: nytimes.com/2010/08/29/magazine/29language-t.html.
Epikur. *Philosophie der Freude: Briefe. Hauptlehrsaetze. Spruchsammlung. Fragmente*. Insel Verlag, 1988. ISBN: 978-34-5832-757-8.
Everett, Daniel L. *Das glücklichste Volk—Sieben Jahre bei den Pirahã-Indianern am Amazonas*. Pantheon Verlag, 2012. ISBN: 978-35-7055-167-7.
— *Das glücklichste Volk—Sieben Jahre bei den Pirahã-Indianern am Amazonas*. Pantheon Verlag, 2012. ISBN: 978-35-7055-167-7.
— *Recursion and Human Thought: Why the Piraha Don't Have Numbers*. [Online; Abfrage 9. Juni 2012]. 2012. URL: edge.org/3rd_culture/everett07/everett07_index.html.
Feynman, Richard P. *Character of Physical Law*. Penguin, 2012. ISBN: 978-01-4017-505-9.
— *New Textbooks for the New Mathematics*. In: *j-ENG-SCI-CALTECH* 28.6 (1965), S. 9–15. ISSN: 0013-7812. URL: http://resolver.caltech.edu/CaltechES:28.6.feynman.
Feynman, Richard P. und Sir Fred Hoyle. *Take the world from another point of view*. In: *j-ENG-SCI-CALTECH* 37.4 (1974), S. 11–13. ISSN: 0013-7812. URL: http://calteches.library.caltech.edu/archive/00000035/02/PointofView.pdf.
Feynman, Richard P. und Ralph Leighton. *What Do You Care What Other People Think?* W W Norton, 2008. ISBN: 978-03-9332-092-3.
Feynman, Richard P. und Jeffrey Robbins. *The Pleasure of Finding Things Out*. Basic Books, 2005. ISBN: 978-04-6502-395-0.
Hockett, C. F. *Chinese versus English: An exploration of the Whorfian theses*. In: *St. Petersburg Polytechnical University Journal: Language in culture* (1954), S. 106–23.
Holden, Constance. *How Language Shapes Math*. [Online; Abfrage 27. Mai 2015]. 2004. URL: http://news.sciencemag.org/brain-behavior/2004/08/how-language-shapes-math.
Holst, Sanford. *Phoenician Secrets—Exploring the Ancient Mediterranean*. Santorini Books, 2011. ISBN: 978-09-8332-790-5.
Human Knowledge, Institute for the study of. *The Human Journey*. [Online; Abfrage 3. März 2012]. 2012. URL: humanjourney.us.
Kant, Immanuel. *Kritik der reinen Vernunft*. Anaconda Verlag, 2011. ISBN: 978-38-6647-408-6.
— *Prolegomena*. Reclam Verlag, 1989. ISBN: 978-3150024683.
Keynes, John Maynard. *Allgemeine Theorie der Beschäftigung, des Zinses und des Geldes*. Duncker & Humblot GmbH, 2009. ISBN: 978-34-2852-912-4.

Lawrence, Michael R. *Memory and Imagination: New Pathways to the Library of Congress.* USA, 1991.

Lode, Clemens. *Philosophie für Helden: Epos.* Clemens Lode Verlag e.K., 2019. ISBN: 9783945586044.

— *Philosophie für Helden: Erkenntnis.* Clemens Lode Verlag e.K., 2016. ISBN: 9783945586013.

— *Philosophie für Helden: Handlung.* Clemens Lode Verlag e.K., 2018. ISBN: 9783945586037.

— *Philosophie für Helden: Kontinuum.* Clemens Lode Verlag e.K., 2017. ISBN: 9783945586020.

Michael, O'Neill u. a. *The Grammar of Happiness.* Australia, 2012.

Mithen, Steven. *The Singing Neanderthals.* Harvard University Press, 2007. ISBN: 06-7402-559-8.

Munroe, R. *Xkcd.* v. 0. Breadpig, 2010. ISBN: 9780615314464.

Neumeier, Edward und Phil Tippett. *Starship Troopers 2: Held der Föderation.* USA, 2004.

Peikoff, Leonard. *Objectivism: The Philosophy of Ayn Rand / Leonard Peikoff.* Dutton, New York U.S.A., 1991. ISBN: 05-2593-380-8.

— *Understanding Objectivism.* NAL Trade, 2012. ISBN: 978-04-5123-629-6.

Quine, W. V. *On What There Is.* In: *From a Logical Point of View.* Hrsg. von Tim Crane und Katalin Farkas. Harvard University Press, 1961, S. 21–38.

Rand, Ayn. *Atlas Shrugged.* 35th anniversary ed. Dutton, 1992. ISBN: 05-2594-892-9.

— *Capitalism: The Unknown Ideal.* Signet, 1986. ISBN: 978-04-5114-795-0.

— *For the New Intellectual.* Signet, 1963. ISBN: 978-04-5116-308-0.

— *Philosophy: Who Needs It.* Signet, 1984. ISBN: 978-04-5113-893-4.

— *The Return of the Primitive: The Anti-Industrial Revolution.* Expanded edition. Plume, 1999. ISBN: 978-04-5201-184-7.

— *The Virtue of Selfishness.* Signet, 1964. ISBN: 978-04-5116-393-6.

Rand, Ayn, Harry Binswanger und Leonard Peikoff. *Introduction to Objectivist Epistemology.* Expanded 2nd ed. New American Library, New York, N.Y., 1990. ISBN: 04-5201-030-6.

Reed, Adam. *Object-oriented programming and Objectivist epistemology: Parallels and implications.* In: *The Journal of Ayn Rand Studies* Vol. 4, No. 2 (2003), S. 251–284.

Ryabov, Vyacheslav A. *The study of acoustic signals and the supposed spoken language of the dolphins.* In: *St. Petersburg Polytechnical University Journal: Physics and Mathematics* (2016). ISSN: 2405-7223.

Sagan, Carl. *Der Drache in meiner Garage – oder Die Kunst der Wissenschaft, Unsinn zu entlarven.* Knaur, 2000. ISBN: 978-34-2677-474-8.

Savater, Fernando. *The Questions of Life.* Polity Press, 2002. ISBN: 07-4562-628-9.

Scribner, S. *Modes of thinking and ways of speaking.* In: *Thinking: Readings in cognitive science* (1977), S. 483–500.

Texier, Pierre-Jean u. a. *A Howiesons Poort tradition of engraving ostrich eggshell containers dated to 60,000 years ago at Diepkloof Rock Shelter, South Africa.* In: *Proceedings of the National Academy of Sciences* (2010). DOI: 10.1073/pnas.0913047107. eprint: pnas.org/content/early/2010/02/17/0913047107.full.pdf+html.

Travers, Jeffrey u. a. *An Experimental Study of the Small World Problem.* In: *Sociometry* 32 (1969), S. 425–443.

Turing, Alan M. *Computing Machinery and Intelligence.* In: *Mind* LIX (1950), S. 433–460.

Ueland, Brenda. *If You Want to Write.* Important Books, 2012. ISBN: 978-80-8783-058-1.

White, Thomas I. *In Defense of Dolphins: The New Moral Frontier.* Blackwell Publishing, 2007. ISBN: 978-14-0515-779-7.

Wiesel, Elie. *The Concept of Heroes.* [Online; Abfrage 16. März 2015]. 2014. URL: http://myhero.com/hero.asp?hero=Wiesel_Concept_bk06.

Wilhelm, Richard. *Das Weisheitsbuch der alten Chinesen. Frühling und Herbst des Lü Bu We.* Anaconda, 2009. ISBN: 978-38-6647-023-1.

Zimmer, Dieter E. *So kommt der Mensch zur Sprache.* Heyne TB, 2008. ISBN: 34-5360-065-7.

Index

Nicht gefunden was Sie suchen? Schicken Sie uns eine kurze Nachricht und helfen Sie uns, den Index zu verbessern: index1@lode.de

Abbild, 99, **101**, 102, 120, 155, 166
Affe, 153–155
Aggregat, **58**, 58
Algorithmen
    evolutionäre, 190
Allwissenheit, 88–90
Alphabet, 105, 106
    altlateinisches, 107
    Entwicklung, 106
    etruskisches, 107
    griechisches, 107
    lateinisches, 120
    phönizisches, 105–107
Archimedes, 139
Arecibo-Botschaft, 166, 172–174
Aristoteles, 60, 67
Armstrong, Karen, 191
Astronomie, 146
Aufopferung, 4
Aussage, 13, 32, 33, 43, 47, 72
    analytische, **85**
    mathematische, 161
    selbstbezügliche, 110, 114
    selbstevidente, *siehe* Wahrheit, 34
    synthetisch *a priori*, 86
    synthetische, **85**, 86
Aussage *a priori*
    synthetisch, 85, 86
Autorität
    moralische, 5, 7
Außerirdische, 173
Axiom, **34**, 40, 42, 48, 56, 58, 81, 130–132
    Bewusstsein, **38**, 38, 131
    Existenz, 34, 38, 131
    Identität, **36**, 36–38, 86, 131
    mathematisches, 131, 133, 134
Axiomensystem, 130, **131**, 131, 132, 136

Beagle, Peter S., xvii, 4, 10, 183, 193
Begriff, 56, **57**, 58, 59, 61–63, 68, 70, 78, 89, 101, 133
    Abgrenzung, 27, 151

    Anwendung, 72, 100, 101
    Aufstellung, 88
    Aufzählung, 128
    Benutzung, 150
    Bildung, 60, 170
        Voraussetzung, 121
    Definition, 78
        Beziehung zu, 164
        Bildung, 60
        durch gemeinsame Erfahrungen, 167, 169
    Einordnung, *siehe* Integration
    Entität, als Teil einer, 64
    Erstellung, 170
    Grenzfälle, 70
    gültiger, 64
    Hierarchie, 59, 65, **66**, 74, 84, 101, 151, 164
        Anwendung, 77
        Erstellung, 76, 77, 100
        Grammatik, Verbindung zur, 118
        Prüfung, 67, 116
        Überarbeitung, 71
    Hierarchiebaum, **67**
    implizite Vorstellung, 122
    Kritik, 87
    lernen, 99, 150
    Lernen von, 65, 123
    Menge, Unterschiede, 128
    Messung, abhängig von, 64, 71, 86
    nebenläufiger, **68**, 68
    physische Realisierung, 100
    Schaffung, 150
    Sonderfälle, 87
    Spezialisierung, 65
    unscharfer, 122
    Vererbung, 66, **67**
    Wiederverwendung, 69, 74
    Übersetzung, 164, 166
Belohnung, 121
Beobachter, 29, 33, 45

Bewusstsein, 32, 35, **38**, 38, 43–45, 80
    begrenztes, 45, 56
    Primat des, 35, 80
    Realität, Unabhängigkeit von der, 33
Bezeichner, **58**, 164
    Abgrenzung, 27
Bonacci, Leonardo, 146
Buch
    perfektes, 175
    schreiben, 189

Campbell, Joseph, 193
Cargo-Kult, 19, **20**
China, 20
Chomsky, Noam, 112, 113
Colossus: The Forbin Project, 171
Computer, 73–75, 77, 170, 171, 180, 181
Cosmos, 131

Dasein, 33, 38, 80
Dawkins, Richard, 190
Deduktion, 75, **78**, 79, 82, 88, 92
Definition, 57, **58**, 63, 66, 68, 85, 159
    Abgrenzung, 27
    Aufstellung, 62
    Begriff
        Beziehung zu, 164
    Erweiterung, 63
    fehlerhafte, 68
    gemeinsame, 116, 167
    korrekte, 63
    rekursive, 130, 132, 136
    unscharfe, 159
    unvollständige, 63, 88
    vollständige, 63
    widersprüchliche, 159
Delfin, 51, 73, 166, 167
Denken
    Grenzen unseres, 163
    implizites, 99
    langfristiges, 176
    Organisation, 151
Descartes, René, 32, 79
Differentia, 67
Ding an sich, 53

egoistische Gen, Das, 190
Eiszeit, 103
Elefant, 166
Empirismus, 81, **82**, 82–84, 111, 145
    extremer, 84
Enigma Code, 73
Entität, **27**, 28, 34, 36, 43, 57, 58, 62, 78, 101, 136
    Belegung einer Eigenschaft, **28**
    Eigenschaft, 27, **28**, 36, 58, 59, 67, 71, 128
        Belegung, 61
        Messung, 136
        widersprüchliche, 64
        Änderung, 102
    Existenz, 52
    Gesamtheit, 128
    Identität, 36
    Klassifizierung, 68, 70
    mentale Verknüpfung von, 60
    Messung, 148
    Nichts, 137
    Prozess, 58
    sich ändernde, 98
    Verhältnis, 136, 138
    Wirkung, **28**, 43, 45, 51, 57, 58
        Rauschen, 45
        synthetische Aussage, 86
        Ursache, Zurückverfolgung der, 48
Epikur, 1
Erfahrung, Monopol auf, 180
Erkenntnistheorie, 26, 40–42, 50, 81
Errata, xiv
Ethik, 26, 53
Everett, Daniel, 112, 144, 145
Existenz, 32, 34, 35
Experiment, 32, 88

Fernsehen, 18, 21
Feynman, Richard, 12, 84, 89, 92, 95, 126, 144, 198
Fibonacci, *siehe* Bonacci, Leonardo
Fibonacci-Zahlenfolge, **141**, 142, 143

Gedanke, 79, 80
    Formulierung eines, 167
Gedächtnis, 99, 152, 162, 165
Gehirn im Labor, 49
Genus, 67
Go, vii
Gogh, Van, 16, 18
Gottes Zug, *siehe* Kami no Itte
Guugu Yimidhirr, 113
Gödel, Kurt, 109, 113, 130, 136

Gödelscher Unvollständigkeitssatz, 110, 113, 130, 136
Göttlicher Zug, *siehe* Kami no Itte

Held, 3, 4, 6, 8, 9, 11, 73
    echter, 8
    konventioneller, 4
Heldentat, 4, 6, 7, 19
Heldentum, 5, 7, 9, 11
Hero with a Thousand Faces, The, 193
Hockett, Charles F., 116
Homer, 106, 107
Homograph, 100
Homonym, 100
Homophon, 100
Hume, David, 84, 85, 87–90
Hund, 121
Höhlenmalerei, 103, 104

Identität, xxi, **27**, 27, 35–38, 52
    an sich, 50
Ideogram, 120
Ilias, 106, 107
Individualismus, 181
    Wert des, 180
Induktion, 75, **78**, 78–81, 83–86, 92
    Problem der, 89
Informatik, 73, 190
Inselbegabung, 152
Integration, **59**, 59, 78, 156
Intelligenz
    außerirdische, 42
    künstliche, 42
    tierische, 42
Internet, das, 54, 180
Introduction to Objectivist Epistemology, 58
Intuition, 150
Irakkrieg, 192

Jobs, Steve, 180, 181
Jung, Carl, 194

Kami no Itte, vii
Kant, Immanuel, 53, 84, 85, 88
Kategorie, **57**, 57
Kausalität, 36, **57**, 84
    Ursache, **57**
Keynes, John Maynard, 23
Kognition, 31, 38, 43, **44**, 44, 45, 48, 50
    Reflexion, 47

Theorie des Verstandes, 153
Kommunikation, 155, **156**, 174, 180, 181
    Basis, gemeinsame, 27, 158
    Bindung, 179
    Definition, gemeinsame, 159
    Ein-Weg, 166
    Freundschaft, 179
    gemeinsame Basis, 171
    Intelligenzen, mit anderen, 73
    Intelligenzen, mit anderen Formen von, 165, 166, 173
    Kanal, 169
    Musik, 178
    objektive, 98, 157, 168, 170
    ohne Gemeinsamkeiten, 171
    passive, 101
    Rauschen, 100
    schriftliche, 100
    Tieren, mit, 166
    Vertrauen, 177
    Voraussetzung, 166
    Zwei-Wege, 166, 167
Konfliktlösung, 178
Kritik der reinen Vernunft, 86
Kult, 47
Kultur, 18, 22
Kurzzeitgedächtnis, 56

letzte Einhorn, Das, xvii, 193
Logik, 34, 37, **59**, 81, 115, 161
    Argument der Unschärfe, 71, 72
    Begriff, gestohlener, 33, 56, 72, 88, 114, 170
    Klippenspringer-Argument, 83
    Wert von, 160

Marketing, 47, 159
Maske, 192, 193
Mathematik, 126, 149, 190
    Anzahl, 145
    Blattstand, 140
    Diagonalargument, 136
    Division
        durch Null, 147
    Empirismus, *siehe* Empirismus
    Entität
        Wissenschaft der, 136
    Konstruierbarkeit, 137
    Konstruktivismus, 137
    Kreiszahl, 143
    Menge, 127, 128, **129**, 129, 131

abzählbare, 131
aller Mengen, 128, **130**
Messung, Ausdrucksform von, 131
Modell, 149
Null, 145, 147
  Division durch, 137
Näherung, 139
Polygon, 139
Punkt, 130
Realität, basierend auf, 132
Schnitt, goldener, 126, 141–143
Spirale, goldene, 142
Sprache, als, 172
Unendlichkeit, 134, 139, 143
Ursprung, 126
Verhältnis, **136**, 136, 138, 140, 142
  Wissenschaft der, 136
Zahl, 127, 147
  irrationale, 126, 138, 140, 143, 149
  Messung, 133, 147
  natürliche, 128, 132–136, 138, 140
  rationale, 128, 136, 138
Ziffer
  arabische, 146
Zählen, 144, 145
Matrix, 49
Maße
  Weglassen der, siehe Weglassen der Maße, siehe Weglassen der Maße
Messung, 85, 148, 149
  Farbe, 61, 165, 170, 171
  Gestik, 101
  Übersetzung, 164
Mithen, Steven, 178
Mitläufereffekt, 31
Mittelmeerraum, 106
Munroe, Randall, 54

Objektivismus, 40, 80
Odyssee, 106, 107
Ontologie, 26, **29**, 40, 41, 45, 81

Paradoxie des Haufens, siehe Sorites
Peikoff, Leonard, 40, 79
Persönlichkeitstyp-Theorie, 194
Philosophie, vii, 21, 22, 24, 25, 32, 33, 193
  Begründer, 60
  des Schweigens, 35

Erkenntnistheorie, 41, 127
  fehlerhafte, 46
  lebensorientierte, 53
  Objektivismus, 36
  Ontologie, 127
  System, 79
Phonem, **105**, 106, 110, 120, 122
Physik, 149
Phönizier, 105, 106
Pirahã, 111, 112, 164, 170, 177
Platon, 60, 64, 71
Politik, 26, 193
Prinzip, 83
Propaganda, 47
Prozess, 30, 38, 43, 44, 78
  nicht teilbarer, 30
  unendliche, 128
  unendlicher, 134, 143, 149
Psychologie, 194

Qualia, **43**, 44, 46, 47, 61

Rand, Ayn, v, 3, 13, 23, 29, 30, 33, 42, 50, 63, 66, 80, 82, 150, 193
Rationalismus, 79, **80**, 81, 92, 97, 132, 134, 147
Realität, 37, 45, 52, 53, 80, 82, 83, 132, 149
  Beobachtung der, 51, 81
  Bezug zur, 109, 169
  gemeinsame, 173
  Mathematik, Verbindung zur, 149
  nicht-objektive, 37
  Rationalität, 143
  wahre, 88
  Widersprüche, 36
Reflexion, 14, 47, 48, 93
Rekursion, **43**, siehe Rekursion, 88, 128, 135, 136, 151, 175
Roboter, 190
Ruhm, 18
Römisches Reich, 106

Sachverhalt, **101**
Sagan, Carl, 52, 131
Sapir-Whorf-Hypothese, 163, 165
  schwache Version, **163**
  starke Version, **163**
Savant-Syndrom, 152
Savater, Fernando, 21
Schach, 14, 15, 111, 134
Scientific American, 181

Scribner, Sylvia, 160
Sein
    Primat des, 35, 80
Selbst, geschichtliches, 192
Sinneswahrnehmung, **43**, 43, 45
    Assoziation, 48
    Halluzination, 46, 55, 103, 176
    Rauschen, 45
    Rot-Grün-Blindheit, 45
    Sinnesdaten, 42, **43**, 43, 45, 46, 51
        Abbild, 99
        als Grundlage des Wissens, 82
        Deduktion von, 88
        Notwendigkeit, 85, 86
        Subjektivität, 157
    Sinnesorgan, **43**, 51, 55
        Grenzen, 50
        Subjektivität, 45, 85
        Unterschiede, 165, 169, 170
    Täuschung, optische, 55
Sokrates, 191
Sokratische Methode, 12, 14
Sorites, 70, 71
Sprache, 26, 97, 99, 100, **101**, 109, 116, 151, 154, 160, 164
    Abbild, 151
    Adjektiv, **102**, 119
    Adverb, **102**, 119
    Aktiv, 117
    Artikel, 118
    Aussprache, 100
    Basis, 162
    Beeinflussung
        Kultur, 160
    Buchstabe, **102**
    Deuten, 101, 111, 167, 168
    Dialog, innerer, 99
    Erfindung der, 180
    Evolution der, 162
    Farben, Namen für, 165
    Gedanke, 152
    Geschlecht, 67
    gesprochene, 104, 105
    Gestik, 101
    Grammatik, 118, 163
    Hieroglyphen
        ägyptische, 104, 105
    Intentionalität, Ordnung der, 154, 179
    Kultur, 113
    Lernen, 122
    Mathematik, *siehe* Mathematik
    Nachahmung, 123
    Netzwerk, 158, 159
    Objekt, **102**, 118
    Objektivität, 71
    Optimierung, 117, 118, 120, 121, 152, 162
    Passiv, 117
    Pronomen, 118
        Geschlecht, 118
    Satz, **102**, 117, 123, 162
    Schrift, 105, 179
        Entwicklung, 102, 103, 105
        Herkunft, 102
    Selbstbezüglichkeit, 110, 111, 113
    Subjekt, **102**, 118
    Substantiv, **102**
    Syntax, **114**, 114
    Universalgrammatik, 112, 113
    Unterschiede, kulturelle, 161
    Verb, **102**, 117
    vollständige, 113–115, 117, 134, 147
    Wert, 150
    widerspruchsfreie, 115
    Wort, 100, **102**, 110, 121, 167
        Aussprache, 104
        Unterdehnung, 122
        Überdehnung, 122
    Wortschatz, 163
    Zeitformen, 117
    Übersetzung, 161, 163, 164
Sprachen, 105
    Altsemitisch, 117
    Arabisch, 117
        ägyptisches, 117
    Chinesisch, 114, 117
    Deutsch, 99, 114, 117, 118, 124
    duftstoffbasierte, 155
    empirische, 177
    Englisch, 99, 114
    entitätsbasierte, 98, 163
    Farben, Wörter für, 164
    gepfiffene, 100
    gesprochene, 99, 105
    innere, 122, 150
    kommunizierbare, 150
    korrekte, 113, 116, 165
    Lernen von, 122, 123
        Mehrsprachigkeit, 124

Mathematik, *siehe* Mathematik, 134
objektive, 98
Programmierung
  objektorientierte, 74
  prozessbasierte, 98
Spanisch, 99, 114
Tanz, 155
Unterschiede, 125, 162
unvollständige, 110, 113, 115
vollständige, 109, 111, 114–116, 130, 135, 136, 165
widerspruchsfreie, 110, 111, 113–115, 132, 134
widersprüchliche, 110, 111, 115, 130, 135, 136
Zweisprachigkeit, 125
Übersetzung, 115
  vollständigen zu korrekten, 165
Stein, Leo, 12
Struktur, **58**, 58
sumerisches Reich, 126
System, **58**
  chaotisches, 190
  formales, 109

Theorie des Verstandes, **152**, 153
Tontafel, 104
Trugbild, 38
Turing, Alan, 72, 73
Turingmaschine, 73

Ueland, Brenda, 16, 62, 187
Unendlichkeit, 43, 47
Universum, 35, 49, 50, 111
Urheberrecht, 177

Van Orman Quine, Willard, 138
Vererbung, 67
Verfahrensforschung, 190
Vorstellung, 37

Wahrheit, 32–34, 38, 72, 85, 131
  selbstevidente, *siehe* Axiom
Wahrnehmung, 32, 42, **44**, 58–60, 63, 78, 98
  Grenzen, 51

Integration, *siehe* Logik
  kulturelle, 164
  objektive, 50, 51, 55
  Sensorinformation, 156
  Sinnesdaten, 59, 78, 82
  subjektive, 56
Wal, 166
Weglassen der Maße, 61
Weiße Rose, die, 7
Wert, 21, 53
  kultureller, 160
Widerspruch, 33, 37, 38, **59**, 59, 65, 68, 72, 86, 115, 149
Wiesel, Elie, 8
Wille
  freier, 30, **31**, 32, 193
Wirkung, 28
Wissen, 24, 34, 44, 48, **59**, 78–80, 83, 87, 101
  Austausch, 155
  Erwerbung, 41
  Grundlagen, 35, 48
  Hierarchie, 151
  Integration, *siehe* Logik
  Kategorisierung, 151
  Struktur, 65, 72
  Unschärfe, 70
  Ursprung von, 82
  Vermehrung von, 179
  Vertrauen, 177
  Voraussetzung für, 40
  Weitergabe von, 179
Wissenschaft, 21, 24, 29, 32
  Begründer, 60
  Beobachter, 30
  Experiment, 177
  Grenzen, 30

Zedong, Mao, 20
Zeiger, **58**, 58, 64, 129, 130, 156
Zeit, 51, 85, 87
Zellteilung, 141
Ziffer, 145

Ägypter, 105, 106
Ästhetik, 26

Eine Wichtige Nachricht zum Schluss

Autoren sind keine Performancekünstler. Zwar gibt es Lesungen und Signierstunden, die meisten Autoren (und Leser) folgen ihrer Leidenschaft aber alleine daheim.

Was Applaus für den Musiker ist, sind Reviews für den Autor.

Bücher schaffen eine Gemeinschaft der Leser; man kann die eigenen Gedanken mit all den anderen Lesern des Buches teilen.

Helfen Sie mir eine solche Gemeinschaft aufzubauen und hinterlassen Sie Ihre ehrliche Meinung auf der Plattform auf der Sie das Buch erworben haben. *Mochten Sie es? Was kann verbessert werden? An wen würden Sie es weiterempfehlen?*

Vielen Dank, auch im Namen all der anderen Leser, die dadurch besser entscheiden können, ob dieses Buch etwas für sie ist! Ein positives Feedback erhöht die Reichweite des Buches, ein negatives Feedback erhöht die Qualität des nächsten Buches. Ich freue mich über beide!

Ich glaube an Dich. Du schaffst das.

www.ingramcontent.com/pod-product-compliance
Lightning Source LLC
Chambersburg PA
CBHW070848050426
42453CB00012B/2090